PETER STRUCK

DIE SCHULE DER ZUKUNFT

PETER STRUCK

DIE SCHULE DER ZUKUNFT

Von der Belehrungsanstalt zur Lernwerkstatt

WISSENSCHAFTLICHE BUCHGESELLSCHAFT

DARMSTADT

Einbandbild: „Computer für Kids" an der ersten Computerschule
in Berlin (dpa).

Die Deutsche Bibliothek – CIP-Einheitsaufnahme

Struck, Peter:
Die Schule der Zukunft: von der
Belehrungsanstalt zur Lernwerkstatt / Peter Struck.
– Darmstadt: Wiss. Buchges., 1996
    ISBN 3-534-80190-3

© 1996 by Wissenschaftliche Buchgesellschaft, Darmstadt
Gedruckt auf säurefreiem und alterungsbeständigem Werkdruckpapier
Satz: Setzerei Gutowski, Weiterstadt
Druck und Bindung: Freiburger Graphische Betriebe
Printed in Germany
Schrift: Linotype Wilke, 9.5/10.5

ISBN 3-534-80190-3

für
Heinz Spodeck und seine Schule Hegholt

„Wir brauchen in Zukunft Schulen,
die unterrichten und erziehen,
und Schulen,
die erziehen und unterrichten."

Klaus Hurrelmann

Inhalt

Vorwort

Wir leben zwar in dem von der schwedischen Pädagogin Ellen Key vor fast hundert Jahren proklamierten „Jahrhundert des Kindes", wir haben alljährlich einen „Weltkindertag", und viele Bundesländer und Städte haben einen Kinderbeauftragten; aber trotz zweier großer pädagogischer Reformbewegungen in diesem Jahrhundert – um die zwanziger Jahre herum und nach 1968 – begreifen wir Kinder immer noch nicht so richtig als wichtigste Zukunftsfaktoren unserer Gesellschaft, in die zu investieren es sich lohnt.

Kinder sind bei uns selten geworden, und wer Kinder hat, gehört eher zu den ärmeren Kreisen oder lebt gar an der Grenze zur „Neuen Armut": Rund zwei Millionen deutsche Kinder wachsen in Abhängigkeit von Sozialhilfe oder in Arbeitslosen-Haushalten auf, etwa vier Millionen Jungen und Mädchen leben in beengten Wohnverhältnissen, und 2,6 Millionen Familien haben einen alleinerziehenden Elternteil oder stellen nichteheliche Lebensgemeinschaften dar. Die Bundesgemeinschaft der Freien Wohlfahrtspflege bezeichnet Deutschland als ein „kinderunfreundliches Land", in dem sich junge Menschen so wenig wohl fühlen, daß jeder zehnte Schüler zwischen 13 und 16 Jahren ständig Beruhigungs- oder Schlafmittel nimmt, und in dem Schulen so wenig taugen, daß 25 Prozent der Zwölf- bis 17jährigen Nachhilfeunterricht benötigen.

Nur fast zwölf Millionen Kinder unter 14 Jahren stehen in unserem Staat 68 Millionen Erwachsenen gegenüber; kein Wunder ist also, daß Politik für Kinder in den Parlamenten kaum stattfindet, denn mit Kindern, Jugend, Erziehung und Schule werden weder Wahlen gewonnen noch verloren. Gerade mal eine halbe Stunde Zeit nahmen sich in der vergangenen Legislaturperiode die Abgeordneten des Deutschen Bundestages, um spätabends über Kinderrechte zu debattieren, und die 1988 eingerichtete Kinderkommission ist das kleinste Gremium unter den vielen Dutzend Ausschüssen und Kommissionen des wichtigsten Parlaments. Immer noch ist das Spendenaufkommen für Tierschutzvereine um ein Vielfaches höher als für den Kinderschutzbund.

Vielleicht ist es richtig, Politiker zu zwingen, wieder mehr auf die Bedürfnisse junger Menschen zu schauen, indem – wie in Schleswig-Holstein und Niedersachsen gefordert – das Recht zu wählen, nicht erst vom 18. Lebensjahr an besteht, sondern schon vom 16. Jahr an.

Nach Auffassung des Bielefelder Erziehungswissenschaftlers Klaus Hurrelmann sind rund 2,2 Millionen Kinder und Jugendliche in der Bundesrepublik in ihren Familien extremer Gewalt ausgesetzt; addiert man andere Gewalt hinzu, also auch die in Schulen, im Straßenverkehr und die per Bildschirm in die Seelen gelangende, dann wachsen fast alle jungen Menschen unserer Gesellschaft mit einem Übermaß an Gewalt auf.

Selbst die Scheidung der Eltern ist für die meisten Kinder und Jugendlichen eine gewaltige Katastrophe, denn Scheidungswaisen sacken fast immer in der Schule ab und sind auch späterhin im Studium und im Beruf nicht annähernd so erfolgreich wie Menschen, die aus halbwegs intakten Familien stammen.

In den 60er Jahren sprach Georg Picht von einer „Bildungskatastrophe", weil Deutschland weniger Gymnasiasten und Abiturienten hatte als das vergleichbare Ausland. In den letzten 35 Jahren hat sich die Zahl der Menschen mit Hochschulreife aber in unserem Land fast versechsfacht, so daß das Bildungsproblem auf den ersten Blick weitgehend gelöst scheint.

Heute sprechen viele statt dessen von einer „Erziehungskatastrophe" oder diagnostizieren sogar wie der Amerikaner Neil Postman mit seinem Buch „Keine Götter mehr" das „Ende der Erziehung". Tatsache ist, daß allzu viele Eltern erzieherisch hilflos sind, daß Lehrer nicht wissen, wohin sie erziehen sollen, und daß Politiker im Rahmen unserer wertepluralistischen Verfassung und auf der Spielwiese der „Kulturhoheit der Länder" keinen Konsens darüber zu erzielen vermögen, wie das Schulsystem gestaltet sein sollte.

Die höchst gegensätzlichen Reaktionen auf das Kruzifix-Urteil des Bundesverfassungsgerichts, die Singularisierung in unseren Lebensbezügen (immer mehr „Single-Haushalte") bis hin zum „Cocooning", wie die Trendforscher das zunehmende Bedürfnis nach

Alleinsein in den eigenen vier Wänden bezeichnen, die Existenz von mehr als 200 verschiedenen Jugendkultnischen mit höchst unterschiedlichen Weltbildern, Normen, Feindbildern und Gewaltformen und die Tatsache, daß jedes der 16 Bundesländer nicht nur ein ganz anderes Schulsystem hat als das nächste, sondern auch ganz andere Weiterentwicklungsrichtungen favorisiert, mögen Indizien dafür sein, daß der Vorrat an gemeinsamen Werten und an Solidarität in unserer Gesellschaft erschöpft zu sein scheint.

Landauf und landab wird heftig diskutiert, ob die Vorschulen mit der „Kindergarten- und Kindertagesheimplatzgarantie" entbehrlich werden, ob es eine „Einschulung ohne Auslese" für alle Sechsjährigen geben sollte, ob Englisch oder Französisch mit Klasse 3 beginnen sollten, ob wir flächendeckende „Volle" oder „Verläßliche Halbtagsgrundschulen" brauchen, ob die 45-Minuten-Takte flexibleren Bewegungs-, Spiel- und Mußephasen in der Grundschule geopfert werden sollten, ob die Grundschule vier oder sechs Jahre umfassen sollte, ob die Notenzeugnisse „Lernentwicklungsberichten" bis zur 4., 6. oder 8. Klasse weichen sollten, ob neben dem Gymnasium die Gesamtschule, die Hauptschule, die Realschule oder die Integrierte Haupt- und Realschule (Hamburg), die „Differenzierte Mittelschule" (Sachsen), die „Sekundarschule" bzw. „Erweiterte Realschule" (Sachsen-Anhalt, Saarland), die „Regelschule" (Thüringen), die „Regionale Schule" (Rheinland-Pfalz) oder gar eine „Differenzierte Realschule" (Nordrhein-Westfalen) angeboten werden sollten, ob das Abitur in Klasse 12 oder in Klasse 13 erreicht werden sollte oder beides nebeneinander mit Hilfe von „D-Zug-Klassen" oder mit Möglichkeiten des Überspringens angeboten werden könnte, ob Schulen „autonom" ihr Personal selbst einstellen, ihr Budget selbst verwalten oder mit „Sponsoring" anreichern können sollten, ob Schulleiter durch Schulmanager ersetzt werden sollten, ob Schulen regionaler (Stadtteil- und Nachbarschaftschulen) und profilierter („Z-Klassen" mit erweitertem Englischunterricht, „Profil-Oberstufen") arbeiten sollten und ob sie Horte, ein Schulfrühstück, „Pädagogische Mittagstische", Integrations- und Integrative Regelklassen für Nichtbehinderte, Behinderte und Schüler mit Teilleistungsstörungen bzw. schweren Ausfällen benötigen, ob Lehrer völlig anders ausgebildet und eingesetzt werden müssen und schließlich ob sie nicht zur Steigerung von Lerneffekten mit einem CD-ROM- und Online-Lernen bis hin zu „Tele-Lerntagen" und einem partiellen „Homelearning" ergänzt werden müssen, weil heutige Kinder bereits völlig andere „Hirnvernetzungen" haben als frühere.

In diesem Buch sollen auf alle diese Fragen Antworten gegeben werden; es versucht, den Leser in der aktuellen schulpädagogischen und bildungspolitischen Diskussion kompetenter zu machen, damit er fortan besser mitreden und auch mitentscheiden kann.

Dabei wird Rücksicht darauf genommen, daß Kinder und Familien, Eltern-, Lehrer- und Ausbildungsleitererwartungen höchst unterschiedlich sind und daß nur eine möglichst umfangreiche Vernetzung all derjenigen Faktoren, unter denen Kinder aufwachsen, einer optimalen schulgestalterischen Lösung im nächsten Jahrtausend nahekommt.

Wenn ich von Schülern und Lehrern spreche, meine ich selbstverständlich auch Schülerinnen und Lehrerinnen, denn im Gymnasium gibt es mittlerweile mehr Schülerinnen als Schüler, und in der Grundschule sind wesentlich mehr Lehrerinnen als Lehrer tätig. Gelegentliche Wiederholungen im Text sind beabsichtigt, weil einige Aspekte zur Vollständigkeit unterschiedlicher Kapitel gehören, nicht aber jeder Leser alle Kapitel liest.

Hamburg, im Juli 1996   Peter Struck
                                          Bornstraße 25
                                          20146 Hamburg

1. Der Anbeginn von Schule und die klassischen Schulfunktionen

Die ersten Schulen haben etwas mit der Polarisierung von Erziehung und Bildung zu tun. Für die Erziehung des jungen Menschen war vor allem seine Familie zuständig, und sie wußte, wie das Kind zu führen war. Von Generation zu Generation wurde das erzieherische Instrumentarium tradiert, die Großmutter gab es an die Mutter weiter, und nachgedacht wurde nicht viel darüber. Das naive, unreflektierte Weltbild war in den gemeinen Kreisen weitgehend geschlossen, Wertepluralismus war nicht angesagt, und die soziale Kontrolle war ziemlich total, schon durch die Predigten von der Kanzel in der Kirche.

Die ersten Schulen entstanden für das, was Eltern nicht konnten, was über ihr begrenztes Weltbild hinausging, und dieses Additum in Ergänzung zum familiären erzieherischen Fundamentum steht für das, was der Bildungsbegriff meint. Eltern konnten erziehen, was im wesentlichen Vormachen, Fordern und Strafen bedeutete, und sie erzogen vor allem mit Sanktionen, also mit Einsperren, Schlagen, Schimpfen, Essensentzug, mit kaltem Wasser, mit Liebes- und Anspracheentzug, mit Moralpredigten und mit Arbeitseinsätzen, weil sie auch so erzogen worden waren. Aber in dem Maße, wie Menschen immer mehr erfanden, wie das Wissen der Menschen anwuchs und wie die Gesellschaft komplizierter wurde, reichte das Wissen der Eltern immer weniger aus, um ihre Kinder lebens- und funktionstüchtig zu machen. Der Anteil an Wissen, an Fähigkeiten und Fertigkeiten wirkte zunehmend so selektionierend auf berufliche und sozialprestigeträchtige Erfolge, daß immer mehr Eltern sich bemühten, ihren Kindern ein Additum zuteil werden zu lassen, das sie selbst nicht bieten konnten.

Und so entstanden die ersten Schulen in unserem abendländischen Kulturkreis für die bessere Beherrschung des Sprachlichen (Rhetorikschulen) und für die damit einhergehenden komplizierteren Welt- und Wertedeutungen (Literatur- und Philosophie-

1

schulen), die eine höhere Sprachkompetenz erforderten (Grammatik, Dialektik, Fremdsprachen, Lesen- und Schreibenkönnen).

Die Wiege unserer Schulen steht in Griechenland; seit etwa 2800 Jahren gibt es dort Lehrer, die wie Sokrates und Platon versuchten, ihre Schüler zum Wahren, Guten und Schönen zu führen, ihnen Einsicht in Naturwissenschaftliches, in Gesellschaftliches, in Politisches, in Ethisches und in Ästhetisches zu geben, die sie gesamthaft, also auch „gymnastisch", fördern wollten und ihnen das Sein von Welt und Mensch verständlich zu machen gedachten, indem sie ihre Kräfte behutsam herausforderten. Am Anfang standen dabei das Belehren, das Berichten, das Erzählen und das Vorlesen, aber sehr schnell wurde dann die Methode erfunden, also das vorsichtige Eingehen auf die Möglichkeiten des Verständnisses im jungen Menschen. Das „Was" der Erziehungsziele und Bildungsinhalte wurde mit dem „Wie" der Methode des Beibringens verknüpft, wobei nach Auffassung von Sokrates „Beibringen" schon das falsche Wort sei; denn er wollte es wie ein „Geburtshelfer" machen, der das, was im jungen Menschen an Möglichkeiten, an Kräften steckt, herauslockt oder -holt. Sokrates meinte, daß die Welt eigentlich schon im Kopf und Herzen des jungen Menschen schlummere, daß sie dort nur mit der „Hebammenkunst" (Mäeutik) wachgerufen, bewußtgemacht und geordnet werden müsse. Diese Methode steht für eine Auffassung, die von der stimmigen Einheit von Welt, Natur und Mensch ausgeht, in der der junge Mensch als Mikrokosmos im Makrokosmos Welt lebt.

Als im Mittelalter in Deutschland die ersten Schulen entstanden, waren sie als Erziehungsergänzungs-, also als Bildungsanstalten immer noch für dasjenige da, was die Eltern nicht konnten. Die Gelehrtenschulen entstanden für die sieben „Freien Künste" (die „Septenartes"), und zwar für Grammatik, Dialektik, Rhetorik, Astronomie, Musik, Arithmetik und Geometrie, sowie für Hebräisch, Griechisch und Latein, denn das beherrschten selbst die Eltern der „besseren" Kreise zumeist nicht. Und die späteren Volksschulen entstanden im wesentlichen für die Kulturtechniken des Lesens, Schreibens und Rechnens, in denen auch nur wenige Eltern kundig waren.

Mit der Zunahme an Wissen, Fähigkeiten und Fertigkeiten gab es jedoch auch eine Zunahme an unterschiedlichen Welt- und Sinndeutungen. Der Bildungsüberbau als Additum zum Erziehungsfun-

2

damentum schuf kritische Potenzen im Volk des Mittelalters, so daß die Katholische Kirche, die vor allem für ihren Priesternachwuchs Schulen schuf, mit dem Mehr an Bildung auch ein Mehr an Infragestellung von Welt- und Sinndeutungen, an Aufklärung begünstigte und damit dazu beitrug, daß sie auch selbst in Frage gestellt wurde. Die tragende Säule der ersten Priester-, Kloster-, Latein- und Gelehrtenschulen, aber auch die der Volksschulen, war das Fach Religion, mit dem nicht nur Altes und Neues Testament besser interpretiert werden konnten, sondern mit dem auch ein ideologisches Korsett an die heranwachsende Jugend gelegt werden sollte. Nicht mehr die sokratische Geburtshelfermethode der Mäeutik stand bei den ersten deutschen Schulen im Vordergrund, sondern die machtsichernde Indoktrination; die Freiheit der Welt- bzw. Weltbildfindung aus dem Kopf und dem Herzen des Kindes heraus wurde durch eine intolerante Weltbildvorgabe von oben nach unten ersetzt, der Lehrer war nicht mehr länger Anwalt der kindlichen Selbstentfaltungskräfte, sondern Agitator, Funktionär und Kontrolleur römisch-katholischer Werteerziehung; insofern gab es keinen großen Unterschied zwischen dem Pastor auf der Kanzel und dem Lehrer am Katheder. Schule war fortan nicht mehr Muße plus die sieben „Freien Künste", sie war vielmehr vor allem Beschulung; der junge Mensch hatte sich mehr oder weniger im Sinne von Dressur an Erwartungen anzupassen. Der mit diesen hohen Erwartungen verbundene hohe Bildungsgrad führte aber zu Widersprüchen, zum Aufbegehren, zu Widerstand; das Sich-Wehren gegen die werteuniform dressierende „Paukschule" ging zumeist von ihren profiliertesten „Opfern", von ihren besten Schülerköpfen aus, wie wir nicht nur aus jüngerer Zeit von Friedrich Schiller und Hermann Hesse wissen.

Der Versuch, das eigene Ich gegen den Moloch der Staatskirche und ihrer Schulen zu behaupten, begünstigte Wertepluralismus, Reformatoren, protestantische Kirchen und letztlich auch das seit 1949 gültige Grundgesetz als Basis unseres gesellschaftlichen Zusammenlebens und unserer Erziehungsweisen, vor allem aber auch alternative Pädagogen wie Jean-Jaques Rousseau, Johann Heinrich Pestalozzi und Friedrich Fröbel, die das sokratische Ideal von Schule wiederentdeckten, indem sie die kindlichen Bedürfnisse und die individuell unterschiedlichen Selbstentfaltungskräfte und -richtungen zum vorrangigen Maßstab für erzieherisches und bildungsförderndes Handeln machten. Das Wohl des Schülers stand bei ihnen über dem Wohl einer ideologischen Geschlossenheit, und vom Lehrer verlangten sie nicht nur Sachkompetenz im Stofflichen, sondern auch Verständnis für die Seelen und für das Leibliche seiner Schüler, methodisches Geschick, um Schüler und Unterrichtsstoff unverfremdet zusammenzubringen, vorbildliches Verhalten und pädagogische Autonomie, das heißt Unabhängigkeit gegenüber den von außen an das „pädagogische Dreieck" Kind, Stoff und Lehrer bzw. Methode herangetragenen Ansprüchen ideologischer Art. Der Lehrer sollte wieder liberal, also zum kindorientierten Filter von ideologischen, religiösen, sonstwie weltanschaulichen und institutionellen Zumutungen werden.

Mit Rousseau, Pestalozzi und Fröbel beginnt also die Zeit der modernen Schule; mit ihnen fängt eigentlich auch erst die Phase des Anerkennens vom Eigenwert der kindlichen Lebensstufen an. Der Respekt vor einer eigenständigen Kindheit mit Kinderkleidung und Kinderspielzeug sowie mit Schulen für Kinder, die nicht mehr länger nur unfertige Erwachsene oder – wie der englische Philosoph John Locke einmal sagte – „noch kranke" Menschen sind, zeitigte die Erfindung des „Kindergartens" durch Friedrich Fröbel; Schonraum und Pflege, aber auch ein wenig von „Wachsenlassen" im Sinne von Theodor Litt verbergen sich hinter diesem Begriff, der als wichtigstes deutsches Fremdwort Eingang in so viele Sprachen dieser Erde gefunden hat und der zusammen mit dem ebenfalls von Fröbel stammenden Begriff des „Schullebens" mitverantwortlich war für eine Welle von Erziehungs- und Bildungsreformimpulsen, die in zwei große Schulreformbewegungen in diesem Jahrhundert eingemündet sind, in die „Pädagogische Bewegung", die ihren Höhepunkt in den 20er Jahren hatte, und in die „68er Bewegung" mit ihren Kinderladen-, Gesamtschul- und Freie-Schulen-Gründungen.

Kommen wir abschließend noch einmal auf den Ausgangspunkt dieses Kapitels zurück, nämlich auf die Polarisierung von Erziehung und Bildung: Die ersten Schulen entstanden für dasjenige, was Eltern nicht konnten, also für eine Bildungsergänzung als Überbau zum familiären Erziehungsfundament. Wenn die Schulen heute ebenfalls vor allem das machen sollten, was Eltern nicht können, dann müßten sie insbesondere erziehen. Denn im Unterschied zum Anbeginn von Schule können heutzutage fast alle

Eltern schreiben, lesen und rechnen, und die klassischen Bildungs-
funktionen der alten Gelehrtenschulen sind mittlerweile großen-
teils und recht wirksam von den Medien übernommen worden, berücksichtigt man die Wandlung, mit der jetzt nicht mehr Hebräisch,
Griechisch und Latein so wichtig sind, sondern Englisch, Franzö-
sich, Physik, Biologie, Politik und Geschichte.

Unsere Bildungsprobleme haben wir in den letzten 30 Jahren
eigentlich recht gut dank der explosionsartigen Entwicklung von
höchst unterschiedlichen Schullaufbahnangeboten, von Medien-
landschaft und von Computertechnologie gelöst; im selben Zeitraum sind aber unsere Erziehungsprobleme gleichzeitig immens angewachsen, so daß die Schulen und ihre Lehrer vor den Fragen
stehen, wie viele erzieherische Funktionen sie in welchem Umfang
in Zukunft zu übernehmen bereit sind, ob Bildung auch weiterhin
als höherwertiger denn Erziehung anzusehen ist, ob Bildung nicht
langfristig unter den Erziehungsbegriff als sein Bestandteil subsu-
miert werden muß und ob nicht gleichzeitig der herkömmliche
doch recht gewaltreiche Erziehungsbegriff durch einen besseren ersetzt werden muß, mit dem mehr eine pädagogisch fruchtbare Beziehungsgestaltung als das Hochziehen eines jungen Menschen ak-
zentuiert wird.

2. Schule und die Pädagogische Bewegung
am Beginn dieses Jahrhunderts

Die erste große Bewegung zur Verbesserung der erzieherischen
Bedingungen für das Aufwachsen von Kindern begann Ende des
letzten Jahrhunderts und kulminierte in den 20er Jahren dieses Jahrhunderts.

Mit Peter Petersen wurde der Fröbelsche Gedanke des „Schullebens" wiederentdeckt, Schule sollte fortan nicht nur eine Belehrungsanstalt im Sinne des „Nürnberger Trichters" sein, sie sollte
nicht nur „Erziehenden Unterricht" in Sinne Johann Friedrich Herbarts leisten, sie sollte getreu dem Motto der Jugendbewegung „Jugend will durch Jugend geführt sein" vor allem auch „Lebensstätte"
sein. Ganz neue Prinzipien erweiterten die klassischen Schulfunk-
tionen von Altsprachlichkeit, Humanismus, Qualifikation, Selektion und Reproduktion überkommener Werte:

- Die „Emanzipationsbewegung" Helene Langes und Gertrud Bäumers sollte Frauen und Arbeiterkindern bessere Qualifizierungsmöglichkeiten verschaffen, sie brachte den Schulen ein Mehr an Aufklärung, Liberalismus und Autonomie und wollte, wie Friedrich A. Wolf es forderte, die „Befreiung der Volksschule aus der geistlichen Schulaufsicht" erreichen; 1995 ist dieser Gedanke mit dem Kruzifix-Urteil des Bundesverfassungsgerichts wieder ganz aktuell aufgelebt.
- Die „Jugendbewegung" kämpfte für die Anerkennung von Kindheit und Jugend als voll akzeptierten Lebensstufen mit Eigenwert und dem Recht auf eigenständige Lebensverwirklichungsformen.
- Die „Volkshochschulbewegung" wollte im Sinne ihres Gründers, des Dänen Nikolaj F. S. Grundtvig, das Prinzip des lebenslangen Lernens auch als nachträgliche Qualifizierungsmöglichkeit bzw. in Form von Fort- und Weiterbildung verankern.
- Die „Kunsterziehungsbewegung" um Alfred Lichtwark und Ferdinand Avenarius wollte erreichen, daß der junge Mensch fortan nicht mehr länger auf den Kopf reduziert gesehen wird, daß also auch die Pestalozzischen Prinzipien von Herz und Hand stärker zum Tragen kommen; Bildende Kunst, Musik, Darstellendes Spiel, Nähen, Basteln, Kochen und „Leibeserziehung" fanden mit ihr als Fächer Eingang in die schulischen Stundentafeln.
- Die „Arbeitsschulbewegung" mit Georg Kerschensteiner und Hugo Gaudig brachte den Schulen Werkstätten, Küchen, Musikräume und Laboratorien für Physik, Chemie und Biologie und legte den Grundstein für Fächer wie Technik, Hauswirtschaft, Arbeitslehre und Berufsorientierung sowie für Prinzipien wie Anschauung, Handlungsorientierung, Projektmethode, Gesamtunterricht, Offener Unterricht und Betriebspraktika.
- Die „Landerziehungsheimbewegung" mit ihrem Exponenten Hermann Lietz schloß an die Philanthropen an und ging einher mit der Gründung von Jugendherbergen, Schullandheimen und Landerziehungsheimen als pädagogisch umfassenderen Internaten; sie sorgte auch für die Einführung von Klassenfahrten, Wandertagen, Schulausflügen und von „Lehrpfaden". Sie sah die Vorteile einer ganzheitlichen „Rund-um-die-Uhr-Pädagogik" als Familienergänzung oder gar als Familienersatz und

6

führte zur Gründung von „Lebensgemeinschaftsschulen" mit der Dimension der Begünstigung der Erziehungsziele Selbständigkeit und politische Mündigkeit („Schulstaat"); vor allem versuchte sie aber, die Leitgedanken sämtlicher zuvor genannter Unterbewegungen der „Pädagogischen Bewegung" zu klammern.

— Die „Einheitsschulbewegung" um Fritz Karsen und Friedrich Paulsen kämpfte für die schulische Integration im dreifachen Sinn; sie wollte mit ihr die Ständegliederung (heute würden wir Schichtunterschiede sagen), die Konfessionsgrenzen und die Aufsplitterung in verschiedene Lehrerstände überwinden; sie wollte eine „Gemeinschaftsschule" für alle, die als Fundamentum möglichst lange dauert, die Jungen und Mädchen (Prinzip der „Koedukation"), Arbeiter- und Akademikerkinder, Katholiken und Protestanten sowie Gering- und Gutbegabte mit dem Prinzip des Sozialen Lernens vereinigt, die Bildungsabschlußchancen länger offenhält, die dazu beiträgt, „Klassenunterschiede" zu verringern und somit einen größeren gesellschaftlichen Frieden sowie einen gestärkten „nationalen Einheitswillen" schafft. Sie hat ihr Ziel nicht ganz erreicht; aber immerhin wurde mit dem Reichsgrundschulgesetz 1920 ein gemeinsames vierjähriges Fundamentum für alle Kinder gelegt, das den Gymnasien eigene „Vorschulen" verbat, das zu einer Akademisierung der Lehrerbildung beitrug und das die späteren Koedukations-, Entkonfessionalisierungs- und Gesamtschulbewegungen begünstigte.

1931 schrieb Herman Nohl sein Buch „Die pädagogische Bewegung in Deutschland und ihre Theorie". In ihm faßt er den Ertrag der ersten großen Reformbewegung dieses Jahrhunderts, die nach Auffassung Hermann Gieseckes die ungewollte Nebenwirkung der Begünstigung des Nationalsozialismus durch inhaltliche Pervertierung „jugendbewegter" bewährter Lebensformen hatte, zusammen, indem er eine Lehre vom „pädagogischen Bezug" und vom „Wesen des Erziehers" formuliert. Er geht dabei von den Grundbedürfnissen des jungen Menschen nach Herausforderung, nach umfassender und ganzheitlicher Bindung an den Erzieher bzw. Lehrer, nach liebevoller Zuwendung, nach einer seinen Kräften angemessenen Methode, nach Integration von Lernen, Leben und „Bildungsgemeinschaft" und vor allem nach Autonomie aus. Er fordert, daß im Rahmen des pädagogischen Bezugs vom Kind aus und vom Lehrer entschieden werden muß, welche Inhalte und Werte, welche weltanschaulichen Positionen für den jungen Menschen gut sind. Der Lehrer muß nach seiner Auffassung stets ein kritischer Filter für alle von außen an ihn herangetragenen Ansprüche sein, seien sie nun religiöser, politischer, sonstwie ideologischer Art oder seien es Richtlinien- oder Lehrplanzumutungen. Mit der Lehre vom pädagogischen Bezug werden leibliche, seelische und intellektuelle Dimensionen des Schülers bedeutsamer als kirchliche, staatliche und familiäre, aber auch als ministerielle und schulaufsichtliche Erwartungen, die er nicht ignorieren darf, die der Lehrer aber stets den natürlichen kindlichen Bedürfnissen nach Liebe, Zeit des Zusammenseins, Forderungen und Anerkennung, Ansprache, Zuhören, Bewegung, Spiel, Muße, Musischem, leibliche Versorgung und autonomem Weltbildaufbau zu subsumieren hat. In der Rolle als „Anwalt des Kindes" und als Interpretator und neutralisierender Filter von Außenerwartungen und Einflüssen muß der heutige Lehrer immer auch ein Stück weit Widerstandskämpfer zum Wohle der kindlichen Seele sein, und zwar gegenüber Eltern, Kollegen, Schulleitern, Schulräten, Parlamenten, Ministern, Medien, Kirchen, Parteien und Verbänden; das bedeutet Autonomie des pädagogischen Bezugs, und das ist – zusammengefaßt – das wichtigste Resultat der Pädagogischen Bewegung am Beginn dieses Jahrhunderts, das ja die Schwedin Ellen Key „Jahrhundert des Kindes" getauft hat.

3. Der schulreformische Ertrag der 68er Bewegung

Mit der Ära des Nationalsozialismus von 1933 bis 1945 wurde die vitale Dynamik der 50jährigen großen pädagogischen Bewegung „Vom Kinde aus" abrupt beendet, und nach dem Zweiten Weltkrieg wurde zunächst in Sachen Schulentwicklung etwa der Stand der Beschlüsse der Reichsschulkonferenz von 1920 „eingefroren", und es bedurfte der Bewegung der 60er Jahre, um mit neuem Elan einen zweiten Anlauf zu nehmen:

Mit dem „Sputnikschock" des „Kalten Krieges" zwischen Ost und West, durch den schlagartig ein Technologiedefizit der westlichen Welt im Wettkampf der Systeme vermutet wurde, und dem Slogan

„Schick dein Kind länger auf bessere Schulen!" der Aktion Gemeinsinn begannen die neuen Reformimpulse. Deutschland hatte weniger Abiturienten als vergleichbare Länder Europas und Nordamerikas, und Georg Picht schrieb sein aufrüttelndes Buch über die deutsche „Bildungskatastrophe". Politisch-ideologische sowie wirtschaftliche Gründe hatte die plötzlich einsetzende Bildungseuphorie, und sie wurde flankiert von der Studentenbewegung mit ihrer Initialzündung über das Motto „Unter den Talaren der Muff von tausend Jahren" sowie mit Alexander S. Neills „antiautoritärer" Summerhill-Konzeption.

Einerseits wurde nun viel Geld in den Ausbau der Hochschulen und in den schulischen Unterbau gesteckt; neue Schulen „im Grünen" mit größeren Klassenräumen, mit Gruppenräumen, Werkstätten und Laboratorien entstanden, die Klassenfrequenzen wurden deutlich reduziert, der Schichtunterricht wurde abgeschafft, die Lehrerbesoldung wurde erheblich verbessert und die Lehrerarbeitszeit reduziert, „rote Teppiche" wurden für Lehrer aus den USA und Schweden ausgerollt, Hausfrauen und Diplom-Chemiker wurden zu Schnell-Ausbildungen ermuntert, und Schulklassen wurden in den Naturwissenschaften, in Englisch und Mathematik sowie Sport geteilt. Die Gedanken von Arbeitsschulbewegung und Kunsterziehungsbewegung sowie die der Projektmethode John Deweys und William H. Kilpatricks wurden gefördert, die 9. Hauptschulklassen gab es bald flächendeckend in Deutschland, und die 10. Hauptschulklassen setzten sich immer mehr durch. Mittlerweile hat es Deutschland geschafft, die Zahl seiner Gymnasiasten und Abiturienten in den letzten 30 Jahren etwa zu versechsfachen, und es wird die Geister des „Bildungswahns", wie Johannes Beck dieses unglaubliche Phänomen nennt, offenbar nicht mehr in Richtung Normalisierung los, wie böse Schlagwörter wie das von der „Studentenschwemme" belegen.

Mit den Gedanken Alexander S. Neills wurden zugleich wichtige Säulen des herkömmlichen Erziehungsverständnisses von Schulen eingerissen: Die „Formalstufen" Johann Friedrich Herbarts mit ihrem „Zucht"- und „Disziplin"-trächtigen Touch sowie sein „Erziehender Unterricht" gerieten in Mißkredit und sowieso jede Ordnungs-, Straf- und Führungspädagogik. Mit Recht sollte das Autoritäre aus jeder Pädagogik verschwinden, weil es nicht nach der Zustimmung des Kindes fragt und ohne diese allenfalls zu so etwas wie Dressur führt; aus Versehen wurden aber so unverzichtbare Elemente wie die Autorität, die die Zustimmung des Kindes voraussetzt und die sich in seinem Kopf und Herzen ereignet, die festen Gewohnheiten, die dem Kind Orientierung und Halt geben, die normativen Grenzsetzungen und die Reaktion auf Grenzüberschreitungen, die das Kind zum Aufbau eines stimmigen Weltbildes benötigt, sowie die Herausforderung der kindlichen Kräfte durch Deutlichkeit, Konsequenz, Kontinuität und Kontrolle gleich mit in Frage gestellt oder gar über Bord gekippt. Parallel dazu nahm in der Gesellschaft auch aufgrund des Schwindens der normativen Klammer der beiden großen Volkskirchen der Wertepluralismus zu, der zu rivalisierenden Normen und Werten auch in Pädagogikkollektiven führte und bei Eltern und Lehrern vor allem Rat- und Hilflosigkeit in bezug auf die Fragen „Wohin soll ich erziehen?" und „Wie soll ich erziehen?" erzeugte.

Heute wird mit der These vom „Ende der Erziehung" und der Behauptung, wir befänden uns nun statt in einer Bildungskatastrophe in einer Erziehungskatastrophe, die Bilanz der zweiten pädagogischen Reformbewegung diese Jahrhunderts gezogen; ihre Resultate werden mit Schlagwörtern wie „Familienzerfall", „Schülergewaltspirale", „Werteverlust" und „veränderte Kindheit und Jugend" sowie mit Erklärungen zur Notwendigkeit der Wiederentdeckung der Autoritäten, des Klassenlehrers, der Grenzen und der sinnvollen Größen in der Pädagogik gemessen und beurteilt, und Maßstäbe sind dabei sowohl die erzieherischen Grundbedürfnisse des jungen Menschen als auch die zukünftige Wettbewerbsfähigkeit des „Wirtschaftsstandortes Deutschland" an der Schwelle zum nächsten Jahrtausend.

Bezogen auf die Schulentwicklung im engeren Sinne hat das Initiativpotential der 60er Jahre folgendes bewirkt:

— Mädchen und Jungen werden bundesweit koedukativ unterrichtet; es gibt nur noch weniger als eine Handvoll reiner Mädchenschulen in Deutschland.

— Die Lehrerbildung wurde wissenschaftlicher und auch für die Grund- und Hauptschullehrer weitgehend universitär, mit einem achtsemestrigen Studium und mit einem Referendariat versehen, und die Lehrer kamen in höhere Besoldungsgruppen.

— Die Unterrichtsverpflichtung der Lehrer wurde bis etwa 1993 ständig reduziert.

– Der Unterricht wurde mit dem 1970 erschienenen „Strukturplan für das Bildungswesen" des Deutschen Bildungsrates wissenschaftsorientierter; Tutoren-, Fachlehrer- und Kurssysteme wurden zuungunsten des zuvor dominierenden Klassenlehrerprinzips ausgebaut; Schulen wurden zu Mittelpunktschulen oder Schulzentren gebündelt, Neubauschulen gerieten übergroß und wurden teilweise für mehr als 2000 Schüler konzipiert, mit Schulstraßen, Sozialflächen, Kantinen, Klimaanlagen und angegliederten „Häusern der Jugend", Bücherhallen und einer Reihe von Beratungsstellen ausgestattet, und das „Bussing", also das Schulbusfahren, griff immer mehr um sich.

– Die Vorschule als Klasse 0 wurde als familienergänzende und soziokulturelle Unterschiede nivellierende kompensatorische Erziehungseinrichtung geschaffen, um vor Beginn der Klasse 1 mehr „Startgerechtigkeit" herstellen zu können.

– Die Grundschulen bekamen den Offenen Unterricht, Integrationsklassen für Behinderte und Nichtbehinderte, die Erste Fremdsprache (Englisch oder Französisch) ab Klasse 3, die partielle Ablösung der Notenzeugnisse durch Lernentwicklungsberichte sowie die Erweiterung zu „Vollen Halbtagsschulen", die das Kind von 8 bis 13 Uhr versorgen.

– Die zweiwöchigen „Aufnahmeprüfungen" vor dem Übergang zur Realschule oder zum Gymnasium wurden durch zweijährige Förder-, Orientierungs- oder Beobachtungsstufen ersetzt, die vielerorts allerdings entgegen der Absicht ihrer Initiatoren zu „auf zwei Jahre ausgedehnten mörderischen Ausleseprüfungen" mißrieten, wie eine Lehrerin aus Niedersachsen jüngst kommentierte.

– Neben das dreigliedrige System von Hauptschule, Realschule und Gymnasium wurden die Integrierten Gesamtschulen mit ihren Leitgedanken Integration, Differenzierung, Individualisierung und Soziales Lernen gestellt; sie erreichen in Großstädten und Ballungsgebieten mittlerweile oft schon einen Schülerjahrgangsanteil von mehr als 30 Prozent.

– Neben dem Angebot von Gymnasien, Realschulen und Gesamtschulen kann die Hauptschule kaum noch bestehen; sie stirbt und hat in Städten wie Darmstadt, Göttingen, Bremen, Bremerhaven, Hamburg und Berlin nur noch weniger als zehn Prozent aller Schüler eines Jahrgangs. Alle Versuche zu ihrer

Wiederbelebung mit einer eigenständigen Konzeption blieben letztendlich erfolglos, obwohl ihre Lehrer die wichtigsten innerunterrichtlichen Reformideen der Nachkriegszeit entwickelt, erprobt und auf die anderen Schulformen haben ausstrahlen lassen: Projektwochen, Offener Unterricht, Betriebspraktika, Arbeitslehre und Berufsorientierung, Technikunterricht, Co-Teaching, Klassenlehrertag, Hausbesuche, Elternstammtische, 10. Pflichtschuljahr, Integrierte Haupt- und Realschule, fächerübergreifender und überfachlicher Unterricht, Werk- und Verkaufsvorhaben, Außerunterichtliche Neigungskurse, Werkstatt- und Laborunterricht in Kleingruppen, Klassen- und Schulzeitungen, kreisförmige Sitzordnungen, Gestaltung der Klassenraumwände durch die Schüler und vieles andere mehr.

— Die Oberstufen der Gymnasien und Gesamtschulen wurden insofern reformiert, als daß die Schüler der Klassen 12 und 13 mit der Wahl von Leistungskursen und der gleichzeitigen Abwahl einiger Fächer individuelle Schwerpunktsetzungen vornehmen konnten; das allgemeinbildende Fundamentum endet mit dem Vorsemester, also mit der Klassenstufe 11, und der Klassenlehrer wird ab Klasse 12 durch einen Tutor ersetzt, bei dem man eventuell gar keinen Unterricht hat. Und die Klassenstufen 12 und 13 arbeiten mit einem Punktesystem von 15 bis 0 anstelle der Noten 1 bis 6.

— In den Schulverfassungs- bzw. Schulgesetzen wurde das Elternrecht erweitert; Eltern können mancherorts sowohl bei den Schullaufbahnentscheidungen mitbestimmen als auch bei der Wahl der Schulleiter.

— Das Schulsystem ist offener geworden, weil Übergänge von Hauptschulen auf Realschulen, Fachoberschulen und Gymnasien möglich sind, weil mit den Privatschulgesetzen hochqualifizierende Abschlüsse auch außerhalb des staatlichen Schulwesens erreicht werden können, weil es „D-Zug-Klassen" zum Abitur nach Klasse 12 neben der Möglichkeit des Überspringens einzelner Klassenstufen gibt, weil die Bindung zwischen Wohnort des Schülers und nur einer jeweils zuständigen Schule weitgehend aufgehoben wurde, so daß eine freie Wahl zu höchst unterschiedlich profilierten Schulen hin möglich ist, und weil letztlich auch noch Aufbau- und Abendgymnasien, Fremdenprüfungen nach Volkshochschulbesuchen sowie die Kollegs des Zweiten Bildungsweges nachträgliche Höherqualifikationen in Form von Realschulabschluß, Fachoberschul-, Fachhochschul- oder Allgemeiner Hochschulreife erlauben.

— Horte an der Schule, Schulfrühstück und „Pädagogischer Mittagstisch", Ganztagsschulen, Schulen mit Doppelqualifizierung (Abitur plus Facharbeiterbrief), mit „Profil-Oberstufen", mit Außerunterrichtlichen Neigungskursen und Hausaufgabenhilfe, mit „Team-Kleingruppen-Modellen", mit Integrativen Regelklassen (für Schüler, die bei der Einschulung noch nicht als behindert oder besonders förderungsbedürftig erkennbar sind), mit „Z-Klassen" (mehrere Fächer werden in Englisch oder Französisch unterrichtet), mit Schwerpunktsetzungen in einer Sportart, in Musik, in Waldorfpädagogik, in Technik, Wirtschaft, alten Sprachen oder Naturwissenschaften, mit dem Angebot an Russisch, Italienisch, Chinesisch oder Türkisch, mit türkischen Lehrern oder Roma-Lehrern, mit Erziehern, Psychologen, Sozialpädagogen, Beratungslehrern, Schulbegleitern, Familienhelfern oder Schriftsprachberatern, „antirassistische Schulen", „feministische Mädchenschulen" (Hessen), Internationale und Deutsch-Französische Schulen, all diese Varianten runden das Bild der aktuellen deutschen Schullandschaft ab. Oder sollten wir besser sagen, daß sie von der Ausfransung, von der Zersplitterung oder gar vom Schwinden der gesellschaftlichen Institution Schule zeugen?

4. Das Prinzip
des wissenschaftsorientierten Unterrichts

Eine „volkstümliche Bildung" sollte es in den Grund- und Hauptschulen bis etwa 1970 sein. Nun muß diese ja keineswegs sachlich unstimmig sein, aber mit dem „Strukturplan für das Bildungswesen" verlangte der Deutsche Bildungsrat fortan für sämtliche Schulformen und alle Altersstufen eine wissenschaftlich richtige Stoffvermittlung, den „wissenschaftsorientierten Unterricht". In der DDR hieß dieses Strukturelement schon länger „wissenschaftlicher Unterricht".

Sachangemessen, naturwissenschaftlich korrekt sollten beispielsweise Naturkunde- und Biologieunterricht sein; Tiere sollten nicht mehr länger vermenschlicht werden, nicht wie Menschen sprechen, fühlen und denken, und wenn sie es in Fabeln tun oder neuerdings in Comics, dann darf das allenfalls im Literaturunterricht des Faches Deutsch interpretiert werden.

Die wissenschaftsorientierte Schule setzte sich rasch und in allen Dimensionen von Lehrerbildung und Lehrerarbeitsplatz durch:

— Die Lehrerbildung bekam eine deutliche fachwissenschaftliche Wendung; Pädagogische Hochschulen wurden Universitäten, Lehrer wurden vor allem zu Fachlehrern ausgebildet und mußten als Studenten nicht mehr umfassend „Bewegungserziehung", Werken, Musisches, Töpfern und obligatorisch Deutsch- und Mathematikdidaktik belegen; Praxisanteile wie Sozial- und Schulpraktika sowie Unterrichtsversuche schon vom ersten Semester an wurden beschnitten. Statt dessen wurden Lehrer vor allem Spezialisten für zwei Unterrichtsfächer, die sie fachwissenschaftlich auf Diplom-Niveau studieren mußten und die ihre erziehungswissenschaftliche Kompetenz auf Fachdidaktisches einengte. Sozialpädagogische, klassenlehrerpädagogische, pädagogisch-psychologische, verhaltens- und lernbehindertenpädagogische, musische, kinderärztliche Aspekte und ganz besonders Anteile der Allgemeinen Erziehungswissenschaft, der Geschichte der Pädagogik und der Vergleichenden Erziehungswissenschaft kamen fortan zu kurz, vor allem auch weil die fachwissenschaftlichen Anforderungen derart viel Studienzeit und -kraft verschlangen, daß Muße für den pädagogischen Überblick, der aber auch mit viel zu speziell ausgeschriebenen Professuren nicht mehr zu schaffen ist, kaum noch übrigblieb.

— Diese unselige Spezialisierung ging einen unheiligen Bund mit der Reduktion der Allgemeinbildung in den Oberstufen von Gymnasien und Gesamtschulen ein. Reformierte Oberstufe bedeutete nämlich im Sinne von Andreas Flitners Buch „Mißratener Fortschritt" vor allem Abwahl einiger Fächer und Ausbau von zwei bevorzugten Fächern, den Leistungskursen, in Richtung Konkurrenz mit universitären Inhalten. Die einengende Spezialisierung wurde also in Oberstufe und Hochschule verdoppelt, während das für Grund- und Hauptschullehrer, aber letztlich für sämtliche Lehrer aller Schulformen so wichtige allgemeinbildende Fundamentum beeinträchtigt wurde. Fortan kamen immer mehr Lehrerstudenten zur Ersten Lehrerprüfung, die eine Kohlmeise nicht mehr vom Zeisig und eine Linde nicht mehr vom Ahorn zu unterscheiden vermochten.

— Volkstümliche Bildung und so ein Fach wie „Heimatkunde", in dem ja auch das umfassende „Wurzelgefühl" des Schülers im Sinne Eduard Sprangers steckte und das hier und da durch die korrekte Wissenschaftlichkeit der „Sachkunde" schon für die kleinsten Schüler ersetzt wurde, waren jedenfalls nicht mehr möglich, und Klassenlehrer haben es seitdem schwerer, die Fragen ihrer Schüler auf Ausflügen und Klassenfahrten zu beantworten; sie verstehen mehr von ihren Fächern als von der Welt sowie von Kindern und Jugendlichen; Diagnose, Therapie und schlichtweg Zusammenleben mit jungen Menschen gelingen ihnen nicht mehr so leicht wie vorherigen Lehrergenerationen.

— Wissenschaftsorientierter Unterricht als Prinzip ist gut, wenn damit wissenschaftliche Stimmigkeit gemeint ist. Die Auswirkungen dieses Prinzips in der Praxis zeitigten jedoch mehrere Kunstfehler, weil die Grundbedürfnisse des Schülers vernachlässigt wurden und weil die Möglichkeiten von Lehrern, über ihre zwei studierten Unterrichtsfächer hinaus weitere Fächer zu unterrichten, unterschätzt wurden. Denn wer Englisch auf Diplom-Niveau studiert hat, kann vielleicht auch Französisch oder Deutsch unterrichten, und wer Chemie und Physik studiert hat, kann vielleicht auch Mathematik, Informatik oder Biologie unterrichten und mit Hilfe der Institute für Lehrerfortbildung sogar eventuell auch Sport und Politik.

— Im wesentlichen brachte das Prinzip des wissenschaftsorientierten Unterrichts vier Kunstfehler mit sich: Die Schulen wurden zu groß, daß Fachlehrersystem verdrängte graduell den Klassenlehrer, das Kurssystem vernachlässigte die Bedeutung des Klassenverbandes und die des Klassenraumes, und das Kind wurde in seiner Persönlichkeit auf viele Spezialisten aufgeteilt.

— Um die teuer mit Laborgeräten und Verbrauchsmaterialien ausgestatteten Fachräume für Physik, Biologie und Chemie, die Werkstätten, Küchen, Musikräume und Sporthallen gezielter einsetzen und die kostenintensiv ausgebildeten Fachlehrer besser nutzen zu können, wurden riesige Mittelpunktschulen,

Schulzentren und Gesamtschulen gebaut, die mit ihrer unkindgemäßen grauen oder orange und blau angemalten Beton- bzw. Kaufhausarchitektur, ihren Schulstraßen, Klimaanlagen, Sozialflächen, fensterlosen Innenräumen, Schließfächern und Kantinen das Bedürfnis des Schülers nach überschaubaren Größen vernachlässigten, aber auch das des Lehrers. Streß durch Übergrößen, durch Kursfluktuationen, durch Ballung allzu vieler pubertierender Gleichaltriger und durch ein Übermaß an Pädagogen, die pro Tag und pro Woche an dem Schüler herumwirkten, war die Folge. Viele Schüler mußten unter dem ihnen zugemuteten Motto „Ich sitze in jeder Stunde in einem anderen Raum bei einem anderen Lehrer in einem anderen Fach neben einem anderen Schüler" leiden. Heutige Schüler ertragen aber keine Schulen von mehr als 800 jungen Menschen, keine Schulen, die mehr als drei- oder vierzügig sind, keine Klassen über 20 Schüler, keine Kurse über 15 Schüler und keine Klassenlehrer, die weniger als 12 bis 15 Stunden pro Woche (je nach Altersstufe) in ihrer Klasse sind.

— Alle Wochenstunden bei einem Lehrer zu haben, wie es einmal in der früheren einklassigen Landschule war, ist eine Unterdosierung an verschiedenen Lehrerpersönlichkeiten, die sich ergänzen und dem Kind unterschiedliche Zugangsweisen zur Welt und zu Menschen eröffnen. Für jedes Fach aber einen anderen „Fachidioten" zu haben und ansonsten als Hauptansprechpartner einen Tutor, der entweder gar keinen Unterricht bei seinen Tutanden gibt oder nur wenige Stunden pro Woche, bedeutet eine Überdosierung von Bezugspersonen. Die ideale Lösung kennen wir aus der Familienerziehung: Zwei Bezugspersonen sind besser als eine „alleinerziehende", zwei sind aber auch besser als zwölf oder 14 Ansprechpartner. Jede Klasse sollte heute zwei Klassenlehrer haben (was kostenneutral möglich ist, wenn diese beiden Lehrer zusammen zwei Parallelklassen führen), am besten einen Mann und eine Frau, die sich selbst zu einem Team zusammengefunden haben und die gemeinsam möglichst viele Fächer in ihren beiden Klassen abdecken. Ein Klassenlehrer müßte, damit Schule sowohl zeitgemäß ist, als auch den Schülerbedürfnissen nach Zusammenleben, also nach Umfassung, Kontinuität, Kontrolle, festen Gewohnheiten und nach Kennenlernen von Biographie und

Milieu entspricht, etwa die Hälfte seiner Wochenstundenverpflichtung in seiner Klasse verbringen, und zwar bis zur Klassenstufe 10 oder 11; bei Grundschülern müssen es mehr
Stunden sein, in den Klassenstufen 9 bis 11 können es weniger
sein. Jeder Lehrer, der zwei Unterrichtsfächer studiert hat, kann
vier bis fünf Fächer unterrichten; und wenn er das nicht kann,
ist er für seinen Beruf nicht geeignet.

– Mobilität als Arbeitsweltkompetenz sowie Differenzierung und
Individualisierung in bezug auf Neigungen und Talente sind
wichtige gestalterische Ziele einer zeitgemäßen Schule; aber auf
die Dosierung des Kurssystems kommt es dringend an! Über-
triebene Kursbetriebe sind eine Folge des Umstands, daß vor
allem Gymnasiallehrer und nicht etwa die pädagogisch ge-
wieften Volksschullehrer in den Schulbehörden und Kultusministerien mit der Gestaltung der großen Schulen wie der Gesamtschulen beauftragt wurden. Je größer der Integrationsgrad einer
Schule ist, je mehr Differenzierung wird erforderlich: In den
Fremdsprachen und in Mathematik gibt es Leistungsdifferenzie-
rungen, in den Künsten, in Sport und in Technik Neigungs- bzw.
Wahlpflichtdifferenzierungen, weil jeder Schüler anders ist als
der nächste und weil Individualisierung bzw. Profilbildung
allzu vielen Versagenserlebnissen entgegenwirken. Aber mindestens die Hälfte der Unterrichtsstunden eines Tages und einer
Woche sollten undifferenziert (im Sinne von äußerer Differenzierung) im Klassenverband, im Klassenraum und möglichst
beim Klassenlehrer stattfinden, damit Zusammenleben, Umfassung, Kontinuität, Kontrolle und die atmosphärischen Dimensionen des pädagogischen Bezugs und des Sozialen Lernens in
der Gemeinschaft effektiv sein können und damit die Ergänzung dieses erziehungsstarken Fundaments durch Bega-
bungs- und Neigungskurse wirklich zu einer individualisie-
renden Bereicherung geraten kann.

– Es widerspricht den Bedürfnissen von Kindern, sie schon mit
elf oder zwölf Jahren auf einen Tutor, zahlreiche Fachlehrer und
– wenn es nicht so wie erhofft klappt – auch noch auf die Spezialisten eines Beratungszentrums wie Sozialpädagogen, Schulpsychologen, Beratungslehrer, Präventionslehrer, Familienhelfer und Schriftberater (in Hamburg heißen sie „Schriftsprachberater"), die an dem Kind „herumreparieren" sollen, aufzuteilen.

Sie brauchen die Bündelung möglichst vieler Kompetenzen in möglichst wenigen Bezugspersonen, also vor allem in ihren Klassenlehrern, die dann jedoch auch dafür ausgebildet sein müssen. Lehrer müssen also professionalisierter ausgebildet und weniger spezialisiert eingesetzt werden. In Studium und Referendariat braucht die zeitgemäße Schule daher ein Mehr an Sozial- und Devianzpädagogik, Lernpsychologie, Lernbehindertenpädagogik, Kinderärztlichem und Ernährungskundlichem neben einer hochakzentuierten Klassenlehrerpädagogik, die beispielsweise auch Spielpädagogik und Elternarbeit als Aspekte umfassen muß; am Arbeitsplatz des Lehrers in der Schule muß dagegen eine Entspezialisierung der Masse der Lehrer stattfinden, damit ein Zugewinn an pädagogisch ertragreichem Zusammenleben zwischen Lehrern und Schülern möglich wird. Spezialisten wie Schulpsychologen und Schriftsprachberater sind als „Schulbegleiter" dennoch nötig, aber weniger um direkt Schüler zu therapieren, sondern vor allem um Lehrer und Eltern diagnostisch und therapeutisch beraten zu können.

5. Die Qualifizierungsfunktion

Noch 1980 schrieb Helmut Fend in seinem Buch „Theorie der Schule", daß die gesellschaftliche Institution Schule im wesentlichen nur drei Funktionen habe, und zwar
— eine Qualifikationsfunktion,
— eine Selektionsfunktion und
— eine Legitimations- bzw. Reproduktionsfunktion.
Heute sollte man nicht mehr von einer Qualifikations-, sondern von einer Qualifizierungsfunktion sprechen. Natürlich hat Schule ganz besonders die Aufgabe, Schüler zu qualifizieren, beispielsweise in bezug auf die Kulturtechniken Lesen, Schreiben und Rechnen, beispielsweise aber auch in bezug auf Ausbildungs-, Fachoberschul- oder Hochschulreife.

Kammern und Ausbildungsbetriebe beklagen in halbjährlichen Abständen immer wieder, daß es die Schule nicht mehr schaffe, gutausgebildete Absolventen in die Berufswelt zu entlassen; sie bemängeln unzureichende Rechenfertigkeits- und Rechtschreibleistungen sowie ein Defizit an Allgemeinbildung, aber auch an Fähigkeiten zu guten Umgangsformen, zu Ordnung und Systematisierung bis hin zum Schönschreiben. In Deutschland können nach Schätzungen drei von 100 Erwachsenen nicht ausreichend lesen und schreiben; darauf verweist die Deutsche Unesco-Kommission. Weltweit gebe es fast eine Milliarde Analphabeten.

Was Schule leisten soll, ist aber im Moment höchst umstritten. Die Meinungen über den Wert von Wissen über die Hauptstädte in Afrika, über Goethes Dramen oder über Ornithologie gehen weit auseinander, und selbst die Wichtigkeit orthographischer Korrektheit wird von einigen in Frage gestellt. Ob man „Kaffee" mit einem oder zwei „f" ausstattet, ob man „in bezug auf" oder „in Bezug auf" schreibt, ist ihnen nicht mehr so wichtig wie beispielsweise der Erwerb von Schlüsselqualifikationen wie Erkundungs- und Handlungskompetenz, Teamfähigkeit, Kreativität, Konfliktfähigkeit und vernetzendem Denken.

Soll der Schüler lernen, wie die Hauptstadt von Nigeria heißt, oder soll er wissen, wie er rasch an diese Information gelangt?

„Was Schulen heute an Fächern anbieten und benoten, brauchen Großbetriebe an Qualifikationen immer weniger; was diese aber zunehmend im 'Wirtschaftsstandort Deutschland' benötigen, bieten Schulen entweder nicht an, oder sie benoten es nicht", beklagte jüngst der Ausbildungsleiter des Volkswagenwerkes, und er meinte damit den Mangel an zeitgemäßen Schlüsselqualifikationen.

In der Tat halten wir heute nicht mehr für so wichtig, daß Schüler die Nebenflüsse des Rheins und die höchsten Berge Asiens kennen, und in der Tat ahnen immer mehr Menschen, daß es wichtiger ist, etwas nachschlagen oder über den Computer abrufen zu können, mit einem Partner zusammenarbeiten zu können und zu wissen, wie man mit einer ausgewogenen Ernährung aufnahmefähiger, gedächtnisstärker, konzentrierter und ausdauernder wird.

Kinder lernen heute über die Lebenswelten Gleichaltrigkeit und Medien zusammen mehr als in den Lebenswelten Familie und Schule zusammen; sie sitzen bis zum 14. Lebensjahr etwa 14 000 Stunden in der Schule, aber etwa 18 000 vor dem Bildschirm, und die Kombination von Bild und Ton sorgt bei ihnen für größere Lerneffekte als das bloße Wort des Lehrers oder das Lesen von Texten, während sie gleichzeitig unbequem in 45-Minuten-Takten auf Stühlen sitzen, die ihrem Körperbau und ihren Mobilitäts- und Entspannungsbedürfnissen keineswegs entsprechen. Schule ist dem Fernsehen, was Motivationen und Lerneffekte anbelangt, weit unterlegen, sie ist methodisch hoffnungslos unmodern, und so verwundert es gar nicht, daß viele behaupten, etwa 60 Prozent dessen, was Schule macht, sei bloße Zeitverschwendung bzw. Leerlauf im Sinne der eigentlich von Schule intentional angestrebten Erziehungs- und Lernziele. Etwas wirksamer ist da noch das funktionale Lernen, daß sich ohne Absicht der Schule zwischen den Schülern auf dem Schulhof, beim Abgucken, beim Flüstern mit Nachbarn oder heimlich über das Lesen von Büchern unter dem Tisch ereignet. Wenn Offener Unterricht und Projektunterricht vom Lehrer gut gestaltet werden, dann wird dieses heimliche Lernen, das wir ja auch Soziales Lernen nennen, schließlich auch in Augen zunächst skeptischer Eltern in den Rang eines anerkannten Lernens gehievt, so daß bei selbstbestimmter Partner- oder Gruppenarbeit, bei der Wochenplanarbeit und bei Erkundungsaufträgen (Fragebögen in Fußgängerzonen, Aufspüren von Informationen in Bibliotheken, Arbeit mit Karteikartensystemen, Lexika, Computerdateien oder Atlanten, Interviewmethode) meist mehr gelernt wird als über das Dozieren, das Vorlesen oder über Frage-Antwort-Interaktionen zwischen Lehrer und Klasse.

Kleine und mittlere Betriebe erwarten von Schulabgängern überwiegend herkömmliche Qualifikationen wie die Sicherheit in der Rechtschreibung und in der Rechenfertigkeit, kritikarme Unterordnung, Ordnungsliebe und Pünktlichkeit sowie historische, geographische und politische Allgemeinbildung, aber auch Englischkenntnisse. Großbetriebe erwarten dagegen zunehmend rhetorische Fähigkeiten, Informatikkenntnisse, Mobilität, Kreativität, Kooperationsfähigkeit, Weiterbildungsbereitschaft, Erkundungs- und Handlungskompetenz sowie „vernetzendes Denken".

Schule muß im nächsten Jahrtausend eine Mischung aus Beherrschung der Kulturtechniken Lesen, Schreiben und Rechnen, fremdsprachlichen Fähigkeiten, Konfliktfähigkeit, Teamfähigkeit, Mobilität, Kreativität, Fähigkeit zur Selbstorganisation, Bereitschaft zur lebenslangen Informationsaufstockung bzw. Weiterbildung und Überblicksqualifikationen im Sinne des aktuellen Begriffes vom vernetzenden Denken zustande bringen. Sie wird das nur mit Hilfe von CD-ROM- und Online-Lernen, mit der Bündelung von Fächern zu Lernbereichen und mit den Methoden des Offenen und des Projektunterrichts, aber auch mit partiellem „Homelearning" in Form von Tele-Tagen (an denen die Schüler zu Hause am Bildschirm arbeiten, während sie aber gleichzeitig mit dem Lehrer in der Schule verkabelt sind) schaffen. Aus den herkömmlichen vielen Fächern muß über Bündelungen und über gleichzeitiges Stornieren unzeitgemäßen Ballastes in den Lehrplänen ein neues Fundamentum geschaffen werden; die dadurch und durch die größere Effektivität von Tele-Lernen, CD-ROM- und Online-Lernen bzw. Homelearning gewonnene Zeit kann dann für den Erwerb der künftig immer wichtiger werdenden Schlüsselqualifikationen genutzt werden.

Erfahrungen aus der niederländischen Stadt Tilburg belegen, daß das, was Schule bislang an fünf Wochentagen gemacht hat, mit Hilfe des CD-ROM- und Online-Lernens auf zwei „Tele-Tage" reduziert werden kann und daß es dann auch noch dreimal so haltbar im Gedächtnis zur Verfügung steht, so daß der Umfang von drei Wochentagen für die neuen Funktionen von Schule gewonnen wird, also für die leibliche Versorgung des Schülers (Psychomotorik, stimmige Ernährung, Sinnesentwicklung, emotionale Kompetenz), für Familienergänzendes, für Partner- und Gruppenarbeit, für den „Stuhlkreis" und die Wochenplanarbeit des Offenen Unterrichts, für die Projektmethode und die Schlüsselqualifikationen Sozial- und Konfliktkompetenz, Teamfähigkeit, Kreativität, Erkundungs- und Handlungskompetenz sowie vernetzendes Denken.

Für die Grundschule im nächsten Jahrtausend bedeutet das, daß sie als Fundamentum Lesen, Schreiben, Zuhörenkönnen und Rechnen sowie ab Klasse 3 eine Erste Fremdsprache entwickeln muß und daß sie mit dem Offenen Unterricht in Integrationsklassen oder Integrativen Regelklassen, mit Spiel-, Bewegungs- und Mußephasen, mit einem Schulfrühstück und als Angebot einem Pädagogischen Mittagstisch und einer Vollen Halbtagsschule, mit dem frühen Einsatz von Computern und mit zwei Klassenlehrern für ein Additum im Sinne von Schlüsselqualifikation sorgen muß.

Ab Klasse 5 sollten dann die herkömmlichen Fächer gebündelt werden, so daß es nur noch als Fundamentum Deutsch einschließlich Darstellendes Spiel, Mathematik einschließlich Informatik, Fremdsprachen, Naturwissenschaften, Gesellschaft (bisher Religion, Geschichte, Erdkunde, Politik), Leiblich-Musisches (bisher Musik, Kunst, Sport) sowie Arbeit und Technik (bisher Werken, Hauswirtschaft, Arbeitslehre) gibt.

Die Kultusministerkonferenz schafft jetzt schon die Grundlage dafür, indem sie als „Standards für den mittleren Schulabschluß", also als obligatorisches Minimalfundamentum, die Fächer Deutsch, Mathematik und Erste Fremdsprache festgelegt hat.

Auf Dauer ist damit das Ende der herkömmlichen drei pauschalen Schulabschlüsse (Hauptschulabschluß, Realschulabschluß, Abitur) eingeläutet worden; denn künftig wird es nur noch einen Abschluß nach Klasse 10 und einen nach der Oberstufe geben; beides werden „Profilabschlüsse" sein, die Dritten, also Abnehmern wie Lehrherren und Hochschulen, Auskunft darüber geben, was ein Schüler kann und was er nicht so gut kann, die nicht nur beschreiben, wie es mit den Qualifikationen in Deutsch, Mathematik, den Naturwissenschaften und den Fremdsprachen aussieht, sondern die auch Schlüsselqualifikationen vermerken; dafür taugen aber weniger Noten- und Punkteskalen als vielmehr gründlich und liebevoll erstellte ausführliche Texte, die aktuell „Lernentwicklungsberichte" genannt werden.

6. Die Selektionsfunktion

Die Existenz von Hauptschule, Realschule und Gymnasium, die vielen höher- und minderwertigen Schulabschlüsse bis hin zur Fachhochschulreife als Ebene unter der Allgemeinen Hochschulreife und zum Vermerk von Teilqualifikationen höherer Art in niederen Schulformabschlüssen sowie das Notensystem von 6 bis 1 und das Punktesystem der gymnasialen Oberstufen einschließlich der Abiturdurchschnittsnote und des früher üblichen Bonus-Malus-Systems als Maßstab für die Höher- oder Niederverrechnung der Abiturdurchschnittsnoten aus einzelnen Bundesländern bei der Dortmunder Zentralstelle für die Vergabe von Studienplätzen (ZVS) spiegeln das gesellschaftliche Bedürfnis nach Selektion der Schüler wider. Das Sitzenlassen und die Rückläuferschicksale sind Folgen dieses „Rüttelsiebprinzips", wie Helmut Fend das Differenzierungsbedürfnis und den Wunsch nach möglichst homogenen, also nicht integrierten Klassenverbänden bezeichnet.

Das dreigliedrige Schulsystem geht auf die preußische Dreiklassengesellschaft zurück; mit ihm sollten Gelehrtenschulen, also Gymnasium, für die besseren Kreise und Volksschulen für die einfachen Leute geschaffen werden, und als die Bürger in Form von Kaufleuten und von Ingenieuren in den Städten sich zwischen „Volk" und Oberschicht zu einem bedeutenden mittleren Stand etablierten, wurden Mittelschulen, die späteren Realschulen, nötig.

Man glaubte damals an das Vorhandensein von drei verschiedenen Begabungstypen, die unterschiedliche Zugangsweisen zur Welt hätten, also an praktische Begabungen, die besser über das „Tun der Hand" lernen, an technische Begabungen mit kombinatorischer Intelligenz und an zur abstrakten Theoriebildung fähige wissenschaftliche Begabungen, so daß noch in den 50er Jahren in mehreren Bundesländern wie in Hamburg die Volksschuloberstufen in „Praktische Oberschulen", die Mittelschulen in „Technische Oberschulen" und die Gymnasien in „Wissenschaftliche Oberschulen" unbenannt wurden.

Heinrich Roth hat 1961 mit seinem Buch „Der Wandel des Begabungsbegriffs" mit der Annahme aufgeräumt, es würde so etwas wie deutlich abgrenzbare Begabungstypen geben. Seine Klärung war damals noch höchst umstritten; heute wissen aber alle bedeutenden Pädagogen, daß er recht hatte, denn bei kaum einem Schüler wird das Intelligenzpotential ausgenutzt, intellektuell sind wir alle unterfordert, und würden wir nur die richtige Methode finden, kämen auch Hauptschüler von ihrem Kopf her zum Abitur.

Was die Schüler in bezug auf schulische Lernerfolge unterscheidet, sind vor allem ihr Verhalten, ihre Konzentrationsfähigkeit, ihr Durchhaltevermögen, ihre vorschulische Sozialisation, der Grad ihrer erziehungsabhängigen Sprachentwicklung, ihre Ordnungsbereitschaft, ihre Fähigkeit, sich selbst zu organisieren und zu disziplinieren, ihre Konfliktfähigkeit und ihr jeweiliger Motivationsgrad gegenüber den Lehrererwartungen und den Anforderungen der einzelnen Schulfächer.

Insofern könnte Selektion schon einen Sinn geben, denn letztlich ist es ziemlich gleichgültig, ob ein Schüler an seiner Begabung, an seinem Verhalten, an seinen häuslichen Förderbedingungen oder an seiner Motivationskonstellation scheitert, er scheitert eben in einzelnen Fächern an irgend etwas, beispielsweise auch daran, daß er mit bestimmten Lehrern nicht klarkommt oder daß seine Lehrer nicht den richtigen motivierenden oder methodischen Zugang zu ihm finden. Mittlerweile wissen wir sogar, daß der bedeutendste Selektionsfaktor im Leben eines Schülers der Lehrer ist, mehr noch als sein Zuhause oder sein Begabungsprofil. Es gibt hochintelligente Schüler, die Gymnasien verlassen müssen, weil ihre Wellenlänge nicht zu der ihres Klassenlehrers paßt, und es gibt Schüler, die im Gymnasium scheitern und in der Realschule auf einen für sie idealen Lehrer treffen, so daß sie schon nach kurzer Zeit wieder zum Gymnasium – und dann hoffentlich zu anderen Lehrern – wechseln können.

Selektionierend wirkt auch die Lehrererwartung gegenüber einem Schüler. Letzlich ist ein Schüler immer fast so gut, wie der Lehrer es ihm zutraut; wir nennen dieses Phänomen mit den amerikanischen Sozialpsychologen „self-fulfilling-prophecy", also die sich selbst erfüllende Prophezeiung, Stigmatisierung oder die Zuschreibung von Außenerwartungen. Wird einem neuen Lehrer eine sehr gute Schülergruppe als besonders schwach beschrieben, so glaubt er es im Vorwege, und mit seinen ungünstigen Erwartungen wird die Schülergruppe dann letztlich auch deutlich schlechter; und eine ihm vorweg als besonders leistungsfähig verkaufte schlechte Schülergruppe wird bei ihm deutlich besser werden.

Es gibt Lehrer, die von besonders gut oder niedlich aussehenden Schülern auch besonders Gutes erwarten und von nicht so nett aussehenden Kindern eher nicht so Gutes; am Ende kommt dabei oft heraus, daß die Gutaussehenden gute Noten erreichen und die nicht so „anfassigen" Schüler schwache Noten.

Lehrer sind Selektionsschicksale und Selektionshelfer, sie können aber auch mit gänzlich anderen Einstellungen Integrationsagenten werden. Wenn sie Noten ablehnen und liebevoll erstellte individuelle Lernentwicklungsberichte bevorzugen, wenn sie die Heterogenität von großen Verhaltens- und Leistungsbandbreiten als bereichernd für das Klassenleben und als willkommenen Anlaß für Soziales Lernen, für Helfersysteme und für die Integration von Ausländerkindern, von Behinderten, von Schülern mit Teilleistungsschwächen und von soziokulturell Benachteiligten verstehen, wenn sie die großen Unterschiede ihrer Schüler nicht in Rangordnungen von Höher- und Minderwertigkeit werfen, sondern schlichtweg als Andersartigkeiten begreifen, die nicht bewertbar, aber beschreibbar sind, dann entfällt für sie auch die Notwendigkeit einer Selektionsfunktion der Schule.

Da aber die Außenwelt von Schule, also die Betriebe, die Hochschulen und vor allem die Eltern an der Rangordnung von Schülern in Form von hoch- und minderwertigen Abschlußberechtigungen und besseren und schlechteren Noten, verknüpft mit Gesichtspunkten wie Sozialprestige, Karriere, Lebensstandard und Elitebildung, noch weit ins nächste Jahrtausend hinein interessiert sein wird, wird das Umdenken in unserer Gesellschaft weg von Oben und Unten und hin zur gleichberechtigten Anerkennung von Andersartigkeiten, von jeweils anderen Talent- und Leistungsprofilen noch sehr lange dauern. Schon jetzt könnte man jedoch zumindest erreichen, daß ein Bildungsgang, der nach dem Qualifizierten Hauptschulabschluß am Ende der Klasse 10 über eine hervorragend ausgestattete dreijährige Berufsfachschule für Uhrmacher in ein ingenieurwissenschaftliches Studium einer Fachhochschule führt, nicht mehr länger als geringwertig im Vergleich zu einem Weg durch ein stinklangweiliges Gymnasium ohne irgendeine Profilbildung und ein Volkswirtschaftsstudium an einer Massenuniversität erachtet wird, sondern schlichtweg als andersartig und vergleichbar effektiv. Oder ist es immer noch nachvollziebar, daß Griechisch und Latein elitärer als Englisch und Französisch sind und diese höherwertiger als musische Kompetenzen und letztere anerkannter als Technik- oder Informatikkompetenzen? Und wie kommt es, daß ein Theologiestudium angesehener ist als ein Soziologiestudium, obwohl in den Bibliotheken der theologischen Fachbereiche mehr Bücher gestohlen werden als in denen der soziologischen? Wir wissen zwar die Antwort, wenn wir sagen, daß das historische Ursachen hat, aber wir hoffen, daß diese im nächsten Jahrtausend nicht mehr zur Zuschreibung von Stellenwerten taugen.

Die Selektionsfunktion der Schule ist also sehr zweifelhaft, während die Differenzierungsfunktion durchaus einen Sinn gibt. Durch partielle Unterversorgungen in der familiären Sozialisation kompensiert jedes Kind von sich aus mit dem, was es dennoch zustande zu bringen vermag. Das gilt auch für Ausfallerscheinungen, die durch genetische Defekte oder Geburtskomplikationen, durch Gifte während der Schwangerschaft oder durch Krankheiten entstehen, und für Kinder, die verwahrlost, ohne fördernde Herausforderungen, ohne ausreichend Zuwendung und Ansprache, ohne die notwendige Reizkonstellation für eine gesunde Sinnesentwicklung und ohne Geschwister und Vater sowie mit allzu vielen Bildschirmeinflüssen aufwachsen.

Durch die auf sie einwirkenden Sozialisationsfaktoren, durch ihre genetische, biographische und milieubedingte Lebenskonstellation zeigen sie ein jeweils nur für sie spezifisches Motivations-, Verhaltens- und Talentprofil, mit dem sie dieses besser, anderes anders und jenes nicht so gut hinbekommen, so daß Talent- und Neigungsdifferenzierungen schon sinnvoll für die Schule sind. Wo auch immer die Ursachen für die jeweiligen Motivations-, Kompensations- und Lernmöglichkeiten liegen, es ist zweckmäßig, zumindest zwei Anforderungsniveaus für Englisch und Mathematik und einen Wahlpflichtunterricht anzubieten, in dessen Rahmen der Schüler sich entweder für Musik oder für Kunst, entweder für Französisch oder für Chinesisch, entweder für Handball oder für Rudern, für mehr Physik oder für weniger Informatik, für eine dritte Fremdsprache oder für Technik entscheiden darf. Sinnvoll ist es auch, zwei verschiedene Arten von Schulen nebeneinander anzubieten, nämlich solche, die unterrichten und erziehen (beispielsweise Gymnasien), und solche, die erziehen und unterrichten (beispielsweise Gesamt- oder Sekundarschulen), je nachdem ob das Kind im wesentlichen zu Hause erzogen wird oder ob die Schule erst erziehen muß, bevor Unterricht überhaupt möglich wird.

In den 60er Jahren gab es vorübergehend einmal eine blauäugige Selektions- und Differenzierungseuphorie, die von einem falschen Menschenbild ausging; man schuf damals beispielsweise in den Hamburger Haupt- und Realschulen eine stark gegliederte Leistungsdifferenzierungskurslandschaft mit Bezeichnungen wie Kurs I („Realschulanforderungen"), Kurs II („Hauptschulanforderungen") sowie Kurs III („verminderte Hauptschulanforderungen") und unterteilte diese Niveaukurse noch einmal in I a, I b, II a, II b, III a und III b, um einerseits dem Ideal von total homogenen Lerngruppen näherzukommen und um andererseits mit „Förder-" „Stütz-", „Auffang-", „Aufbau-" sowie „Erweiterungskursen" gezielt individualisieren, entlasten und erneut „nach oben" fördern zu können. Die Illusion dieser „flexiblen Differenzierung" war, die Schüler würden in gleicher Weise nach unten entlastet und nach oben gefördert werden können und sie würden nur vorübergehend einen Kursabstieg in Kauf nehmen müssen, bis sie eine pubertäre Lernkrise überwunden haben, um dann wieder aufzusteigen. In Wirklichkeit gab es fast nur Abstieg und nur äußerst selten einen Kursaufstieg; Versagenserlebnis, Stigmatisierung und „Restbewußtsein" als negative Effekte des Kursabstiegs wurden schlichtweg unterschätzt, ebenso das Phänomen des Auseinanderdriftens von unterschiedlichen Niveaukursen, die an sich stets die gleichen Lehrpläne zur Grundlage hatten.

So begannen auch die beiden Beobachtungsstufen (Klassen 5 und 6) in Hamburg Ende der 60er Jahre (eine wurde an Haupt- und Realschulen eingerichtet und eine an Gymnasien) mit fast gleichen Lehrplänen, weil vermutet wurde, aus beiden Beobachtungsstufen würden nach Klasse 6 Schüler sowohl zum Gymnasium als auch zur Realschule und zur Hauptschule überwechseln; im nachhinein hat sich dann ergeben, daß fast alle Schüler der Beobachtungsstufe der Haupt- und Realschule entweder in die Hauptschule oder in die Realschule kamen und daß fast alle Schüler der Beobachtungsstufe des Gymnasiums mit der Versetzung in die Klasse 7 im Gymnasium verblieben. Ähnliche, zunächst unerwartete Effekte, gab es mit den schulformgebundenen Förder- und Orientierungsstufen in Hessen, Niedersachsen und Schleswig-Holstein.

Es lernen eben nicht alle Schüler unter gleichen Bedingungen gleich; das Schicksal ihres Erbgutes, ihrer Biographie, ihres Milieus, ihrer Lehrerpersönlichkeiten und ihrer Zuschreibungsprozesse durch selektive Kurseinteilungen ist eben gravierender in den Auswirkungen auf erwünschte Lerneffekte als der Faktor Intelligenzquotient. Der IQ als Möglichkeit des Hirns ist das eine, das Begabungs- und Verhaltensprofil als Folge von Sozialisation ist aber das andere, das sich viel entscheidender auf Schullaufbahn und Karriere, also auf „Bildungserfolge", auswirkt.

7. Die Reproduktionsfunktion

An zahlreichen norwegischen Grundschulen ist mit Beginn des Winterhalbjahres 1995/96 „Höflichkeit" als Unterrichtsfach eingeführt worden. Zu den Inhalten gehören die freundliche und korrekte Begrüßung von Mitmenschen, Respekt vor den Interessen und dem Eigentum anderer, nicht zuletzt vor öffentlichem Eigentum. „Gerade hier gibt es einen hohen Lernbedarf", seufzte eine Lehrerin und verwies auf die Schäden am Schulmobiliar.

Legitimations- oder Reproduktionsfunktion nennt Helmut Fend die dritte klassische Schulfunktion, und er meint damit, daß Schule als gesellschaftliche Institution für die „Wiederherstellung der Herschaftsverhältnisse" und Wertevorstellungen in der jungen Generation zu sorgen hat. Die Erziehung zum politisch mündigen demokratischen Staatsbürger auf der Grundlage des Grundgesetzes und der Menschenrechtsvereinbarungen würde das für unseren Staat bedeuten. Dazu gehört aber auch so etwas wie die christlich-abendländische Kulturtradition, also der Wertekanon der „Zehn Gebote" beispielsweise.

Und hier wird das Dilemma einer pluralistischen Gesellschaft mit der im Grundgesetz verankerten Trennung von Staat und Kirche sowie der garantierten Religionsfreiheit am Beispiel der Kruzifix-Passage des bayerischen Schulgesetzes, die das Bundesverfassungsgericht 1995 für unzulässig erklärt hat, deutlich.

Wenn die christlich-abendländische Tradition mit dem Grundgesetz kollidiert, geraten die Schulen in eine Schwierigkeit: Werteerziehung sollen sie leisten, und zugleich sollen sie für Gewissens- und Religionsfreiheit sorgen. Welcher der beiden Werte hat Priorität? Ähnliche Dilemmata gibt es für Lehrer bei Antinomien wie Ökonomie im „Wirtschaftsstandort Deutschland" und Ökologie zur Sicherung der Zukunft unserer Kinder oder Verteidigungsfähigkeit unseres Gemeinwesens und Erziehung zur Friedensfähigkeit, die eventuell die Ablehnung jedweder Waffengänge im Bosnien-Konflikt zur Folge hat.

Die Bevorzugung jeweils eines Wertes in einer Antinomie zweier hoher Werte bedeutet aus der Sicht von Eltern oft das zufällige ideologische Begünstigen einer Position im Rahmen von Wertepluralismus, die sie nicht teilen; sie verlangen vielleicht die Vorherrschaft der bei der Werteentscheidung des Lehrers, des Schulpolitikers, des Parlaments unterlegenen Auffassung in der Erziehung ihres Kindes. Atomkraft kann als abschreckende Dimension den Bestand und die Werte unserer Gesellschaft sichern oder gänzlich vernichten, je nachdem, wie man es sieht.

Lehrer sind oft zu solchen Entscheidungen gezwungen, wenn ihre eigenen Wertevorstellungen denen der Schulleitung, der Schulaufsicht, des Ministeriums oder der gesetzgebenden Mehrheit des Landesparlamentes widersprechen. Sie neigen dann mit reinstem Gewissen zum Widerstand und begünstigen erzieherisch alternative Weltbildanteile, die sie somit dominant im Kopf und Herzen des Schülers reproduzieren, vielleicht auch weil sie ahnen, daß momentane Werteprioritäten im Schwinden begriffen sind und daß die

Alternativen sich längst durchgesetzt haben, wenn ihre Schüler erwachsen sind.

Empfängnisverhütung, vorehelicher Geschlechtsverkehr, Ablehnung von Todesstrafe, Müllvermeidung, Umweltschutz, Atombombenversuche und die Nutzung von Kernenergie sind solche Themen, deren Bewertung zur Zeit einem raschen Wandel unterworfen ist, der Lehrer zur pädagogischen Autonomie zwingt, also zum kritischen Filtern noch vorherrschender Mehrheitsmeinungen, zur kritischen Distanz über Pro- und Kontra-Diskussionen und zur Begünstigung von Werteentscheidungen im Schüler selbst.

In unserer pluralistisch-demokratischen Gesellschaft, die das Bejahen unterschiedlicher und auch gegensätzlicher Wertevorstellungen als Bauprinzip haben will, wie schon die Existenz gegensätzlicher politischer Parteien belegt, lassen sich Werte nicht verordnen; das können sich nur totalitäre Systeme erlauben. Um so mehr sind daher Pädagogen gezwungen, junge Menschen in die Lage zu versetzen, selbst Werteentscheidungen auf der Grundlage ausreichender Informationen und nach dem Auskosten kontroverser Positionen, die dem Schüler über Diskussionen, Umfragen, Thesenpapiere oder Rollenspiele angeboten werden können, zu treffen.

Pädagogische Autonomie bedeutet, die Bedürfnisse des Kindes, seine Zukunft, die Grundwerte unserer Gesellschaft, ministerielle Erlasse, das Profil der jeweiligen Schule mit ihren Konferenzbeschlüssen, die elterlichen Erwartungen und diejenigen der späteren Abnehmer (Betriebe, Hochschulen) mit den Wertevorstellungen des Lehrers in seinem Führungsstil irgendwie in Einklang zu bringen.

Der Lehrer hat ein Recht auf seine Erziehungsziele, die aber mit den gesellschaftlichen Erwartungen an ihn abgestimmt sein müssen; Schiedsrichter sind im Zweifelsfall die Grundbedürfnisse des Kindes und die vermuteten Werte seines zukünftigen Lebens. Für den Lehrer bedeutet das im Alltag, mit dem Bewußtsein eines Seiltänzers leben zu müssen; von der pädagogischen Autonomie im Sinne Herman Nohls lassen sich dabei aber keine Abstriche machen. Sie ist eine Konsequenz unseres Grundgesetzes, aber auch eine der Pädagogischen Anthropologie, und sie zwingt den Lehrer dazu, nicht Funktionär einer Ideologie, einer Partei- oder Verbandsseilschaft oder einer Religionsgemeinschaft zu sein, sondern vor allem ein Anwalt des Kindes. Die Gesellschaft läßt sich nicht auf dem Erlaßwege in den Kopf des Kindes produzieren. Werte wachsen über Dilemmata und über eine Konfliktfähikgeit, die ebenso mühselig vom Schüler gelernt werden muß wie Lesen, Schreiben und Rechnen. Die meisten erzieherischen Probleme haben wir, weil unsere Erziehungsweisen weder zu unserem Grundgesetz noch zu den Grundbedürfnissen junger Menschen passen.

Wenn eine Grundschullehrerin aus Anlaß einer Klassenfahrt mit Selbstversorgung mit zwei Achtjährigen in einen Supermarkt zum Einkaufen geht und wenn der eine Junge dann hinter ihrem Rücken, während sie gerade bezahlt, einen Flummiball klaut und der andere das gesehen hat, die Lehrerin aber nicht, und wenn der Diebstahl dann herauskommt und der Junge, der nur Zeuge war, zu der Tat befragt wird, dann gerät er in ein schweres Dilemma. Er muß sich nämlich zwischen den hohen Werten Freundschaft und Solidarität einerseits (dann muß er lügen) und Wahrheit andererseits (dann muß er seinen Freund verpetzen) entscheiden. Das fällt ihm ohne Maßstäbe schwer. Schulische Werterziehung hat die Aufgabe, ihn vorsichtig immer besser in die Lage zu versetzen, sich in solchen Konflikten eigenständig mit den in ihm aufgebauten Wertekonstellationen entscheiden zu können, und der Lehrer muß ihm dabei pädagogisch-autonom helfen, damit die Entscheidung aus Überzeugung und nicht aus Angst fällt, denn das unterscheidet Werteerziehung von Dressur. Es gibt nämlich derart viele Hunde in unserer Gesellschaft, daß immer mehr Menschen unbewußt der Neigung erliegen, Kinder wie Hunde abzurichten, mit den Weisen, die für Hunde angemessen sind, die aber bei Kindern schlimme Folgen von Unmündigkeit, Anpassung, Mitlaufen und Ausweichen (Krankheiten, Drogen, Gewalt, Neurosen) zeitigen.

8. Die Innovationsfunktion im Wirtschaftsstandort Deutschland

So wie sich Gesellschaft wandelt, muß sich auch Schule verändern. Schule ist keine statische Größe, die sich lediglich an althergebrachte Funktionen klammert. Bezogen auf die Herausforderungen des nächsten Jahrtausends, auf die Konkurrenz mit Südkorea, Japan und den USA, aber auch bezogen auf das Phänomen veränderter Kinder ist sie schon längst nicht mehr zeitgemäß. Wenn sich um Schule herum alles sehr rasch wandelt, wenn die Familie zunehmend erzieherisch und bildend nicht mehr funktioniert, wenn die Medieneinflüsse immer gewaltiger und gewalttätiger die Befindlichkeit und das Lernen der Schüler mitbedingen, wenn die technologische Entwicklung motivationsreicheres und effektiveres Lernen ermöglicht und wenn Informatikkompetenzen zunehmend berufliche Karrieren mitentscheiden, dann muß Schule reagieren, und zwar in bezug auf Lehrerbildung, in bezug auf die Gestaltung von Lehrerarbeitsplätzen und in bezug auf Methoden und Ausstattungen des Erziehungsraumes Schule.

Vor allem aber muß Schule ihre herkömmlichen Funktionen erweitern, sie muß die leibliche Versorgung der Kinder und Jugendlichen teilweise oder ganz mitübernehmen, damit Lernen überhaupt erst möglich wird, weil immer mehr Kinder mit Sinnesschwächen, mit emotionalen und Körperkontaktdefiziten und mit einem Mangel an positiver häuslicher „Wohnstubenatmosphäre" in die Schule kommen, sie muß Vater- und Geschwisterlosigkeit, Rückstände in der Sprachentwicklung und Teilleistungsstörungen kompensieren, sie muß also immer mehr ein Lebens- und Lernort werden, der für einige Kinder auch Familienersatz ist. Darüber hinaus soll sie integrieren, dem Überspringen von Bewegungs- und Spielstufen in der kindlichen Entwicklung sowie den mißlichen Trendeinflüssen von Jugendkultnischen entgegenwirken, gegen Gewalt und Sucht präventiv vorgehen und zudem auch noch dazu beitragen, daß Gelder eingespart werden, die frühere Generationen bereits verwirtschaftet haben.

Im Moment bemühen sich die Kultusministerien, Schule sowohl zu reformieren als auch kostengünstiger zu machen, und sie suchen nach dem „goldenen Weg" zwischen Innovation und Sparen.

Auf den ersten Blick scheint es zu teuer zu sein, alle Schüler zu Hause und in der Schule mit einem Lerncomputer oder mit einem transportablen Laptop auszustatten, ganz zu schweigen von den mit dem „Homelearning" verbundenen Verkabelungs- und Gebühreneinheitenkosten und der erforderlichen Software. Aber in dem Maße, wie in einigen Jahren geeignete Computer dafür zur Verfügung stehen und wie sie in großen Massen für Schüler gekauft werden, werden sie auch billiger werden. Und wenn dann auch noch Schulbücher und andere Arbeitsmaterialien bis hin zu physi-

kalischen, chemischen und biologischen Abläufen von Schüler-
experimenten auf CDs gespeichert zur Verfügung stehen, woran es
zur Zeit vor allem noch fehlt, dann läßt sich vielleicht schon bald
folgende Kosten-Nutzen-Rechnung aufstellen, die bereits jetzt
durch die Erfahrungen mit engagierten Versuchen zum CD-ROM-
und Online-Lernen in der niederländischen Stadt Tilburg, im deutschen Aurich und auch sonst weltweit belegbar sind:

— Die Ausstattung aller deutschen Schüler mit transportablen
  Lerncomputern, die sowohl zu Hause für ein „Homelearning"
  taugen, bei dem der Schüler mit dem Lehrer in der Schule verkabelt ist, als auch in die Schule mitgebracht werden können, und
  die Ausrüstung mit den dafür erforderlichen CDs kosten insgesamt, also auf zehn oder 13 Jahre umgerechnet, nicht mehr als
  die bisherige Versorgung der Schüler mit Lernbüchern, Fotoko-
  pien, Übungs- und Experimentiermaterialien für zehn oder 13
  Jahre; man muß für eine derartige Investition nur etwa 0,09
  Prozent der Einnahmen der öffentlichen Hand veranschlagen.

— Die Telekom ist gewiß bereit, den Schulen Sondertarife für Gebühreneinheiten einzuräumen, weil sie sich keine bessere Investition in die späterhin ganz und gar verkabelte neue Generation wünschen kann.

— Was Schule bisher an fünf Wochentagen gemacht hat, läßt sich
  mit Hilfe des CD-ROM- und Online-Lernens auf den Umfang
  von zwei Tagen reduzieren, so daß der Umfang von drei Wochentagen gewonnen wird, um Kompensation, Integration,
  Soziales Lernen, Psychomotorik, Sinnesschulung, Bewegungserziehung, Spielpädagogik, Zuhören, Konfliktbewältigung,
  Umgang mit Muße, politische Mündigkeit, Kreativität, Teamfähigkeit, Medienpädagogik, Gewalt- und Suchtprävention sowie
  alles übrige, was aktuell mit den Begriffen „Schlüsselqualifikationen", „Lehrer-Schüler-Beziehung" statt Erziehung und Schul-
  bzw. Zusammenleben gemeint ist, befördern zu können. Der
  Computer läßt den Schüler also rundherum arbeitsweltgerechter geraten.

— Mit Hilfe des CD-ROM- und Online-Lernens, mit dem „Homelearning" und dem Tele-Lernen in der Schule wird Lernen etwa
  dreimal so effektiv; die Schüler lassen sich durch die reicheren
  Möglichkeiten des Computers besser motivieren, er gestattet
  mehr Differenzierung und Individualisierung, er erlaubt

Lernen über Fehlermachen ohne eine gleichzeitige Schuldzuweisung, so daß Versagenserlebnisse und damit negative Stigmatisierungsfolgen minimalisiert werden, und was junge Menschen durch ihn lernen, bleibt auch noch dreimal so lange im Gedächtnis haften, weil er in der Kombination von Wort-, Bild- und Handeinsatz mehr Sinne gleichzeitig anspricht, als es das bloße Wort des Lehrers vermag.

— Der Einsatz von Lerncomputern spart Lehrerstunden ein, zumindest in der Form von Differenzierungs- oder Teilungsstunden. Denn dort, wo bislang äußere Differenzierung oder Kleingruppen-Unterricht nötig war, sind künftig mit dem CD-ROM- und Online-Lernen innere Differenzierung und sogar Klassenfrequenzerhöhungen möglich, und eine optimale Software verringert die mißlichen Auswirkungen methodisch schlechter Lehrer.

— CDs lassen sich schneller aktualisieren bzw. entrümpeln als für lange Zeit festgeschriebene Lehrpläne, Schulbücher, Lexika und Atlanten.

Kinder wachsen heute im wesentlichen in den vier Lebenswelten Familie, Schule, Bildschirm und Gleichaltrigkeit auf. Drei davon wirken pädagogisch höchst unzuverlässig, nämlich die erzieherisch hilflose, desolate oder inkonsequente Familie und die nicht bewußt, sondern zufällig und unkontrolliert wirkenden Trends der Gleichaltrigkeit sowie die Bildschirmwelt. Die Schule hinkt bislang den jeweiligen gesellschaftlichen Entwicklungen und denen der Jugendkultszenerie ziemlich hoffnungslos hinterher, allenfalls reagiert sie auf alle Veränderungen mit einen Verzug von vielen Jahren. Mit Hilfe des CD-ROM- und Online- bzw. Tele-Lernens könnte sie die Bildschirmwelt positiv in ihre intentionalen Erziehungskonzeptionen einbeziehen, und sie würde dadurch gleichzeitig viel Zeit gewinnen, um familienergänzend bzw. -ersetzend tätig werden zu können und um aus den negativen Einflüssen der Gleichaltrigkeitsszenerie junger Menschen über optimal gestaltete Formen des Zusammenlebens der Schüler untereinander positive zu machen. Eine neue Schulleben-Schule, die das klassische Lernen, also die Wissensschulung und die Gedächtnisanreicherung mit Hilfe des Tele-Lernens sowohl zeitlich zu reduzieren als auch umfangreicher und langanhaltender geraten zu lassen vermag, wird auch erzieherisch zeitgemäßer und wirkt insofern präventiv gegen Einsamkeit, Krank-

heit, Gewalt, Sucht und die damit verbundenen hohen gesellschaftlichen Kosten. Überdies schafft sie dem Wirtschaftsstandort Deutschland mit
den künftig so wichtigen Schlüsselqualifikationen Erkundungs-und
Handlungskompetenz, Kreativität, Mobilität, Teamfähigkeit, Konfliktbewältigungskompetenz, Fähigkeit zur Entspannung und zur
angemessenen Ernährung sowie vernetzendes Denken neue Kon-
kurrenzvorteile. Sie braucht dafür aber auch völlig anders ausgebil-
detete und motivierte Lehrer und ein neu geordnetes Verhältnis von
Erziehung und Bildung. Erziehung darf fortan nicht mehr eine ge-
ringgeachtete Leistung sein und Bildung nicht mehr länger eine
überwertige. Erziehung ist das unverzichtbare Fundament von Bildung, sein Nährboden, und insofern ist sie in ihrer Bedeutung nicht
hoch genug einzuschätzen. Investition in die erzieherisch gestalteten Rahmenbedingungen des Lebens junger Menschen ist daher
die wichtigste Innovationsaufgabe der Schule im dritten Jahrtausend. Bildung ereignet sich dann fast von selbst, zumindest aber
leicht. Denn es gelten die beiden Sätze:

–   Einem hungernden Kind kann man nur schlecht den Dreisatz
    beibringen.
–   Gute Schüler, die sich wohlfühlen, setzen sich langfristig so-
    wieso durch.

9. Die Integrationsfunktion

Von Schule wird immer mehr Integration verlangt:
–   In Hamburg soll es künftig eine „Einschulung ohne Auslese"
    geben, das heißt, alle Sechsjährigen sollen unabhängig von
    dem bisherigen Gesichtspunkt „Schulreife" in die 1. Klassen
    aufgenommen werden. Da geplant ist, damit gleichzeitig die
    kompensatorisch so wirksamen Vorschulklassen für Fünfjäh-
    rige einzusparen und damit die Verwirklichung der „Kinder-
    garten-" bzw. „Kindertagesheimplatzgarantie" ein Stück weit
    mitzufinanzieren, und da gleichzeitig die eher etwas leistungs-
    stärkeren Sechsjährigen auf Antrag der Eltern dennoch ein Jahr
    von ihrer Einschulung zurückgestellt werden dürfen, was wohl
    nur mit Kindern aus „besseren Kreisen" geschehen wird, so daß
    sie ein Jahr später in der 1. Klasse noch besser sein werden, wird

die Leistungsbandbreite in der Grundschule erheblich größer werden. Lehrer haben dann einen enormen Integrationsaufwand zu betreiben.

- Die Verlängerung der vierjährigen Grundschule zu einer sechsjährigen bedeutet, daß stärkere und schwächere Schüler sich noch zwei Jahre länger auseinanderentwickeln werden, wenn Schule nicht gleichzeitig mit dem Offenen Unterricht, mit innerer Differenzierung, mit dem Einsatz von Computern und mit zwei Klassenlehrern bzw. mit einem Team aus Klassenlehrer, Erzieherin und eventuell Sonderpädagoge dem Auseinanderdriften, den Phänomenen Über- und Unterforderung, Versagenserlebnisse und Langeweile entgegensteuert.

- Integrationsklassen für Nichtbehinderte und Behinderte vergrößern die unterschiedlichen Verhaltens- und Intelligenzvoraussetzungen für das Lernen und die Verschiedenartigkeit der Fördermöglichkeiten; das gleiche gilt für Integrative Regelklassen, in denen die erst nach der Einschulung erkennbaren Behinderten oder die Schüler mit Ausfällen oder schweren Teilleistungsstörungen verbleiben können, weil die Lehrer stundenweise durch Sonderpädagogen oder Sozialpädagogen unterstützt und entlastet werden.

- Schulformunabhängige Orientierungsstufen und Integrierte Gesamtschulen lassen die Schüler höchst unterschiedlicher Leistungsfähigkeit bis zur 6. bzw. 10. Klassenstufe zusammen in einem Klassenverband und in einer Schule; sie minimalisieren allerdings durch Leistungskurse, also durch partielle äußere Differenzierung, Effekte von Überforderung und von Bremsen des Leistungsfortschritts erheblich.

- Die Integrationsfunktion der Schule spiegelt sich schließlich auch in dem gemeinsamen Lernen von Jungen und Mädchen, von Deutschen und Aussiedlern, sowie von Deutschen und Ausländern wider.

Bei allen diesen Integrationsmodellen kommt es entscheidend auf die Dosierung der jeweils zu integrierenden Gruppen an; so ertragen Integrationsklassen nicht mehr als zwei Behinderte in Klasse 1 und nicht mehr als vier in Klasse 4, und sie dürfen insgesamt nicht mehr als 17 bis 18 Schüler haben, damit die Integration optimale Erfolge bringt, vorausgesetzt, es stehen drei Pädagogen pro Klasse zur Verfügung, nämlich eine Klassenlehrerin und eine Erzieherin ganz und ein Sonderpädagoge partiell, also mit der Hälfte oder ungünstigstenfalls mit einem Drittel seiner Stunden, vorausgesetzt aber auch, das Pädagogenteam hat sich selbst zusammengefunden und ist nicht von der Schulleitung zwangsweise zusammengestellt worden, und vorausgesetzt, die behinderten Kinder werden von den Pädagogen aus einer größeren Zahl in Frage kommender Kinder als zu ihrem Engagement und zu den nichtbehinderten Schülern passende geschickt ausgewählt.

Es gibt Schulklassen in Deutschland, die einen Anteil von 80 Prozent oder mehr Ausländerkindern haben; in ihnen können allenfalls die deutschen Schüler in multikulturelle Kompromisse integriert werden, die Ausländerkinder werden dabei hingegen bestenfalls in die Lehrererwartungen integriert. In solchen Klassen kann man gelegentlich beobachten, daß sich die deutschen Schüler mit einem minimalisierten Wortschatz und einer vereinfachten Grammatik an die Sprachkompetenz ihrer ausländischen Mitschüler anzupassen versuchen, um verständlich zu sein: „Ich mögen dich", „Du tun das jetzt", „Du mich verstehen?" und ähnliches kommt dann bei einem derartigen Integrationsschiffbruch heraus.

Multinationale Übergangsklassen und Internationale Schulen haben besondere Konzeptionen, die hier nicht in Frage gestellt werden sollen, wenn im Sinne der Lehre von den sinnvollen, den effektiven Größen in der Pädagogik festgestellt werden muß, daß eine gewöhnliche Schulklasse einer deutschen Regelschule bei einer Klassenfrequenz von 20 Schülern äußerstenfalls vier bis fünf Ausländerkinder verkraftet, wenn die Integration für beide Seiten vorteilhaft verlaufen soll. In Stadtteilen mit einem hohen Anteil an türkischer Bevölkerung beispielsweise sollte man also entweder rein türkische Klassen einrichten, oder man muß dafür sorgen, daß die türkischen Schüler so auf deutsche Schulklassen verteilt werden, daß nicht mehr als fünf von ihnen in einer Klasse sitzen, weil ansonsten die Nachteile von Überdosierung überwiegen.

Die deutsche Integrationspädagogik, belastet mit dem schlechten Gewissen aus der Zeit des Nationalsozialismus, in der Minderheiten diskriminiert und ausgemerzt wurden, hat beispielsweise in der Form der Ausländerpädagogik in ihren ersten Jahren den Fehler gemacht, nur eine einseitige Integration zu erwarten; die deutschen Kinder sollten sich an die ausländischen anpassen, sie sollten höflich, hilfsbereit, tolerant, nachgiebig und flexibel sein, während von den Ausländerkindern nur eine sehr geringe Bewegung in Richtung auf die Lebensformen, Normen und Werte der deutschen Kinder verlangt wurde. Besonders hatten die türkischen Mädchen darunter zu leiden, deren Macho-Väter mit ihrem frauenfeindlichen Gehabe von Lehrern nicht in Frage gestellt werden durften. Die türkischen Mädchen und auch die der Roma und Sinti gerieten damit in für sie schlimme Außenseiterrollen. Sie durften partiell der Schulpflicht entzogen werden, wenn sie kleinere Geschwister zu hüten hatten, sie durften nicht am Sport- oder erst recht nicht am Schwimmunterricht, an Klassenfahrten und an schulischen Festen teilnehmen, sie mußten auch gegen ihren eigenen Willen Kopftücher tragen, sie durften oft trotz ihrer Hochbegabung kein Abitur machen, und sie wurden gelegentlich schon im Schulalter zwangsverheiratet, ohne daß selbst politisch linksstehende Lehrer etwas gegen die Ursachen dieser großen inneren Not der Mädchen unternahmen.

Integration muß stets allen Seiten etwas zumuten: Deutsche Kinder müssen sich tolerant auf ihre ausländischen Mitschüler zubewegen, und zugleich müssen die Ausländerkinder ein Stück weit an die Werte und Normen unserer Gesellschaft herangeführt werden, und zwar nicht im Sinne von Entfremdung von ihrem ursprünlichen Milieu, sondern im Sinne von Kompromissen, von Lebenstüchtigkeit, von Internationalität oder von allgemeinen Menschenrechten, eben im Sinne von wechselseitiger Integration. Die Überdosierung von Ausländern, von Behinderten, von Leistungsstarken oder von Leistungsschwachen führt zu desintegrativ wirkenden Frustrationen, zur Begünstigung von schlimmen Vorurteilen und Abwehrstrategien, zur Abkapselung, Diskriminierung, Polarisierung, Haß und eventuell zu Gewalt, während die stimmige Dosierung einer Minderheit in einer Mehrheit zur Bereicherung, zur Toleranz und zur Überwindung von Vorurteilen zu führen vermag.

Integration ist die wichtigste Säule einer Erziehung gegen Gewalt und Haß, sie wirkt präventiv gegen Fremdenfeindlichkeit und gegen Vorurteile gegenüber dem ganz anderen. Kleine Kinder haben keine Probleme, mit Kindern anderer Rassen und aus anderen Religionen oder soziokulturellen Milieus zu spielen; ihre Abneigungen werden zumeist von den Erwachsenen und ihren Ängsten aufgebaut. Die Integration von leistungsstarken und

-schwachen Schülern, von Schülern verschiedener Nationalitäten und Weltanschauungen eröffnet der Schule die große Chance zum Sozialen Lernen, zum Begünstigen von Helfersystemen, von Patenschaften, von Partner- und Gruppenarbeit sowie von den für unsere Gesellschaft so wichtigen Schlüsselqualifikationen wie Konfliktfähigkeit, Toleranz, Vorurteilslosigkeit, Teamfähigkeit, Solidarität und Kreativität; sie ist Anlaß für die modernen Formen des Offenen Unterrichts und der Projektmethode, und sie bietet die Möglichkeit, Erfolgserlebnisse, Entlastung und Friedenserziehung zu organisieren, und sei es in Form der so aktuellen Werteerziehung über Dilemmata mit Rollenspielen und auswertenden Diskussionen.

Wenn der Amerikaner Lewis J. Perelman mit seinem Buch „School's out" vom Ende der Schule spricht, so ist darunter nicht Schule an sich, sondern die herkömmliche Schule zu verstehen. Der Begriff Schule wird schon bald mit ganz anderen Inhalten gefüllt werden müssen als bisher; sie wird eine Einrichtung erziehenden Zusammenlebens werden, durch die Bildung und Leistungen begünstigt werden, weil nur sie als einzige Klammer der Gesellschaft für einen minimalen Wertekonsens übrigbleiben wird, einer Gesellschaft die nämlich „keine Götter mehr" hat, wie Neil Postman sein Buch vom Ende der Erziehung überschreibt, einer Gesellschaft, in der auch Familie als Hort von Erziehung und von Wertebildung in ihrer bisherigen Struktur mit Sicherheit noch weiter schwinden wird und in der die Volkskirchen schon längst ihre wegweisende Funktion eingebüßt haben. Greenpeace und die Fernsehwerbespots sind jedenfalls mittlerweile für junge Menschen maßgebender als die Gesamtheit von Pastoren, Pfarrern, Bischöfen, Kardinälen und Papst.

10. Die kompensatorische Funktion

Wenn das Kind in irgendwelchen Anteilen seiner Persönlichkeit hinter seiner altersgemäßen Entwicklung zurückgeblieben ist, ist ausgleichende Erziehung, also Kompensation, erforderlich. Kompensatorische Erziehung braucht einen mehrfach erhöhten Aufwand, als wäre von Anfang an gleich alles richtig gelaufen, denn für jeden Lernfortschritt gibt es jeweils besonders sensible Phasen, und wenn die versäumt worden sind, wird es nie mehr das Ganze. Wir wissen von intelligenten autistischen Kindern, deren Sprachentwicklung anfangs wegen ihrer Umweltabschottung retardiert ist, daß sie nach einer erfolgreichen therapeutischen Öffnung zwar sprachliche Fortschritte machen, aber in bezug auf Wortschatz und Grammatik nie mehr einen Reifegrad erreichen, der ihrer Begabung entspricht. Das gleiche gilt für Kinder mit Sinnesschwächen, mit Koordinationsmängeln und mit Dyskalkulie, also mit Rechenschwäche.

Viele Kinder wachsen soziokulturell benachteiligt auf, sie leiden unter Bewegungs- und Bezugspersonenmangel, unter Aufmerksamkeits- und Zuwendungsdefiziten, unter einem Mangel an sprachlicher Herausforderung, unter Kulturkollisionen oder unter einer allgemeinen erzieherischen und leiblichen Vernachlässigung. Sie sind schon vor der Einschulung benachteiligt, und Schule muß sie dann erst einmal nacherziehen, damit Lernen überhaupt effektiv wird.

Klaus Hurrelmann hat daher mit dem von ihm beschriebenen „Zwei-Wege-Modell" für das künftige Schulwesen recht, indem er sagt, wir brauchen einerseits Schulen, die erziehen und unterrichten, und andererseits Schulen, die unterrichten und erziehen; die ersten nennt er Gesamt- oder Sekundarschulen, die zweiten Gymnasien; die ersten setzen das Kind erst einmal in die Lage, dem Unterricht folgen zu können, die zweiten vertrauen darauf, daß das Kind im wesentlichen zu Hause erzogen wird, so daß Unterricht nur mit einem geringen Maß an korrigierender Erziehung flankiert werden muß, die im Zweifelsfall nahezu ausschließlich innerhalb der Unterrichtsstunden geleistet werden kann; Herbart nannte das ja „Erziehenden Unterricht".

Kritiker des Zwei-Wege-Modells sagen, daß Schule nicht die Aufgabe habe, erzieherisch das nachzuholen, was die Familie versäumt hat; sie meinen, man müsse den Erziehungsauftrag weitgehend an die Familie zurückreichen, man müsse die Familie stärken und an ihre erzieherische Verantwortung appellieren. Aber das nützt den allzu vielen Kindern, deren Eltern erzieherisch hilflos, inkonsequent oder uninteressiert sind oder die ihren Nachwuchs von Anfang an vor allem als störend empfinden, gar nichts. Mit Appellen läßt sich jedenfalls die familiäre Erziehungskompetenz keineswegs erhöhen.

So wie Schule im Moment gestaltet ist, wirken vor allem Erziehungsdefizite selektionierend; nur sehr wenige Kinder scheitern,

wenn sie schlechte Noten bekommen, sitzenbleiben oder rücklaufen müssen, an ihrem Intelligenzquotienten; sie scheitern vor
allem an dem, was an Sozialisation bei ihnen versäumt wurde, und
das meiste läßt sich durchaus noch begrenzt kompensieren.

Die kompensatorische Funktion von Schule schlägt sich bereits
in einer Fülle von Bemühungen nieder; die müssen aber ausgebaut
werden, damit frühkindliche Erziehungsmängel nicht mehr länger
in dem Ausmaß wie bislang zum Schicksal für Schullaufbahn-, Bil-
dungs- und Berufserfolge sowie -mißerfolge werden und auch nicht
mehr länger für Krankheitsgeschichten, kriminelle Karrieren und
Sozialhilfefälle:

— Die Vorschule als Klasse 0 für Fünfjährige ist geschaffen
   worden, um benachteiligt aufgewachsene Kinder ausgleichend
   an die Schulreife heranzuführen. Mit ihrer kompensatorischen
   Erziehung soll mehr „Startgerechtigkeit" vor Beginn der Klasse
   1 hergestellt werden.

— Integrative Regelklassen und Integrationsklassen sollen mit
   Hilfe von Sonderpädagogen die Segregation, also die Aussonder-
   derung von behinderten Schülern und solchen mit schweren
   Teilleistungsstörungen oder Ausfällen ins Sonderschulwesen,
   vermeiden. Mit behindertenpädagogischen Konzeptionen
   werden Schüler mit erhöhtem Erziehungs- bzw. Förderbedarf in
   die Lage versetzt, im Regelschulwesen mithalten zu können.

— Mit ausgleichender Ernährung in bezug auf Vitamine, Spurenelemente und andere lebenswichtige Stoffe versuchen viele
   Schulen, im Rahmen von Schulfrühstück, Pädagogischem Mittagstisch oder von Schulkiosken gravierende und das Lernen be-
   einträchtigende Erziehungsfehler zu korrigieren.

— Mit psychomotorischem Extraturnen wird mancherorts in Turn-
   hallen am Vormittag künstlich von kinderärztlichen Therapeuten nachgereicht, was Kinder früher beim Spielen draußen
   hatten, nämlich ausreichende Bewegungserfahrungen in bezug
   auf Greifen, Laufen, Hüpfen, Springen, Rutschen, Klettern,
   Schaukeln, Balancieren, Matschen, in bezug auf verschiedene
   Materialien und Zahligkeiten und in bezug auf Hautkontakt-
   und Unterhautbindegewebe- sowie Muskeldruckerfahrungen.
   Psychomotorische Therapien in der Schule, die über Krankenschein abgerechnet werden, sind kompensatorische Bemühungen gegenüber Kindern, die sinnesschwach, wahrneh-

mungsgestört und unkonzentriert oder hyperaktiv sind; ihre Sinne sind in ihrer bisherigen Entwicklung zu wenig angeregt worden, so daß sie nicht mehr ohne weiteres Fahrradfahren lernen, rückwärts gehen und rückwärts zählen können. Die psychomotorische schulische Kompensation ist daher das beste Mittel gegen Rechenschwäche (Dyskalkulie).

– Mit häufigem langen Vorlesen und Erzählen läßt sich das Zuhörenkönnen erhöhen, mit freien Gesprächskreisen (der „Stuhlkreis" des Offenen Unterrichts), mit Rollenspielen und mit kleinen Vorträgen, aber auch mit Englisch oder Französisch ab Klasse 3 kann man die Entwicklung des aktiven Sprechens fördern, die bei den täglich stundenlang nur konsumierend fernsehenden Kindern verzögert ist.

– Mit der „Bewegten Schule", in der Kinder überwiegend statt auf Stühlen auf großen Bällen an verstellbaren Tischplatten sitzen, lassen sich Haltungsschäden vermeiden oder korrigieren.

– Mit männlichen Lehrern läßt sich schon im Grundschulalter das Defizit an liebevoller Väterlichkeit gegen das auf Bildschirmen und in den Jugendkultnischen der Nachbarschaft des Kindes überrepräsentierte Ideal der brutalen Männlichkeit von Machos ausgleichen, und zwar vor allem bei Jungen.

– Mit Ganztagsschulen, mit nachmittäglicher Hausaufgabenhilfe in der Schule, mit Außerunterrichtlichen Neigungskursen, mit Horten an der Schule und mit der Vollen oder Verläßlichen Halbtagsgrundschule von 8 bis 13 Uhr, in der die 45-Minuten-Takte flexibleren Formen des Zusammenlebens und des Unterrichtens gewichen sind, können Lehrer das bieten oder nachreichen, was in vielen Familien nicht mehr geboten wird, nämlich Förderung, Nachhilfe, Geborgenheit, leibliche und emotionale Versorgung, Anregungen, Spiel, Bewegung, Geschwisterlichkeit, Interessenvertiefung (Basketball, Rudern, Musizieren, Informatik, Töpfern, Basteln, Kochen, Feiern) und Entspannung bzw. Muße.

– Internate und Landerziehungsheime sollen vor allem für Kinder aus „besseren Kreisen", in denen die Eltern zum Teil aus beruflichen Gründen nie genügend Zeit für sie hatten, einen Mangel an Familienleben ausgleichen. Sie bieten oft mit ihren Pädagogen eine Rund-um-die-Uhr-Versorgung, die derjenigen von „häuslichen" Eltern vergleichbar ist, und sie reichen durchweg so etwas wie Bezugspersonen, Grenzerfahrungen, Deutlichkeit, Konsequenz, Aushalten über Krisen hinweg, angemessene Herausforderungen, Akzeptanz und Erfolgserlebnisse nach, auch über eine kontinuierliche Hausaufgabenbetreuung sowie über Entlastung und Eingehen auf soziale und Ruhebedürfnisse.

– Konfessionsschulen sollen gesellschaftliche Defizite in bezug auf Religiosität ausgleichen, Waldorfschulen in bezug auf Musisches und Freie Schulen in bezug auf Selbstbestimmung des Kindes, Eigenverantwortung und gefördertes Wachsenlassen im Sinne einer individuellen Kräfte- bzw. Leistungsprofilentfaltung, die sich weniger aus einer das Kind führenden Erziehung als aus einer stimmigen Beziehungsgestaltung, wie sie die Antipädagogen um Hubertus von Schoenebeck wünschen, ergibt.

11. Die familienergänzende Funktion

In Sachsen leben die meisten Alleinerziehenden Deutschlands. Nach einer Studie der Technischen Universität Dresden gibt es im Freistaat 160 000 alleinerziehende Mütter und 28 000 alleinerziehende Väter. Der Alltag der Alleinerziehenden werde beherrscht von Existenzkampf sowie der Sorge um Wohnung und Arbeitsplatz.

Immer mehr Lehrerinnen und Lehrer stellen fest, daß sie auch ein Stück weit Mutterersatz oder Vaterersatz sein müssen. Vor allem Jungen, die mit einer Mutter aufwachsen und nacheinander zwei Klassenlehrerinnen hatten, leben oft bei einem Klassenlehrer auf, weil sie auf der Suche nach ihrer Geschlechtsrolle auch auf der Suche nach männlichen Identifikationsrollen sind. Selbst wenn Mama und die Lehrerinnen alles richtig gemacht haben, kann das Defizit an väterlichen Bezugspersonen bei ihnen zu Verhaltensauffälligkeiten führen.

Schulklassen bieten Einzelkindern jedoch auch die ihnen so fehlende Funktion von Geschwisterlichkeit.

Lehrer sind heute nicht nur Wissensvermittler, sondern auch elternergänzende und gelegentlich sogar elternersetzende Freunde ihrer Schüler. Sie müssen nämlich das Lernen in Zusammenleben einbetten, und zwar um so mehr, je weniger familiäres Zusammenleben die Schüler zu Hause haben. So mancher Schüler klammert sich an seinen Lehrer, erhofft sich von ihm Körperkontakt, Emotionalität, Trost, seelische Umfassung und die Bereitschaft, gelegentlich auch in der Freizeit mit ihm etwas zu unternehmen, weil seine Eltern sich eigentlich nur mit sich selbst beschäftigen bzw. weil er Eltern hat, die mit ihm nicht gut umgehen können, weil sie nicht einmal mit sich selbst gut umgehen können. Viele Schüler fragen ihre Lehrer, ob sie sie einmal zu Hause besuchen dürfen, und es gibt Lehrer, die einzelnen Schülern ein wenig Anschluß an ihre eigene Familie eröffnen, sie eventuell auch auf eine Ferienreise mitnehmen.

Die Motivation des Lehrers zu einem Mehr an Elternrolle wird durchweg mit dem Umfang des wöchentlichen schulischen Zusammenseins erhöht. So berichten Schulleiter immer wieder von Beobachtungen im Sinne des von Eduard Spranger beschriebenen „Gesetzes von den ungewollten Nebenwirkungen in der Erziehung", nachdem sie Lehrkräfte, die eigentlich ausschließlich Fachlehrer sein wollten, verpflichtet hatten, nicht nur eine Klasse zu führen, sondern auch noch vier bis fünf Fächer selbst in ihr zu übernehmen, daß diese sich auf Dauer nicht mehr ohne weiteres den Augen eines Kindes und seinen problembeladenen Eltern entziehen konnten; sie machten gegen ihre ursprüngliche Absicht erst einen, dann mehrere Hausbesuche bei dem Kind, sie richteten schließlich einmal im Monat einen Elternstammtisch ein, um dazu beitragen zu können, über ständige Gespräche der erzieherischen Hilflosigkeit und Inkonsequenz von Müttern und Vätern entgegenzuwirken, und sie luden schließlich das Kind und seine Freunde zum Kaffeetrinken ein, gingen mit ihm ins Kino oder zum Schwimmen oder machten Behördengänge mit ihm und seinen Eltern.

Jedes sechste deutsche Kind ist ein Scheidungskind, bei 13jährigen ist es sogar schon jedes dritte. Allein 1994 nahm die Zahl der „Scheidungswaisen" um 9,5 Prozent zu. Einzelkind- und Scheidungsschicksale strahlen immer mehr auf die schulische Arbeit aus; in manchen Stadtteilen wie Hamburg-Horn hat sich die häusliche Situation der Schüler so dramatisch verändert, daß vor 25 Jahren pro Klasse etwa ein Einzelkind auszumachen war, heute aber umgekehrt im Schnitt fast nur noch ein Kind mit Geschwistern und zwei bis drei Kinder, die noch mit beiden leiblichen Eltern zusammenleben, in einer Klasse sitzen.

Die Gewerkschaft Erziehung und Wissenschaft formuliert diese Veränderung so: „Die Lehrer sind hin- und hergerissen zwischen den Ansprüchen, Familienersatz und Wissensvermittler zugleich sein zu sollen; sie sind dabei, ihre neue Rolle zu finden, werden aber vom staatlichen Arbeitgeber dabei nur wenig unterstützt." Gemeint ist damit, daß die familienergänzende oder gar -ersetzende Funktion nicht in der Arbeitsplatzbeschreibung der Lehrer vorkommt, daß dafür keine Stunden ausgewiesen werden und daß sie immer dann, wenn sie dennoch von Lehrkräften ausgefüllt wird, zu enormen Mehrbelastungen, aber auch Erfolgen führt.

Wer unter einem Mangel an Familienleben leidet, macht immer irgendwie seine Reizbilanz wieder stimmig, sei es durch mißliche Männerbünde, sei es durch Materielles anstelle von Menschen, wie man am Beispiel der Singles sieht.

Immer mehr Singles und Kinderlose sind trotz sinkender Realeinkommen im Kaufrausch. 44 Prozent von ihnen bekennen, vom Konsum geradezu abhängig zu sein. Das ergab eine Umfrage des BAT-Freizeitforschungsinstituts unter 2600 Bundesbürgern. Sie weisen, so Institutsleiter Horst W. Opaschowski, Symptome von „Kaufsucht" auf. Fast 50 Prozent der Alleinlebenden und kinderlosen Paare glauben, daß sie zuviel Geld ausgeben. Bei Familien mit Kindern seien es nur 37 Prozent. Warenhäuser sind, so Opaschowski für Alleinlebende und Kinderlose oft „Fluchtburgen, um der Langeweile und der Vereinsamung zu entfliehen". Unter den Kaufsüchtigen seien mehr Frauen als Männer. Ein Drittel habe nach eigener Aussage unter den Folgen des Konsumstresses zu leiden.

Die aktuelle Diskussion um sexuelle Übergriffe gegenüber Kindern, für die ja laut Kriminalstatistik vor allem Männer aus dem Nahraum des Kindes, nämlich Väter, Brüder, Onkel, ältere Freunde und Pädagogen in Verdacht zu nehmen sind, hat übrigens zu einem emotionalen und körperkontaktmäßigen Rückzug der Männer in der Erziehung geführt, so daß das Bedürfnis nach Väterlichkeit bei immer mehr Kindern – vor allem aber bei Jungen bis zum Alter von etwa elf Jahren – nicht mehr ausreichend befriedigt wird. Viele Väter, Erzieher und Lehrer haben Angst davor, für zu weich, für schwul, für pädophil oder als Sexualstraftäter gehalten zu werden. Väter und Lehrer sollten daher dringend wieder ermuntert werden, den natürlichen Körperkontaktwünschen ihrer Kinder bzw.

Schüler zu entsprechen, damit sie nicht ausschließlich mit denjenigen beiden Körperkontaktweisen kompensieren müssen, die allein in mißlichen Männerbünden (auf dem Bau, in der Seefahrt, beim Militär, in Jugendbanden) vorurteilsfrei voll akzeptiert sind, nämlich mit dem Bizepsorientierten, also dem Zuschlagen, und dem Peniszentrierten, also dem Pornographischen und Sexistischen. Lehrerstudentinnen, Lehrerinnen, Erzieherinnen, Kindergärtnerinnen und Mütter haben nach meiner Beobachtung bei weitem nicht so viele Probleme, mit dem vom Kind signalisierten Körperkontaktbedürfnis unverkrampft umzugehen. Lehrerstudenten, Lehrer und Erzieher trauen sich aber kaum noch, ein Kind anzufassen, nicht einmal wenn das Kind kundtut, daß es das jetzt dringend als Trost, als Halt, als Mutmachen oder schlichtweg zum Wiederwohlfühlen benötigt.

Gegen sexuelle Übergriffe muß dringend etwas getan werden, weil die Dunkelziffern sehr hoch sind und weil die seelischen Traumata die betroffenen jungen Menschen ein Leben lang in schlimmster Weise beeinträchtigen; der Mangel an liebevoller Väterlichkeit im Aufwachsen von Mädchen und vor allem Jungen wirkt sich aber auf der anderen Seite fast ebenso katastrophal in der Biographie des einzelnen wie in der Gesamtgesellschaft gewaltfördernd aus. Die „Schule der Zukunft" muß also Lehrer wieder zur Rolle der liebevollen Väterlichkeit ermuntern, weil die Kinder diese Familienergänzung brauchen, aber auch weil sie das notwendige Korrektiv gegen das Zuviel an brutaler Männlichkeit in unserer Gesellschaft darstellt.

12. Die Funktion der leiblichen Versorgung

Kopf, Herz und Hand lassen sich zwar notfalls beim Lernen trennen, besser funktioniert es aber mit ihrer Integration. Auch hochintelligente Menschen lernen in Werkstätten und Labors über „das Tun der Hand" effektiver als bloß per Wort, Buch und Verstand. Mit der Einbettung in eine angenehme Atmosphäre, in eine stimmige Ernährung, in akustisch günstige Räume, in gemütlich und anregend gestaltete Klassenzimmer, ergänzt durch eine gesprächsfördernde Sitzordnung und einen schülerzentrierten Führungsstil des Lehrers kommt von seinem Unterricht mehr rüber. Mangelhaftes

Mobilar mit Stühlen für Fünftkläßler, auf denen rückengeschädigte Zehntkläßler sitzen, nicht verstellbare Tischplatten und starre 45-Minuten-Takte behindern das Lernen von Schülern, die nicht oder süß gefrühstückt und am Vorabend lange bis zum Einschlafen ferngesehen haben.

Die meisten Lehrer wissen nicht, wie ein Kind lernt und wie Lernen begünstigt wird. Schule ist eine teure gesellschaftliche Einrichtung, deren Ertrag, betriebswirtschaftlich gesehen, viel zu gering ist. Wenn man bedenkt, wie wenig von dem, was Lehrer stofflich anbieten, im Kopf der Schüler haften bleibt und wie kurz es meist nur zur Verfügung steht, dann lohnt die Investition der mehr als 60 Milliarden Mark, die die 45 000 deutschen Schulen mit ihren 700 000 Lehrern und ihren elf Millionen Schülern alljährlich kosten, kaum.

Viele Lehrer weisen die Zumutung empört zurück, ihre Schüler auch leiblich versorgen zu sollen, und zwar mit dem Argument, so etwas sei nicht Aufgabe von Schule. Andererseits kann man einem unausgeschlafenen, defizitär ernährten, sinnesgeschwächten, hyperaktiven oder unkonzentrierten Kind kaum etwas beibringen. Drei Millionen Deutsche sind Analphabeten, 25 Prozent der Gymnasiasten brauchen Nachhilfeunterricht, 250 000 Schüler bleiben alljährlich sitzen, und diejenigen, die ohne Sitzenbleiben, ohne Nachhilfe und ohne schlechte Noten zum Abitur oder Realschulabschluß kommen, haben, gemessen an dem vorausgegangenen Aufwand, viel zu wenig gelernt. Etwa 60 Prozent der schulischen Unterrichtszeit ist bloße Zeitverschwendung, vor allem weil Unterricht nicht mit dem Rahmen einer leiblichen Versorgung begünstigt wird.

Leibliche Versorgung raubt nicht Stoffvermittlungszeit, sondern macht Unterricht um ein Vielfaches ergiebiger:

— Studien des Kinderernährungswerkes an der Universität Hamburg haben ergeben, daß Grundschüler, die ohne Frühstück (jeder dritte) oder nach süßem Frühstück mit Marmelade, Honig, Schokoladenmus, Kakao und Weißbrot (jeder dritte) in die Schule kommen, etwa um 9.05 Uhr anfangen, zu gähnen oder unruhig auf dem Stuhl hin- und herzurutschen.

— Eine Mahlzeit mit Linsen, Rühreiern und rotem Paprika und Haferflocken nach 16 Uhr verlängert hingegen die Aufnahme-, Konzentrations- und Leistungsfähigkeit am nächsten Morgen bis etwa 14 Uhr. Einige Lehrer sind daher dazu übergegangen, täglich die erste Stunde mit einem Schulfrühstück zu beginnen, bei dem jeder Schüler diejenigen Spurenelemente und Vitamine bekommt, die ihm laut Gesichtsdiagnose fehlen.

– Kinder, die zu Hause bis zu neun Stunden täglich vor dem Bildschirm sitzen und von Freitag nachmittag bis Sonntag abend etwa 30 Stunden „vor der Glotze" oder auf dem Rücksitz eines Autos verbracht haben, kommen mit einer Fülle unverarbeiteter Reize und mit schlimmen Bewegungsmängeln in die Schule. Freie Gesprächskreise am Beginn des Schultages, Rollenspiele, Bewegungsspiele und „psychomotorisches Extraturnen" tragen zur entlastenden Verarbeitung unverdauter Bildschirmerlebnisse und zur Kompensation des Bewegungsmangels bei. Kinder, die zu wenig greifen, laufen, hüpfen, springen, klettern, schaukeln, balancieren, spielen und matschen und solche, die zu wenig angefaßt und gedrückt werden, bekommen die für ihre Entwicklung so wichtigen Sinneserfahrungen künstlich in der Turnhalle nachgereicht, damit sie auch Rückwärtsgehen und damit Rückwärtszählen lernen können, damit sie also auch Rechnen zu lernen vermögen.

– Horte an der Schule, Schlafplätze in der Schule, Kuschel- und Entlastungsecken sowie Spielzonen, Teppiche und Hausschuhe im Klassenraum tragen dem Ruhe- und Entspannungsbedürfnis, das in vielen streßreichen Elternhäusern zu kurz kommt, Rechnung.

– Die „Bewegte Schule" mit verstellbaren Schreibflächen der Tische und der Möglichkeit, statt auf Stühlen auch auf großen Bällen zu sitzen, und die Volle oder Verläßliche Halbtagsgrundschule von 8 bis 13 Uhr, in der die bisherigen 45-Minuten-Unterrichtstakte durch flexible Lernphasen, eingebettet in Bewegungs-, Spiel-, Muße- und musische Erziehungszeiten und solche der Freien Gestaltung und versehen mit einer halbstündigen Anlauf- und einer halbstündigen Auslaufphase, in denen der Schüler beim Lehrer etwas loswerden kann und in denen sich der Lehrer individuell einzelnen Problemen zuwenden kann, abgelöst werden, sorgen für wesentlich fruchtbareren Unterricht, weil Lernen mit den leiblichen Bedürfnissen der Kinder kombiniert wird.

– Jedes vierte deutsche Kind und jedes dritte in Deutschland lebende Ausländerkind leidet unter Schlafstörungen, die auch das schulische Lernen beeinträchtigen. Die Hälfte dieser Schlafstörungen entsteht dadurch, daß Kinder oft bis zum Einschlafen fernsehen. Sie lassen sich vermeiden, wenn Lehrer Eltern raten, dafür zu sorgen, daß zwischen Fernsehen und Einschlafen mindestens eine Stunde liegt, in der Mutter oder Vater auf der Bettkante sitzen, und dem Kind etwas vorlesen oder erzählen oder einfach ihm zuhören und mit ihm sprechen.

– Von den Waldorfpädagogen wissen wir, wie wichtig das Fach Eurythmie mit seinen Bewegungsübungen, zwischen normalen Unterrichtsstunden liegend, und die musische und atmosphärische Einbettung des Lernens sind. Die Kombination von Bewegung, Spiel, Entspannung und Sinnesentwicklung ist dabei günstiger als eine Sportstunde, in der sich die Schüler beim Hand-, Volley- oder Völkerball restlos bis zur Totalerschöpfung verausgaben.

– Lehrer sollten die Bücher von Roswitha Defersdorf „Drück mich mal ganz fest!" und A. Jean Ayres „Bausteine der kindlichen Entwicklung" lesen, um zu lernen, wie wichtig Anfassen, Zärtlichkeit, positionale Nähe zum Kind beim Interagieren, Handauflegen und Drücken beim Ausrasten oder bei allgemeiner Haltlosigkeit sind, wenn das Kind Nähe-, Anlehnungs- oder Körperkontaktbedürfnisse signalisiert oder wenn es im Gegenteil mit Nähe nicht umgehen kann, weil es Nähe nicht gewohnt ist.

– Reich und gemütlich mit Tieren, Pflanzen, Teppichen, Matratzen, Schülerarbeiten, Schülerfotos, von Schülern gestalteten Wänden, Medien und Arbeitsmaterialien ausgestattete Klassenräume mit kreisförmiger, U-förmiger oder Gruppentischsitzordnung, mit gesprächsförderndem „Stuhlkreis" und freier Wochenplanarbeit, mit einer Druckerei in der Klasse sowie mit Partner- und Teamarbeit können Schüler ablenken; das geschieht aber nur anfangs, wenn eine derart gestaltete Atmosphäre neu bzw. ungewohnt ist, und späterhin nur noch gelegentlich. Lehrer verstehen zu wenig von Lernbedingungen, wenn sie glauben, kahle Wände, eine frontale Sitzordnung und ihr Dozieren oder ihre ausschließliche Arbeit mit Buch, Heft, Tafel und Lehrerfrage würden die sachbegrenzte Konzentration erhöhen, also die Gefahr von Ablenkungen reduzieren. Sterile Räume und ein lehrerzentrierter Unterricht zwingen Schüler in die Abschweifungen ihrer Gedanken und Träume oder gar zum Lesen von Comics unter dem Tisch. Eine anregende Gemütlichkeit widerspricht keineswegs Bemühungen um Motivations-, Konzentrations- und Lerneffektivitätssteigerungen, denn wer sich leiblich wohl fühlt, lernt auch besser, und das gilt sogar für das Duzen der Lehrer, vorausgesetzt, die Autorität des Lehrers beruht nicht nur auf dem Gesieztwerden, vorausgesetzt aber auch, der Lehrer wird von den Schülern sowohl gemocht als auch fachlich und in seiner ganzen Persönlichkeit respektiert.

– Klassenräume ohne Getränke, Pausenhöfe und -hallen ohne Kiosk mit gesunden Angeboten und Schulen ohne Pädagogischen Mittagstisch als Angebot, Lehrer ohne die Bereitschaft, Kinder anzufassen, emotional zu entlasten, mit ihnen zu balgen, zu tanzen, Sport zu treiben und zu feiern, sind heute nicht mehr zeitgemäß, da die leibliche Versorgung im Elternhaus bei immer mehr Schülern nicht mehr stimmig funktioniert.

13. Die Präventionsfunktion

Nach Angaben des Bundeskriminalamtes stiegen von 1993 auf 1994 die kriminellen Delikte von 12- bis 14jährigen um 17,6 Prozent und bei den 15- bis 16jährigen um 12,6 Prozent. In den alten Bundesländern wuchs die Zahl der Straftaten Jugendlicher unter 18 Jahren in dem einen Jahr von 205 000 auf 241 000 an, und in den neuen Bundesländern ist die Entwicklung noch dramatischer.

Die Schulgewaltstudien mehrerer Bundesländer und von Großstädten wie Hamburg, Berlin und Frankfurt kommen einmütig zu dem Schluß,

– daß die Aggressionen auf Schulhöfen und Schulwegen an sich steigen würden,

– daß immer jüngere Altersstufen als gewalttätig auffallen würden

– und daß der Grad der Brutalität zunähme.

Ausgezählt werden dabei aber nur nach außen gehende Aggressionen, also Sprachgewalt, Gewalt gegen Sachen und Gewalt gegen Menschen einschließlich sexueller Übergriffe. Die Gewalt gegen sich selbst, also Autoaggression wie Eßsucht, psychosomatische Erkrankungen, Selbstverletzungen, Depressionen, Todessehnsucht, Suizidversuche und Drogensucht, werden mit derartigen

Untersuchungen nicht erfaßt, obwohl sie ebenso wie die Aggressionen auf Familienverfall, Kränkungen, Versagenserlebnisse, Perspektivarmut und desolate Erziehungs- und Milieubiographien zurückgehen.

Schulische Gewalt- und Suchtprävention, wie sie mehrere Bundesländer wie Schleswig-Holstein, Bayern und Nordrhein-Westfalen mittlerweile intensiv betreiben, ist die Folge eines hohen öffentlichen Wahrnehmungsgrades von Gewaltphänomenen und Rauschbedürfnissen bei jungen Menschen; der Druck auf die Schulen, rechtzeitig, also präventiv, etwas gegen Zuschlagen, Zerstören und Selbstzerstören sowie gegen sprachliche Verrohungen zu tun, ist erheblich angewachsen, damit die Spirale von Gewalt und Sucht unterbrochen wird, mit der „die Welt aus den Fugen" zu geraten droht.

Es gilt die Faustregel, daß Prävention einen deutlich geringeren Aufwand erfordert als nachgereichte „Reparatur", also Therapie. Und Prävention scheint in der Tat etwas zu bringen:

— Fremdenfeindlichkeit als Folge von Vorurteilen hat seit den Lichterketten nach dem Brandanschlag auf ein von Türken bewohntes Haus in Mölln, nach dem Ruck, der durch unsere Gesellschaft mit den schlimmen Haßexzessen von Hoyerswerda, Rostock, Solingen und Lübeck ging, bei jungen Menschen deutlich abgenommen, vor allem auch weil sie in Schulen derart nachhaltig entlarvt und verpönt wurde, daß ein Bekennen zu ihr fortan dazu führte, daß man in eine Außenseiterrolle geriet und niedergemacht wurde. Während Gewalt gegen Menschen anderer Herkunft, anderer Nationalitäten und anderer Religionsgemeinschaften eine Zeitlang „chic", „in" war und zu einem rangordnungsbildenden Freizeitfaszinosum mißriet, weil man mit ihr erhöhte Anerkennung in Jugendkultnischen voller gleichgesinnter Verlierer gesellschaftlicher Verteilungs-, Sozialprestige- und Karrierekämpfe fand, wird sie von der Masse der Kinder und Jugendlichen mittlerweile für ungerecht und feige gehalten.

— Grundschulen, die aus Anlaß von Alltagskonflikten (sprachliches Diskriminieren, Diebstahl, Macho-Gehabe, Ausländerfeindlichkeit) ständig kleine Rollenspiele dazu initiieren, die mit den Kindern alternative Verhaltensweisen erörtern und erproben, die rivalisierende Werte in Diskussionen gegeneinanderstellen und trainieren, wie man auf ein Problem, einen Konflikt, eine Krise zugeht, wie man sich darin wehren, behaupten und durchsetzen kann, wie man sich Hilfe holt und wie man mit Opfern umgehen sollte, haben meßbar wesentlich weniger Gewaltphänomene als andere Schulen, und zwar auch dann, wenn sie in besonders benachteiligten und benachteiligenden Stadtteilen oder Regionen liegen.

– Wenn von der 1. Klasse an den Schülern über die Kombination von Information und Bewertung durch Mitschüler klargemacht wird, wie Nikotin, Alkohol und illegale Drogen wirken und warum man sich mit ihnen stimulieren oder dämpfen will, warum man mit ihnen über Rausch vorübergehend aus seinen Problemen auszusteigen gedenkt und daß zwischen der Unfähigkeit zu Konfliktlösungen und dem Rauschbedürfnis, zwischen der unstimmigen Außen- und Innenreizbilanz einerseits und Sucht andererseits ein Zusammenhang besteht und daß Zucker- und Eßsucht, Medikamentenmißbrauch, Nikotin- und Alkoholabusus sowie Drogenabhängigkeit hilflose Versuche sind, sich statt mit dem eigentlich Gemeinten (Liebe, Ansprache, Zuhören, Anerkennung, Erfolge, erfüllende Freundschaften) stofflich ersatzzubefriedigen, dann kann man beobachten, daß solcherart präventiv beeinflußte Schüler deutlich seltener und wenn dennoch, dann wesentlich später mit dem Rauchen, dem Alkoholkonsum oder mit dem Ausprobieren von Drogen beginnen.

– Mit einem Projekt „Werteerziehung über Dilemmata" aus Anlaß von schulischen Alltagskonflikten haben ein Gymnasium, eine Realschule und eine Hauptschule unter der Supervision des Landesinstituts für Schule und Weiterbildung im nordrhein-westfälischen Soest mehrjährige positive Erfahrungen sammeln können; sie vermochten Gewalt- und Suchtprobleme zu minimalisieren, indem sie den Schülern Verhaltensalternativen eröffnen sowie in ihnen Werteentscheidungsfähigkeit begünstigen – statt ihnen Werte nur zu verordnen – und Konfliktbewältigungskompetenzen aufbauen konnten. Mittlerweile ist es an diesen Schulen so, daß zwar hier und da Gewalt zwischen Schülern noch zunimmt, daß aber parallel dazu bei immer mehr Schülern Widerstand gegen alle Formen von Gewalt gewachsen ist, daß man nicht nur zuguckt, wenn einer Gewalt-

oder Unfallopfer wird, sondern sich einmischt oder hilft, und daß sogar ganz selbstbewußt Erwachsene gefragt werden, warum sie immer noch rauchen und ob denn sie nicht wüßten, daß das erstens schädlich sei und daß sie auf diese Weise zweitens schlechte Vorbilder für junge Menschen seien.

So gewalttätig, korrupt, selbstsüchtig und süchtig wie die Erwachsenenwelt ist, muß man sich eigentlich wundern, daß Kinder und Jugendliche nicht in einem noch höheren Anteil als zur Zeit aggressiv und rauschbedürftig sind. Junge Menschen sind insgesamt viel weniger gewalttätig und süchtig als Erwachsene, und dank der schulischen Gewalt- und Suchtpräventionsbemühungen wenden sich inzwischen beispielsweise an jeder 5. Hamburger Schule Jungen und Mädchen häufiger als je zuvor gegen Terror und mißliche Jugendkulttrends aus den eigenen Reihen.

Klaus Hurrelmann hat ausgezählt, daß rund 15 Prozent der jungen Menschen eines Schülerjahrgangs in Deutschland gewaltbereit seien und daß etwa drei Prozent auch vor blutträchtiger Brutalität nicht zurückschrecken würden. Sie sind aus Mangel an Grenzerfahrungen oder durch inkonsequente Grenzsetzungen mit ihrem Weltbildaufbau alleingelassen worden, sie haben entweder überbesorgte, sie total verplanende Eltern, die ihnen jeden Stein aus dem Weg räumen, so daß sie nie lernen konnten, ihre Kräfte angemessen zu entfalten, oder sie stammen aus völlig erziehungsuntüchtigen Familien; sie waren als einsame Kinder mit dem Fehlen von Bezugspersonen stets auf sich allein gestellt, sie haben den Großteil ihres Lebens vor allem mißliche Vorbilder auf dem Fernsehschirm konsumiert, ihnen ist täglich Gewalt in der Familie oder in der Nachbarschaft vorgelebt worden, sie haben arbeitslose oder suchtkranke Eltern, die mit sich selbst so schlecht umgehen, daß sie auch mit ihnen nie gut umgehen konnten, sie haben reichlich Zurückweisungen und Versagen erlebt, oder sie haben nie ihre Sinne richtig entwickeln und zu koordinieren lernen können, weil sie sich zu selten bewegt und weil sie zu selten allein, mit anderen und draußen gespielt haben.

Per Bildschirm in den Kopf transportierte Gewalt zur Lösung von Konflikten (Wrestling, Comics, Action-, Horror-, Zombie- und Kriminalfilme) wirkt im Sinne von Modell- oder Imitationslernen vor allem verheerend auf kleine, nicht so intelligente und viel fernsehende Kinder; schulische Gewaltprävention muß deshalb künftig auch bedeuten, über eine intensive Medienerziehung, die in Sachsen und in einigen Bundesstaaten der USA bereits den Rang eines Schulfaches gewonnen hat, eine kritische Distanz zu Filmen und Werbespots im Schüler aufzubauen, indem gewaltträchtige Szenen entlarvt, relativiert und verpönt werden.

14. Die diagnostische Funktion

Ausbildungsbedingt arbeiten die meisten Lehrer immer noch allzusehr mit Schuldzuweisungen und mit Strafen, weil sie nicht die Ursachen von Motivationsschwächen, von Teilleistungsschwächen, von Störungen, von Wahrnehmungs-, Konzentrations- und Durchhalteschwächen oder von Hyperaktivität erkennen können. Sie bekommen nicht mit, daß ein Kind rotgrünblind ist und deshalb beim benoteten Erdbeerpflücken so schlecht abschneidet, daß es in der letzten Reihe sitzend das Geschriebene an der Tafel kaum sehen kann, daß es schlecht hören kann und deshalb das Klangbild eines Wortes nicht mit dem Schriftbild und mit dem richtigen Selbstschreiben verknüpfen kann, so daß es Legastheniker wird, daß es falsch ernährt ist und deshalb zappelig oder schlaff ist, daß es partielle Hirnausfälle hat, weil seine Sauerstoffversorgung während der Geburt zu lange unterbrochen war, oder daß es sich nur schlecht konzentrieren kann, weil seine Eltern am Vorabend eine schwere Ehekrise vor seinen Augen und Ohren ausgetragen haben. Sie vermögen auch meist nicht zu erkennen, daß ein Schüler am Wochenende zuvor im Drogenrausch war.

Angemessene Pädagogik setzt den Dreierschritt von Wahrnehmen, Verstehen und Bereitschaft zu situationsgerechtem Handeln voraus; das Wahrnehmen verlangt diagnostische Fähigkeiten, damit nicht unnötig und die Situation des Schülers verschlimmernd mit Schuld und Strafe gearbeitet wird. Es gibt keinen Sinn, ein farbenblindes Kind zu beschimpfen oder schlecht zu benoten, weil es bunte Rechenplättchen nicht unterscheiden kann, man zwingt es damit lediglich in Versagens- und Stigmatisierungs- sowie Restbewußtseinsprozesse und in ein so negatives Selbstkonzept, daß es auffällig oder verhaltensgestört, also aggressiv, autoaggressiv, hyperaktiv oder süchtig werden muß.

Damit Kinder nicht ständig die falschen erzieherischen Reaktionen, die ihre Lage und die der Schulen und der Gesellschaft verschlechtern, bekommen, müssen die Pädagogen anders ausgebildet werden. Sie benötigen für eine zeitgemäße Schule, in der es mehr um Fördern, Kompensieren als um Schuldzuweisen, Strafen und Aussortieren gehen muß, künftig nicht mehr ein derartiges Übermaß an fachwissenschaftlichen Kompetenzen in Französisch, Chemie oder Musik wie bisher, und sie dürfen nicht mehr so spezialisiert wie bislang eingesetzt werden; denn wenn der Schulpsychologe, der Sozialpädagoge, der Präventionslehrer, der Beratungslehrer, der Familienhelfer und der Schriftsprachberater gegenüber einem gestörten und störenden Kind tätig werden, ist meist schon allzuviel Zeit voller Niederlagen für das Kind verstrichen; die Störungen und das ungünstige Selbstkonzept sind dann schon so manifest, daß eine Therapie einen viel zu großen Aufwand erfordert und nie mehr alle mittlerweile eingetretenen Schäden auszugleichen vermag, ganz zu schweigen davon, daß der übrige Klassenverband längst mit uneinholbaren Lernfortschritten davongeeilt ist. Diagnose muß so früh wie möglich stattfinden, also vom ersten Schultag an; Praxis der schulpsychologischen Dienste wie der Schülerhilfe ist aber, daß erst nach monatelangen Wartezeiten ein Gutachten über ein schwieriges oder gestörtes Kind erstellt werden kann, mit dem dann Lehrer und Eltern zu einem Zeitpunkt beraten werden, zu dem das Kind bereits in den Brunnen gefallen und fast ertrunken ist.

Lehrerbildung im nächsten Jahrtausend muß auf das exemplarische Studium einer Fachwissenschaft wie Biologie oder Englisch reduziert und gleichzeitig erweitert werden um psychologische (Lernpsychologie, Pädagogische Psychologie), sozialpädagogische (Familienerziehung, Drogenkunde, Devianzpädagogik), klassenlehrerpädagogische, verhaltensgestörten- und lernbehindertenpädagogische, kinderärztliche und ernährungskundliche Studienanteile, damit möglichst viele diagnostische Kompetenzen möglichst in jedem Lehrer vereint sind. Die Pädagogenlandschaft muß dringend entspezialisiert werden, der einzelne Lehrer muß aber im Rahmen seiner Aus- und Fortbildung professionalisiert werden, damit er jeden Schüler umfassend wahrnehmen, verstehen und ihm gegenüber angemessen kompensierend und individuell fördernd handeln kann. Zwar braucht man auch weiterhin Spezialisten, um Lehrer und Eltern kompetent beraten zu können, die konkrete Arbeit mit dem förder- bzw. therapiebedürftigen Kind muß aber vor Ort nach Möglichkeit der Klassenlehrer zu leisten vermögen. Versagenserlebnissen und Verliererschicksalen kann damit rechtzeitig vorgebeugt werden, dem Kind bleiben unnötig kränkende Schuldzuweisungen und Strafen erspart, und überhaupt erträgt es nicht die Aufteilung seiner Persönlichkeit auf einen Tutor, zehn Fachlehrer und mehrere Spezialisten eines Beratungszentrums. Wegen der Aufteilung seiner Persönlichkeit auf viele „Fachidioten" gelingt auch Therapie so selten; sie verschlimmert oft sogar die Lage des Kindes. Nur wenn die Lehrerbildung für eine stärkere diagnostische und therapeutische Professionalisierung sorgt und der Lehrerarbeitsplatz zugleich entspezialisiertes Zusammenleben zwischen Klassenlehrer und Schüler begünstigt, werden wir die Zahl von etwa 70 Prozent neurologisch gesehen irgendwie gestörten Schülern (wozu auch kleine Eigenarten wie Nägelkauen oder nervöse Tics gehören) deutlich reduzieren können.

15. Die therapeutische Funktion

Wenn man Kinder mit einer Störung zu einem Kinderarzt, Schulpsychologen oder Therapeuten schickt, verschlimmert sich ihre Situation oft nur deshalb, weil sie vor allem erst einmal lernen, daß sie irgendwie eine schwere „Macke" haben müssen, die einen derart gravierenden Fachmann nötig macht.

Vermag man aber die Ursachen ihres Störens, ihrer Motivationsprobleme oder ihrer Ausfälle im Zusammenleben der alltäglichen Gruppe mit den vertrauten Bezugspersonen zu erkennen, ist Kompensation sehr viel leichter möglich.

Meine Lehrerstudenten betreuen seit Jahren in Hamburg schwierige Kinder, die schon vieles an Spezialisten hinter sich haben: Kinderarzt, Zentrum für Kindesentwicklung, Dienststelle Schülerhilfe, Schulische Erziehungshilfe, Nachhilfe und psychologische Therapien, und es wurde dennoch alles immer schlimmer. Wenn nun ein Lehrerstudent im ersten Semester seine Hilfe anbot, und der ist ja am Beginn seines Studiums alles andere als ein pädagogischpsychologischer Spezialist, und mit dem Schüler zwar auch Hausaufgaben machte, dieses aber im Elternhaus des Kindes stattfand, eingebettet in Spielen mit dem Kind, Balgen, Sporttreiben, gemeinsam essen,

Fernsehen, am Computer arbeiten, ins Kino gehen, einen Jahrmarkt besuchen und Fahrrad fahren, dann wurde es in der Regel deutlich besser mit dem Kind; Motivationsprobleme, Lernstörungen und Verhaltensschwierigkeiten konnten deutlich reduziert werden, und das Kind wurde auch zumeist in der Familie ver- und erträglicher, ein Indiz dafür, daß therapeutisches Zusammenleben im Rahmen einer beidseitigen Freundschaft vielfach mehr bringt als das Ausgliedern zu hochkompetenten Spezialisten.

Die Besserung ereignet sich im Kopf und Herzen des Kindes und weniger im Therapiezimmer eines Fachmannes. Die Studenten bekamen in dem eben erwähnten Projekt allerdings Spezialistenhilfe im Rahmen von begleitenden Seminaren, von der aber die freundschaftlich betreuten Schüler nichts merkten, so daß sie sich nicht mehr in dem Maße wie zuvor selbst für „bekloppt" halten mußten.

Kinder brauchen vor allem eine Rund-um-die-Uhr-Betreuung, lange und häufige Zeiten des Zusammenseins mit den von ihnen gemochten oder geliebten Bezugspersonen, also mit ihren Eltern, ihren Freunden oder ihren Lehrern. Nur wer möglichst umfassend, häufig und ausdauernd sowie viele Anteile der Persönlichkeit des jungen Menschen klammernd mit ihm zusammenlebt, kann letztlich erwünschte Verhaltensänderungen erreichen, weil das Kind zumeist in der ersten Phase seiner Bezugsperson zuliebe sein Verhalten wandelt und erst später aus Überzeugung. Aber wer würde schon wegen eines nur selten in Aktion tretenden Spezialisten sein Verhalten ändern?

In dem Maße, wie Lehrer diagnostisch und therapeutisch kompetenter werden, können sie auch effektiver Devianzen verringern. Man muß diese immer wichtiger werdende Forderung vor dem Hintergrund sehen, daß die Zahl gestörter und störender Schüler in deutschen Schulklassen im Schnitt von zwei vor 15 Jahren auf sieben heutzutage zugenommen hat und daß etwa bei der Zahl sieben eine Klasse „umkippt", also die Grenze dessen erreicht ist, was Lehrer kräfte- und zeitmäßig noch ertragen und bewältigen und was auch die Mitschüler darüber hinaus nicht mehr, ohne Schaden zu nehmen, aushalten.

So viele Schüler, wie jetzt schon gestört sind, kann man gar nicht mehr mit Spezialisten therapieren – abgesehen davon, daß diese so wenige Erfolge haben –, weil sie einfach zu teuer sind und ihre Zahl deshalb gering gehalten wird. Sieben besonders schwierige Schüler pro Klasse zu haben bedeutet aber auch, daß die noch relativ „pflegeleichten" Schüler kaum noch die Kraft und Zeit ihrer Lehrer abbekommen, die sie für ihre Förderung benötigen. Um sie besser zu schützen, um therapeutische Zuwendung effektiver und kostengünstiger geraten zu lassen, müssen Lehrer über Studium, Referendariat und Fortbildung dringend ab sofort wesentlich mehr diagnostische und therapeutische Kompetenzen erlangen, denn die Erziehungsuntüchtigkeit von immer rascher zerfallenden Familien und damit die Zahl therapiebedürftiger Schüler wird in den nächsten Jahren noch gewaltig anwachsen.

16. Die kindliche Entwicklungsstufen bewahrende Funktion

Kinder wollen heute nicht mehr unbedingt wie Kinder sein; sie empfinden oft Kindliches als Kindisches; sie wollen immer früher wie Jugendliche leben, wie Jugendliche und Erwachsene konsumieren, sich kleiden, schminken, Shopping gehen, in Restaurants essen (siehe „McDonald's"), Zeitschriften lesen (siehe „Bravo") und Filme anschauen, die nur für Erwachsene gemacht sind. Reinhard Kahl nennt dieses Phänomen des Schwindens der Kindheit das des „Kind-Erwachsenen". Er beklagt damit, daß Kinder und insbesondere Einzelkinder die für sie so wichtigen Bewegungs- und Spielstufen überspringen und deshalb Sinnesschwächen und einen Mangel an Umwelterfahrungen, also auch an Zahligkeits-, Material- und Körperkontakt- sowie Sozialerfahrungen mit in die Schule bringen. Rechenschwäche ist nur eine Folge davon; es sind nämlich auch die Konfliktsbewältigungskompetenz, die Sprachentwicklung und die Wertebildung allzu häufig unterentwickelt.

Wenn Kinder allein vor dem Fernseher sitzen, sehen sie oft noch für Kinder gemachte Sendungen und kuscheln dabei mit ihrem Stofftier; kaum ist aber ein Freund dabei, wollen sie beweisen, daß sie auch schon harte Action-Filme aushalten.

Die Kultusministerien planen bereits seit einigen Jahren, die Grundschule umzubauen, damit die kindlichen Grundbedürfnisse wieder mehr zum Tragen kommen. Als Kinder noch viel mit Geschwistern und Freunden draußen spielten – um die Jahrhundertwende beherrschten sie noch etwa 100 verschiedene Spiele im

Freien, heute sind es nur noch fünf, und die werden auch noch viel seltener gespielt –, war es vielleicht angebracht, sie in der Grundschule zum Sitzen unter dem Motto „Hände falten, Schnabel halten, gerade sitzen, Ohren spitzen" und im Sinne eines disziplinierenden Kontrastes zu ihrer sonstigen Mobilität zu erziehen. Heute sitzen sie ohnehin zu viel in Fernsehsesseln und auf Autorückbänken, so daß Schule Lernen in Bewegungs- und Spielphasen einbetten muß, damit die Bilanz des kindlichen Körpers wieder stimmt.

Mit psychomotorischem Extraturnen in der Sporthalle, über das Fähigkeiten wie Laufen, Springen, Hüpfen, Rückwärtsgehen, Greifen, Klettern, Schaukeln und Balancieren entwickelt werden, und über das Konzept der Vollen oder Verläßlichen Halbtagsgrundschule, die eine tägliche schulische Versorgung der Kinder von 8 bis 13 Uhr garantiert, mit dem in der Schule gefrühstückt, sich bewegt, gespielt, musiziert, gebastelt und im Team gearbeitet werden soll, wird dem Eigenwert kindlicher Lebensstufen Rechnung getragen, und zwar indem früher im häuslichen Umfeld gegebene Reizerfahrungen von der Schule im Sinne einer Kindheit bewahrenden und fördernden Funktion kompensatorisch vermittelt werden, weil über diese schulische Investition in kindliche Bedürnisbefriedigungen dann auch Lernen wieder ergiebiger wird. Mit der Vollen Halbtagsgrundschule, zu der auch Englischunterricht ab Klasse 3 und ein erweiterter Deutschunterricht gehören, müssen Lehrer von starren Anfangs-, Pausen- und Schlußzeiten des Unterrichts Abschied nehmen; den 45-Minuten-Takt gibt es in ihr nicht mehr, statt dessen aber eine halbstündige Anlaufzeit für Einzelgespräche von 8 bis 8.30 Uhr, eine halbstündige Ausklangzeit von 12.30 bis 13 Uhr, Mobilitäts- und Spielphasen, wenn der Lehrer spürt, daß sie gerade jetzt nötig sind, die „Einschulung ohne Auslese", die Schulreifetests entbehrlich macht, Integrations- und Integrative Regelklassen für behinderte und nichtbehinderte sowie durch Ausfälle gestörte Kinder, den Offenen Unterricht mit dem gesprächsfördernden „Stuhlkreis" und der Freien Wochenplanarbeit und in Ergänzung zu den Klassenlehrern auch Sozialpädagogen, Erzieherinnen und Sonderpädagogen.

Die Erste Fremdsprache wird spielerisch und musisch begleitet eingeführt, die Hausaufgaben werden in die schulische Arbeit integriert, Notenzeugnisse werden durch Lernentwicklungsberichte ab-

58

gelöst, und die bisherigen Fachlernziele sollen durch den Aufbau von „Schlüsselqualifikationen" (Kreativität, Erkundungs- und Handlungskompetenz, Teamfähigkeit, Konfliktfähigkeit, Hilfsbereitschaft, vernetzendes Denken, ...) teilweise ersetzt werden.

Dort, wo Volle Halbtagsschulen schon eine Weile versuchsweise bestehen, ist der Beweis längst erbracht, daß sie in der Tat nicht nur dazu beitragen, daß Kinder ihre Entwicklungsstufen besser ausleben und eine günstigere Sinnesschulung bekommen, sondern auch, verknüpft mit einem partiellen Offenen Unterricht (die optimale Dosis pro Tag ist etwa der Umfang von zwei Stunden), nach vier Jahren wesentlich mehr gelernt haben, als es mit herkömmlichem Grundschulunterricht möglich ist, und zusätzlich auch noch über einen hohen Anteil der eben erwähnten Schlüsselqualifikationen verfügen. Es hört sich widersprüchlich an, wenn man dennoch zu Recht feststellt: Sie sind am Ende der Klasse 4 reifer und wirken manchmal schon mit ihren hehren sozialen Werten wie kleine, fast „altkluge" Erwachsene, weil sie länger kindlich bleiben durften.

Wenn die Volle Halbtagsgrundschule – in Hamburg „Verläßliche Halbtagsgrundschule" genannt – flächendeckend eingeführt wird, bleibt allerdings zu befürchten, daß diese so zeitgemäße Reform gleichzeitig mit Sparmaßnahmen verknüpft wird, die dann die eigentlich gewollten Erfolge wieder beeinträchtigen, und daß das erforderliche Geld teilweise aus anderen Schulformen abgezogen wird, die folglich in dem Maße gleichzeitig pädagogisch ineffektiver werden.

17. Die medienpädagogische Funktion

In Berlin sind bereits fünf Schulen von der Grundschule bis zum Gymnasium mit der Landesbildstelle als Datenzentrale vernetzt. Im nächsten Jahrtausend werden sich alle Schulen dem „multimedialen Zeitalter" nicht mehr verschließen können, wenn der „Wirtschaftsstandort Deutschland" noch weiterhin international konkurrenzfähig bleiben soll. Die Gesellschaft für Informatik fordert daher: „Schulen an das Netz", und sie bekräftigt dieses Postulat mit der gleichzeitigen Befürchtung, daß unsere „Altengesellschaft", in der die Wähler immer älter werden, weil die Lebenserwartung immer höher wird, und in der die Zahl der jungen Menschen zugleich abnimmt, ein immer geringeres Interesse an Zukunftsinvestitionen hat.

Immer mehr Betriebe, Politiker und auch Lehrer wünschen, daß der Computer endlich als Lernmedium und als ein neue Hirnvernetzungen begünstigendes Arbeitsmaterial als weitere tragende Facette neben sozialen Lernformen, die die stetig wichtiger werdenden Schlüsselqualifikationen aufbauen, Eingang in die Schulen findet. Mit ihm soll Schule aktueller und offener werden, soll die Kommunikation mit außerschulischen Institutionen begünstigt werden, soll die Addition von schulischem und außerschulischem Lernen erleichtert werden, soll aber zugleich auch kritische Distanz im Umgang mit der Multimedia-Welt, also so etwas wie Medienkompetenz, geschaffen werden. Mit einem Memorandum „Multimedia für eine bessere Bildung" werden zunächst 100 bis 160 deutsche Schulen, finanziert vom Bund und von den Stiftungen Körber und Bertelsmann, in ein Projekt eingebunden, über das auch Lehrer für diese neue schulische Funktion qualifiziert werden.

Die Gesellschaft für Informatik, der Nationale Technologierat und das Bundesbildungsministerium sehen den Aufbau von Medienkompetenz als eine der wichtigsten Aufgaben des Bildungswesens am Beginn des dritten Jahrtausend an. Bereits bis jetzt hat der Bund 170 Modellversuche mit mehr als 150 Millionen Mark finanziert, aber dennoch steht nur drei Prozent aller deutschen Schüler ein Computerplatz in der Schule zur Verfügung, und überhaupt sind nur 20 Prozent der Lehrer bereit, den Computer als Lernmedium in ihrem Unterricht zu nutzen.

Computerlernen, Medienerziehung, Tele-Lernen sowie CD-ROM- und Online-Lernen sind Schlagwörter auf dem Weg zu einer ganz anders gestalteten Schule, deren Veränderung allerdings mit einer gewandelten Lehrerbildung beginnen müßte; denn wir leben nicht nur in einer „Altengesellschaft", sondern wir haben auch in den Schulen überwiegend alte Lehrer, die auf „Computerkids" mit ganz anderen Hirnvernetzungen, wie der Hirnforscher Ernst Pöppel aus Jülich behauptet, treffen.

Anfang 1997 werden in Europa etwa sieben Millionen PCs multimediafähig sein, und die EU-Kommission geht davon aus, daß es bis zum Jahr 2000 etwa zehn Millionen Tele-Arbeitsplätze in Europa gibt. Der Computer macht also den Schüler arbeitsweltgerechter und wird zunehmend Karrierewege begünstigen oder, wenn er im Schülerdasein nicht vorkommt, bremsen. Der Computer als Selektionsschicksal stellt also die bisherige Schule und ihre Lehrer als unzeitgemäß in Frage.

Alle Marktsegmente sind bereits stark von Computer durchdrungen, die Schule und übrigens auch die Hochschulen aber am wenigsten. Deshalb hat die Bertelsmann-Stiftung eine Initiative „New Media at School" ins Leben gerufen, die auch Finanzierungsmodelle überlegt: Können die Kultusministerien für die Ausstattung eines jeden Schülers mit einem Computer bzw. Laptop sorgen? Oder braucht man eine Mischfinanzierung von Schulträgern, Eltern und Betrieben, um die „autonome Schule als Firma" mit Sponsoring und mit „Bandenwerbung" zu modernisieren? Für 70 000 bis 100 000 Mark ließe sich angeblich jede Schule auf den neuesten technologischen Stand bringen; ein Lehrer würde pro Jahr etwa ebenso viel kosten. Daher muß langfristig schon geprüft werden, ob man immer nur wieder neue Lehrer einstellt oder ob man auf den einen oder anderen verzichtet, um Schulen für das Multimedia-Zeitalter umzurüsten.

Mit einem Acht-Millionen-Mark-Projekt der Nixdorf- und Bertelsmann-Stiftungen, „Bildungswege in der Informationsgesellschaft" genannt, sollen jedenfalls Lerncomputer auf einen „ausgereiften" technologischen Standard gehievt werden, und es soll zugleich das nachgeholt werden, woran es für ein künftiges Multimedia-Lernen noch besonders fehlt, nämlich das Erstellen einer brauchbaren Software.

Das Computerlernen birgt aber auch Gefahren, denen von Anfang an entgegengewirkt werden muß; mit der zunehmenden Computerisierung und Informatisierung unserer Gesellschaft wird der einzelne Mensch ein Stück weit entmündigt; „wir stehen damit", meint der Bremer Informatiker Klaus Haefner, „vor dem Ende der Aufklärung und der Ablösung des traditionellen Arbeitsmarktes durch einen Markt kognitiver Prozesse". Schule würde, wenn sie auf diese Entwicklung lediglich mit einem Ausbau des Faches Informatik reagieren sollte, dann letztlich noch mehr das machen, was sie sowieso schon zuviel macht, nämlich die Ausbildung des Kopfes bei gleichzeitiger Vernachlässigung des Herzens, des Leibes und des Sozialen.

Da Computerlernen aber bewirken kann, daß man Lernstoffe in etwa 40 Prozent der bisherigen Zeit in den Verstand des Schülers bekommt, darf man nicht der Versuchung erliegen, lediglich mehr Kognitives in den Kopf des Kindes trichtern zu wollen; statt dessen muß, damit das Bedürfnis des Schülers nach einer allseits stimmigen Bilanz nicht auf der Strecke bleibt, die gewonnene Unterrichtszeit dringend in sein Leibliches, Sinnliches, Emotionales, Spielerisches und Soziales, also auch in Mobilität, Kreativität, Teamfähigkeit und politische Mündigkeit, investiert werden.

Der Computerwissenschaftler Joseph Weizenbaum formuliert das so: „Die Einführung des Computers in der Schule wirft zugleich die Frage auf, auf welche anderen Inhalte wir verzichten wollen. Unsere Hauptaufgabe muß es sein, Kindern ihre eigene Sprache beizubringen. Dazu gehört, daß wir zuhören, was sie sagen, und lesen, was sie schreiben. Wir dürfen den Kindern ihre Zeit nicht stehlen. Sie müssen Raum für sinnliche Erfahrungen und soziale Bindungen haben."

Schulische Medienerziehung hat über die Begünstigung des Tele-Lernens hinaus auch die Aufgabe, die bisher weitgehend außerhalb von Schule funktional wirkende Lebenswelt des Bildschirms mit seinen gewalttätigen Filmszenen, seinen konsumsteuernden Werbespots und seinen ideologischen Einflüssen zu relativieren. 82 Prozent der deutschen Kinder zwischen 6 und 13 Jahren sehen täglich fern, im Schnitt 101 Minuten; mit Lesen verbringen sie aber nur 21 Minuten. Jedes dritte Kind hat bereits einen eigenen Fernseher, jeder vierte Jugendliche besitzt einen eigenen Computer, auf dem er vor allem schlimme Spiele spielt.

Die Kaufkraft der deutschen Kinder wird auf mehr als sechs Milliarden Mark jährlich geschätzt, und was sie damit erstehen, wird auch durch die Vermischung von Unterhaltungs- und Werbeanteilen in Kinderprogrammen mitbeeinflußt; Kinder steuern im Umfang von etwa 15 Milliarden Mark jährlich die Konsumentscheidungen ihrer Eltern mit. So wurde allein im November 1994 350mal auf den privaten Fernsehkanälen ein Werbespot des Gameboy-Herstellers Nintendo wiederholt. 40 Prozent der Fünf- und Sechsjährigen sind nicht in der Lage, Unterhaltungs- und Werbeanteile auf dem Bildschirm zu unterscheiden, und noch Jugendliche glauben den Botschaften, die aus dem Fernseher kommen, wesentlich mehr als denen ihrer Eltern und Lehrer, wie Umfragen ergeben haben.

Als erster Bundesstaat der USA hat New Mexico für alle Schüler ein Schulfach „Media Literacy", also Medienerziehung, eingeführt, damit die jungen Menschen lernen, kritisch mit den Bildschirmerlebnissen umgehen zu können, damit sie aus der Distanz erkennen können, wann sie manipuliert werden sollen und was nur filmische Gewalt und was Realität ist. Und in Deutschland hat Sachsen seit 1995 als erstes Bundesland versuchsweise ein zweistündiges Unterrichtsfach „Medienerziehung" für die Klassenstufen 7 bis 10 eingeführt, zu dem auch Praktika bei Zeitungen und Rundfunk- sowie Fernsehanstalten gehören.

Was die Bundesjugendministerien Claudia Nolte jüngst an Zahlen über Kinder und Fernsehen vorgelegt hat, ist so neu nicht. Neu wäre, endlich einmal Konsequenzen daraus zu ziehen. Schon länger wissen wir, daß jedes dritte deutsche Grundschulkind einen eigenen Fernseher auf seinem Zimmer hat, jedes vierte einen Video-Recorder und jedes fünfte einen Computer oder eine Spiele-Konsole; schon länger wissen wir, daß die Bildschirmwelt und die Trends der Gleichaltrigkeit mehr Einfluß nehmen als Familie und Schule zusammen, und daß jedes vierte Kind auch nach 24 Uhr fernsieht, ist ebenfalls nicht neu.

30 Stunden Fernsehkonsum pro Woche sind für Grundschüler ein Durchschnittswert, es gibt aber Stadtteile in Deutschland, in denen Kinder allein von Freitag mittag bis Sonntag abend schon auf 30 Stunden kommen.

Die Folgen sind schlimm: Bewegungsmangel, Sinnesschwächen, Reizschwellenveränderungen, Wahrnehmungsstörungen, Konzentrationsmangel, Hyperaktivität und Aggressionen sind häufige Folgen, aber auch ein unstimmiges Weltbild wegen fehlender korrigierender Außenwelterfahrungen und die Vermischung von Informationen, Unterhaltung und Werbespots weckt unrealistische Konsumwünsche und zeitigt eine Überbewertung von Materialismus.

Das Fernsehen an sich ist nicht das Problem, denn es vermag unser aller Leben zu bereichern, aber auf Auswahl des vom Kind Gesehenen, auf Dosierung und auf Gesprächsbegleitung kommt es an. Die Ozonschicht um den Mikrokosmos Kind ist infolge enormer Reizeinwirkungen sehr dünn geworden, und sie wird durch gewaltreiche Filme, durch pornographische Szenen, durch Wrestling-Shows und durch Förderung von Kaufzwängen immer mehr beschädigt, wenn Politiker nicht endlich die Fernsehsender in

eine der Schule vergleichbare erzieherische Verantwortung nehmen, denn auch das hat Claudia Nolte gesagt: Viele Kinder verbringen mittlerweile mehr Zeit vor der „Glotze" als in der Schule.

18. Die die Trends der Gleichaltrigkeit
regulierende Funktion

Die Trends der Gleichaltrigkeit werden von der Industrie (z. B.
Nintendo-Computerspiele), von der Werbung (z. B. bevorzugte
Sportschuhe), vor allem aber von den Jugendlichen selbst (Musik-
geschmack, Party- und Jam-Gehabe, Rauschbedürfnisse) gemacht.

Zur Zeit gibt es über 200 beschriebene Arten von Jugendkultnischen wie Hooligans, Skinheads, Jugendsekten, okkultistische
und esoterische Kreise, Satanskultgruppen, Grufties, Fahrstuhl-,
Bus- und S-Bahn-Surfer, Cruiser, Bungee-Jumper, Graffiti-Sprayer,
Rapper, Breakdancer, Inline-Skater, Skateboardfahrer, Jugend-,
Straßen- und Stadtteilbanden, Crash-Kids, House-Runner, Free-
climber, Mountain-Biker, Airbagger, Elektrosmogger, Wasserrafter,
Punks, Autonome und viele andere mehr. Über einige Nischen
freuen sich die Erwachsenen, so wenn die jungen Menschen bei den
Pfadfindern, in kirchlichen Jugendgruppen, in Nachwuchsorgani-
sationen einiger Parteien, bei einer Jugendfeuerwehr, im Schützen-
verein oder im Sportverein landen, über andere wie Wehrsport-
gruppen, Neonazi-Gruppen oder Teufelsanbeter sind sie entsetzt.

Die Mitglieder von Jugendgruppen kommen zumeist aus eher de-
solaten Familienverhältnissen, also aus unvollständigen, kaputten
oder trostlosen Familien, die nur noch kommunikationsarme
Wohn-, Eß-, Schlaf- und Konsumgemeinschaften sind.

Inhaltlich gesehen sind alle diese Nischen höchst unterschiedlich, wenn man an die Friedhofskultur betreibenden Grufties, an zu-
schlagende Hooligans, an rechtsradikale Skinheads oder an die
graffitisprühenden und Brände legenden Stadtteilbanden wie die
GhettoKingz in Hamburg-Steilshoop denkt; formal bieten sie aber
alle etwas Ähnliches, nämlich Familienersatz, Überschaubarkeit
vor Ort, also selten mehr als 20 Gruppenmitglieder, Geborgenheit,
Solidarität, ein das Wir-Bewußtsein erhöhendes Feindbild, Orientierung in bezug auf Bekleidungsverhalten, Insider-Sprachcodes,
Partnerschaftsverhalten, die bevorzugte Musikrichtung und das

„sinnvolle" Ausfüllen der Freizeit mit Aktivitäten, die einen Rangordnungsaufstieg innerhalb der eigenen Gruppe ermöglichen. Man kann sogar messen, daß die Chance, in eine Jugendkultnische zu geraten, um so größer ist, je kaputter die Familie ist. Viele Funktionen der Familie hat die Jugendgruppe übernommen, die damit für so manchen Jugendlichen zur Ersatz-Familie wird.

Das Bedürfnis nach familiärer Einbettung, nach Anerkennung und irgendwie gearteten Erfolgen − und seien sie gesamtgesellschaftlich gesehen auch noch so unerwünscht, noch so abartig − muß immer irgendwie in der Bilanz des jungen Menschen befriedigt sein; und bringen das die Herkunftsfamilie und die Schule nicht zustande und auch nicht der Sportverein oder die kirchliche Jugendgruppe, weil deren Reizangebote für zu niedrig gehalten werden, dann driftet man eben in eine eher unerwünschte Nische ab, die zumindest Abenteuer, den Reiz des Prickelnden, Anerkennung über provozierende Grenzüberschreitungen und Sinnerfüllung über Feindbilder und über die Möglichkeit zu den sonstigen Alltagsfrust kompensierenden Erfolgen im Rahmen einer Anerkennungs- und Respekthierarchie bietet.

Kinder und Jugendliche, die von ihren Eltern als störend empfunden werden oder die von ihnen resigniert ganz oder teilweise aufgegeben worden sind, die die Erwartungen ihrer Eltern, Lehrer und Mitschüler nicht erfüllen können, die weder beliebt noch tüchtig sind und deshalb über tägliche Versagenserlebnisse Verlierergefühle aufbauen, suchen, um ihre defizitäre Selbstwert-, Erfolgs- bzw. Anerkennungsbilanz sekundär irgendwie wieder stimmig zu machen, nach alternativen Bewährungsfeldern, und da bieten sich Gruppen an, in denen Kraftstrotzendes, Muskelstärke, Zerstörungsbereitschaft, Fremdenfeindlichkeit oder Haß rangordnungsbildend sind. Denn wer ganz unten steht, sucht immer noch jemanden, über den er sich erheben kann, auf dessen Schultern er stehen kann; und dafür taugen dann Vorurteile, selbstgebastelte Feindbilder gegen die Jugendlichen eines benachbarten Stadtteils oder gegen gegnerische Fußballfans, Ausländer, Behinderte, Schwule, Alte, Frauen, Juden, politisch Andersdenkende usw.

Das Bedürfnis nach Akzeptanz und nach Leistungserfolgen muß Schule einfangen, wenn es die Familie nicht zu erfüllen vermag und wenn die Jugendkultnischen mit ihren kompensatorischen Angeboten zu derart mißlichen, pädagogisch nicht mehr beeinflußbaren Devianzen führen.

Die Gleichaltrigkeitsszenerie wirkt zwar mit starken Einflüssen, mit Trends und mit Sog, aber die Lebenswelten Bildschirm und Jugendtrends sind funktionale Erziehungsräume, die allzuoft zu Resultaten der Persönlichkeitentwicklung führen, die Eltern, Lehrer und die meisten Mitglieder unserer Gesellschaft nicht für gutheißen können oder empört beklagen.

Schule muß künftig denjenigen jungen Menschen, die mit einem Mangel an familiärer Erziehungskompetenz aufwachsen, Familienergänzung oder gar Familienersatz bieten, denn wenn sie es nicht leistet, leistet es für viele Kinder und Jugendliche niemand außer den Mitgliedern irgendwelcher mißlicher Jugendkultnischen. Sie muß es jedoch nicht nur für die familienerzieherisch bedürftigen Schüler tun, deren Zahl stetig in gleichem Maße anwächst, wie Familien immer häufiger zerfallen oder gar nicht erst zustande kommen, sondern auch für die Kinder aus noch „heilen" Familien mit einer „guten" Erziehung, weil die Trends von Kindern und Jugendlichen aus eher kaputten Milieus heraus entwickelt und forciert werden und weil sie einen gewaltigen Sog ausüben, dem sich auch an sich richtig erzogene Schüler nur schwer entziehen können. Gerade auch gegenüber den noch relativ gefestigten Jungen und Mädchen muß Schule einen stärkeren Erziehungsauftrag wahrnehmen, damit die Eltern in ihrem Bemühen nicht allein gelassen werden, ihre Kinder gegen die Einflüsse mißlicher Jugendkulttrends zu schützen. Denn wir wissen, wie schwierig es für einen 13jährigen ist, der Versuchung nicht zu erliegen, auch eine Spitze „Koks" zu probieren, wenn der Löffel mit ihr in einer Clique oder auf einer Party herumgereicht wird.

Gruppenerlebnis, Gruppenzwang oder der Sog der Gruppe stehen immer am Anfang, wenn eine Raucher-, Trinker- oder Hascherkarriere beginnt, und nur die Schule könnte sämtliche junge Menschen unserer Gesellschaft erreichen, wenn es darum geht, ihre eigene Entscheidungskraft und ihr Neinsagenkönnen zu stärken und sie gegen für sie schädliche Anpassungsprozesse zu feien.

Vieles, was Jugendliche tun, tun sie nur, um auszuprobieren, was geschieht, wenn sie eine Grenze bzw. eine Norm, die sie genau kennen, überschreiten. Sie sind gespannt auf die Reaktion, über die erst sie ein stimmiges Weltbild mit auch von ihnen akzeptierten bzw. entschiedenen Normen und Werten aufzubauen vermögen; sie brauchen Grenzerfahrungen, Deutlichkeit und Konsequenz neben ihnen angemessenen Herausforderungen, die weder über- noch unterdosiert sein dürfen. Wenn nichts nach ihrem Grenzüber- tritt passiert, werden sie mit ihrer Sehnsucht nach Orientierung an einer auch für sie geltenden Weltordnung allein gelassen, so daß sie sich noch weiter vorwagen müssen, in der Hoffnung, daß sie es dann endlich wert sind, daß etwas passiert, und sei es eine Zurück- weisung.

Wenn wir vom Reiz des Prickelnden, von Abenteuerlust, vom Mut, das Verbotene zu tun, sprechen, dann geht es jungen Men- schen allerdings oft auch darum, daß ihre Tat, ihre Aktion unent- deckt bleibt − früher waren das die „Streiche" − oder daß ihr Han- deln gut ausgeht. Sie probieren, indem sie bis an ihre Grenzen und darüber hinaus mutig sind, ihre eigenen Möglichkeiten aus; sie wollen selbst entscheiden können, was ihren Kräften zuzumuten ist, denn allzuoft sind sie nur von anderen wie Eltern und Lehrern bewertet worden.

Sie wollen wissen, was sie zustande bringen und wo ihre eigenen Grenzen liegen, sie betrachten sich dabei von außen, mit narzißti- schen Anwandlungen im Spiegel, aber auch im Spiegel der Kom- mentare von anderen. Und deshalb surfen sie auf einer S-Bahn, hin- terlassen sie als Graffiti-Sprayer Tags und Pieces an den weißen Hauswänden harmloser Bürger, erklimmen sie steile Felswände, trauen sich, 100 Scheiben einer über Nacht irgendwo abgestellten U-Bahn zu zerschlagen und probieren sie Hasch, Ecstasy, Kokain und die damit verbundenen Rauschzustände aus.

Die Erwachsenen geben ihnen mit Drachenfliegen, Extremberg- steigen, Formel-1-Rennen, Antarktisdurchquerungen und Gleit- schirmfliegen oder Bungee-Springen so etwas vor, und schon von den „Naturvölkern" ist bekannt, daß sie mit Initiationsfesten die Tauglichkeit junger Menschen für die Erwachsenenwelt geprüft haben. So geht das Bungee-Jumping auf einen Initiationsritus der Eingeborenen auf der südpazifischen Inselgruppe Vanuatu zurück. Nur wer bereit war, von einem Bambusgerüst, an einer dehnbaren Liane hängend, kopfüber in die Tiefe zu springen, wurde in die Rechte und Pflichten der Erwachsenen aufgenommen.

Die Fülle der heute auf junge Menschen einwirkenden Reize mit Techno-Musik, 30 Kabelfernsehprogrammen, Werbung, dichtem

Straßenverkehr, überfüllten Fußgängerzonen und Kaufhäusern, zu großen Klassen in zu großen Schulen mit zu vielen gestörten Mitschülern, mit Walk- und Discman, Computerspielen, mit häufigem Streit der Eltern in zu kleinen Wohnungen, mit unruhigen Nachbarschaften, mit Berichterstattungen über Kriege, Unfälle, Naturkatastrophen und Seuchen allerorten, mit Partys und Jams und den überhöhten Sozialprestige-, Schulabschluß- und Karriereerwartungen ihrer Eltern sowie mit allzu vielen Stimulations- und Dämpfungsmitteln in Form von Zucker, Koffein, Thein, Theobromin, Nikotin, Alkohol, Hasch, Ecstasy, Crack, Kopfschmerz-, Schlaf- und Beruhigungstabletten sowie Power-Drinks und Ketchup verändert ihre Reizschwellen. Nur noch sehr starke Reize nehmen sie wahr, und andererseits steuern sie mit Abschotten, mit „Cocooning", mit dem Egoismus des Sich-Wehrens, des Sich-Behauptens, des Sich-Durchsetzens oder mit Ausweichen dagegen.

Robert D. Putnam, Politologie-Professor an der Harvard-Universität, hat festgestellt, daß das Fernsehen mit seinen allzu vielen Reizeinwirkungen die Bereitschaft zu sozialem und politischem Engagement bei allen Menschen, insbesondere aber bei Kindern und Jugendlichen untergräbt, während Lesen, bei dem jeder die gerade erträgliche Reizdosierung noch selber steuern kann, indem er schneller oder langsamer liest, Pausen macht oder nicht, die soziale und politische Kultur fördert.

In dem Maße, wie Schule zur Reizverarbeitung (freie Gesprächskreise, Rollenspiele, Zeichnen, Aufschreiben, Bewegungsspiele, Psychomotorik) beiträgt, also kompensatorisch, leiblich versorgend, familienergänzend, medienpädagogisch, die kindlichen Entwicklungsstufen der Mobilität und des Spielens bewahrend und die Trend- und Sogwirkungen der Jugendszenerie regulierend, begünstigt sie Ich-Stärke, Selbstwertgefühl, Sozialkompetenz, politische Mündigkeit und Konfliktkompetenz im Schüler.

Als Gegengewicht gegen Telekratie, Trendgläubigkeit, Ausstieg in Rauschbedürfnisse, Anpassungszwänge, Einsamkeit und stumpfes Sich-Abschotten gegenüber Außenerwartungen sozialer, ideologischer und politischer Art muß Schule demnach künftig dringend auch die Funktion der erzieherischen Gegensteuerung gegen die in der Jugendkultszenerie entwickelten und forcierten Trends übernehmen.

Das Ausprobieren seiner eigenen Möglichkeiten, seiner Kräfte und seines Mutes ist in der Pubertät entwicklungspsychologisch gesehen normal. Mutproben, der Reiz, das Verbotene zu tun, und Abenteuerlust kennzeichnen das Jugendalter, das Hans Heinrich Muchow in den 50er Jahren ja einmal „Flegeljahre" nannte. Unsere gesamte Gesellschaft hat sich mittlerweile die Lebensformen der Jugend, also auch den Grenzübertritt, die Waghalsigkeit, das Rauschbedürfnis, das materialistische Konsumieren (Zucker, Klamotten, CDs, Computer, Reisen, Trips, Fast food, Action-Filme, Mountainbikes, Motorisierung, Partys und Jams, Inline Skaten, Rappen und Cola) zum Lebensideal gemacht; Kinder wollen immer früher wie Jugendliche leben, und Erwachsene wollen immer länger wie Jugendliche sein, und auch noch mit 50 Jahren als Mitglieder einer „Erlebnisgesellschaft" dasjenige an Ausprobieren des Ichs tun, was früher allenfalls jugendspezifisch war, nämlich Freeclimbing, Wasserrafting, Gleitschirmfliegen, Rallyes fahren, Bungee-Springen, Moto-Crossen und Extrembergsteigen. Kein Wunder ist also, daß immer mehr Jugendliche sich legitimiert fühlen, es Reinhold Messner, Heiner Geißler und Michael Schumacher gleichzutun, es sei denn, die Schule setzt sie nun endlich bald einmal in eine kritische Distanz dazu, damit sie solchen Ausstiegsexzessen nicht mehr länger so massenhaft erliegen.

19. Die Sparfunktion der Schule

Die Ausgaben der öffentlichen Hand für die Schulen und Hochschulen steigen von Jahr zu Jahr (allein von 1979 bis 1994 von 57 Milliarden auf 122 Milliarden Mark), aber die Kosten, die Schulen auch mit ihrer zeitgemäßen Anpassung verursachen, steigen noch rascher.

Was frühere Generationen bereits verwirtschaftet haben, muß nun an der künftigen Generation eingespart werden. Kinder, die heute zur Welt kommen, sind im Grunde genommen bereits pleite. Jede vierte Steuermark dient mittlerweile schon der Schuldentilgung der Haushalte von Kommunen, Ländern und Bund.

Der Staat hat einen Schuldenberg von über zwei Billionen Mark, die Wähler werden gleichzeitig immer älter, so daß Politiker ihren Blick zudem auch noch von den jungen Menschen weg auf die Interessen der älteren Bürger wenden. Der Generationen-Vertrag unserer Gesellschaft, lange bewährt, ist gefährdet, denn die weniger werdenden jungen Menschen werden in nächster Zukunft nicht mehr bereit sein, im wesentlichen nur noch für die Zinslasten des Staates und die Alten zu arbeiten.

Viele Schulen in Deutschland sind baulich heruntergekommen und müssen dringend renoviert werden. Schulbücher sind oft so veraltet, daß Schüler nur noch über ihre Inhalte lachen, statt über sie etwas lernen können. Die Ausstattung der Schulen mit Multi-media-fähigen Lerncomputern scheint unbezahlbar zu sein, und die überwiegend alten Lehrer gehen demnächst fast gemeinsam in den Ruhestand, und für Neueinstellungen der so dringend erforder-lichen jungen Lehrer fehlt wegen der hohen Pensionskosten das Geld.

Die fetten Jahre der Bildungspolitik sind vorbei; Eltern müssen sich in Niedersachsen wieder am Kauf der Schulbücher beteiligen, in Hamburg müssen Schüler jeden zweiten Tag ihren Klassenraum selbst säubern, die Wochenstundenverpflichtung der Lehrer und die Klassenfrequenzen werden überall erhöht, mit den Lernmitteln für Physik, Chemie, Biologie und die Werkräume wird zunehmend geknausert, in Rendsburg least eine Schulleiterin für die 700 Schüler ihres Gymnasiums gesündere Stühle und Tische, in Ham-burg vertrauen die Bezirksämter darauf, daß die Eltern von Erst-kläßlern in den Sommerferien die Klassenräume selbst neu strei-chen, und für die Hochschulen wird die Wiedereinführung von Stu-diengebühren erwogen.

Während 1975 noch 15,8 Prozent der Gesamtausgaben des Staates dem Bildungsbudget dienten, sind es heute nur noch 12 Prozent; Deutschland steht damit europaweit ganz weit unten. Junge Menschen sind einen höheren Aufwand offenbar nicht wert; Kindheit und Jugend werden immer noch nicht als die wichtigste Zukunftsinvestition unserer Gesellschaft verstanden, ganz abge-sehen davon, daß die zu geringen Summen für sie sich insofern nicht rechnen, als daß der Staat die Quittung später mit viel zu hohen Krankheits-, Sozialhilfe- und Strafvollzugskosten dennoch bekommt. Arbeitslosen-, Therapie- und Vollzugskosten als in frü-here Altersstufen investierte Gelder würden späterhin ein Mehrfa-ches einzusparen helfen.

Die Zahl der Schüler wird in den alten Bundesländern bis zum Jahr 2004 auf 10,4 Millionen anwachsen; im Vergleich zu 1991 ist das ein Anstieg um 18 Prozent. Ab 2005 wird die Schülerzahl wieder abnehmen, aber nur um 1,8 Prozent bis zum Jahr 2010. In den neuen Bundesländern werden die Schülerzahlen bereits ab 1997 sinken, und zwar um 29 Prozent bis zum Jahre 2010.

Differenziert man diese Zahlen noch etwas, dann nehmen vor allem die „teuren" Schüler zu; von 1991 bis 2008 steigt die Zahl der Schüler gymnasialer Oberstufen um 48 Prozent an, denn immer mehr junge Menschen drängen zum Abitur, und vor allem die Landbevölkerung meldet dabei einen hohen Nachholbedarf an.

Hamburg hat von allen Bundesländern den höchsten Anteil eines Geburtenjahrgangs an Abiturienten, nämlich 33 Prozent, und diese Zahl hat sich schon seit mehreren Jahren in etwa so eingependelt, aber in Darmstadt sind es 55,2 Prozent, in Bonn 49 Prozent, in Münster 45,7 Prozent und in Heidelberg 44,8 Prozent.

Bundesweit liegt der Durchschnitt aber bei nur 24,4 Prozent in den alten Ländern und bei 22,2 Prozent in den neuen. Sachsen ist mit 21 Prozent Schlußlicht der 16 Bundesländer. Die Kultusministerkonferenz prognostiziert bis 2010 ein Anwachsen der zur Hochschulreife kommenden Schüler eines Jahrgangs auf 32,9 Prozent im Bundesdurchschnitt (in absoluten Zahlen von 225000 im Jahr 1994 auf 306000 im Jahr 2010; im Jahr 2006 sind es aber schon 313000), und das kostet Geld für Schulen und Hochschulen.

Die steigenden gesellschaftlichen Kosten für Erziehung und Bildung können entweder aus dem Gesamtbudget der öffentlichen Haushalte oder durch Umschichtungen in den Etats der Kultusministerien gewonnen werden. Da die meisten Kultusminister jedoch schlechte Karten bei den Finanzministern und Parlamenten haben, entscheiden diese sich durchweg für den zweiten Weg und damit für größere Zumutungen an Schüler und ihre Eltern. Überdies hoffen sie auf ein partielles „Sponsoring" durch Firmen und Stiftungen.

Der Hamburger Landesschulrat Peter Daschner hat jüngst einmal laut darüber nachgedacht, daß die knapper werdenden Mittel künftig vielleicht im wesentlichen nur noch den Schulen in benachteiligten und Kinder benachteiligenden Stadtteilen zukommen können, während Gymnasien mit einer betuchten Elternschaft Wege finden müßten, über die Vermietung von Räumen, über Mitbeteiligung durch Eltern bei Anschaffungskosten und über Patenschaften mit Großbetrieben einen Teil ihres Budgets selbst zu erwirtschaften. Das Konzept Nachbarschaftsschule und die Idee von der autonomen Schule bietet die Möglichkeit zu „Bandenwerbung", zu Sponsoring der Sporttrikots, zu wechselseitig profitablen Kontakten mit benachbarten Firmen („Wir geben euch Computer, und ihr rüstet die Schüler so zurecht, daß sie in unsere Ausbildungskonzepte passen") und die Chance zur eigenen Bewirtschaftung, die eventuell auch zum geschickteren Umgang mit Geldern führt.

In Nordrhein-Westfalen wird deshalb überlegt, mehrere Schulen zu einem Verbund zusammenzuschließen und von einem Schulmanager leiten zu lassen, so daß ein Teil der bisherigen Schulrats- und Schulleiterstellen eingespart werden kann; mit diesem Management können aber auch einige Lehrerstellen zu kostengünstigeren Erzieher-, Sozialpädagogen-, Schulassistenten- und Lehrauftragsstellen umgewidmet werden, oder es kann abgewogen werden, ob man lieber einen neuen Lehrer einstellt oder lieber Computer anschafft oder ob man die Dachrinne repariert und für den Rest des Geldes einen Schulassistenten beschäftigt.

Im Moment hoffen die Kultusminister auf das Jahr 2006, in dem die Schülerzahlen wieder sinken werden; sonst nur kurzfristig planend, gehen sie in bezug auf die Lehrereinstellungs- und -beschäftigungspolitik mit langem Atem ans Werk: Sie trösten die „vergreisten Lehrerkollegien" mit ihren „Burn-out-Syndromen", indem sie auf die „vorübergehenden" Frequenzerhöhungen in den Klassen verweisen, auf die „vorübergehende" Unterrichtsmehrbelastung und auf die „vorübergehenden" Sachmittelkürzungen. Und sie können auch noch der Unterstützung der Öffentlichkeit weitgehend sicher sein, denn Lehrer haben einen denkbar schlechten Ruf; man gönnt ihnen, die so oft nachmittags im Garten und ansonsten in Urlaubsorten gesehen werden, die zusätzlichen Unterrichtsstunden, und der niedersächsische Ministerpräsident Gerhard Schröder und die Hamburger Schulsenatorin Rosemarie Raab schüren diesen schlechten Ruf auch noch mit Parolen wie „die Lehrer sind faule Säcke" oder „die Lehrer geben allzuoft Klassenarbeiten viel zu spät zurück".

Die Hoffnung auf sinkende Schülerzahlen ist in den neuen Bundesländern bereits Realität. Mecklenburg-Vorpommern will aufgrund des Geburtenrückgangs um zwei Drittel seit der Wende bis zum Jahr 2010 von den 20 560 Lehrerstellen des Jahres 1995 etwa 10 000 abbauen, und zwar durch Umschulungen, durch den Ausbau von Teilzeitarbeitsmöglichkeiten, durch die Einführung von Sabbatjahren, durch Vorruhestandsregelungen, durch Abfindungsvereinbarungen und durch die Gründung von Beschäftigungsgesellschaften für Lehrer, die nachmittags für Kinder Nachhilfe und Freizeitbeschäftigungen anbieten. 1988 wurden in dem Land an der Ostsee 28 500 Kinder geboren, 1994 waren es nur noch 8900.

In Brandenburg sieht es ähnlich aus; während die 565 Grundschulen des Landes heute noch 220 000 Schüler haben, werden es im Jahre 2003 wohl nur noch etwa 80 000 sein. Viele der jetzt an die sechsjährigen Grundschulen anschließenden 287 Gesamtschulen, 79 Realschulen und 97 Gymnasien werden dann geschlossen werden müssen, wenn man die jetzigen Standards zugrunde legt, oder werden traumhafte Bedingungen mit Klassenstärken von 15 bis 17 Schülern und weniger unterrichtenden, aber mehr erziehenden Lehrern bekommen. Die letzte Variante bleibt jedoch sicherlich eine Illusion.

Im Moment werden Schulreformen weitgehend mit Finanzumschichtungen in den Schulbudgets der Länder bezahlt. Was am Rande des Schulwesens zur Beruhigung der Gemüter in der Öffentlichkeit allwöchentlich schlaglichtartig verändert wird, weil man kundtun möchte, daß man etwas für die Schulen tut, wird aus dem Zentrum des Schulwesens heraus finanziert. Für die Masse der Schüler verschlechtert sich dadurch die Situation, während gleichzeitig allzu wenige Schüler von den Reformen profitieren. Horte an der Schule, Pädagogische Mittagstische, Volle Halbtagsgrundschulen, Ganztagsschulen, Profil-Oberstufen, Schulen mit CD-ROM- und Online-Lernen, Integrationsklassen und Integrative Regelklassen, Offener Unterricht, Englisch ab Klasse 3 und Außerunterrichtliche Neigungskurse auf Lehrauftragsbasis sind teuer und effektiv für diejenigen Schüler, die in solche zeitgemäßen kompensatorischen, sie leiblich und familienergänzend sowie fördernd und individualisierend versorgende Schulsystemnischen gelangen, jedoch schaffen es die meisten Eltern, die für ihr Kind einen Platz in einer so ausgestatteten Schule begehren, nicht, ihn auch zu ergattern.

Alles, was eine Schule zeitgemäß macht und was sie für das nächste Jahrtausend rüstet, gibt es irgendwo in Deutschland, aber nur wenige Schüler kommen in den Genuß solcher Fortschritte, und nur wenige Lehrer werden mit solchen pädagogischen Investitionen in ihrem Kräftehaushalt entlastet.

Die schulpolitische Realität für die Mehrheit der Schüler und Lehrer, aber auch für die Eltern, sieht hingegen trostlos aus. So wird in Niedersachsen die durchschnittliche Klassenfrequenz, die „Orientierungsfrequenz", von 20,4 Schüler auf 23,4 Schüler erhöht, und zwar mit der Begründung von Ministerpräsident Gerhard Schröder: „In Bayern funktioniert das auch". So wird in Hamburg die „Verläßliche Halbtagsgrundschule" für alle von 8 bis 13 Uhr eingeführt, ohne daß die Schulbehörde vorrechnet, wie sie die kostenträchtige Reform zu finanzieren gedenkt. In Hessen fallen nach Auskunft der Regierung wöchentlich 50 000 Unterrichtsstunden aus, nach Berechnungen der Opposition sind es 100 000, und Kultusminister Hartmut Holzapfel rühmt sich gleichzeitig mit den Diagnosen einer „guten Unterrichtsversorgung" und „kaum veränderten Klassengrößen". In Hessen sind nur noch 20 Prozent der Gymnasiallehrer jünger als 40 Jahre, 38 Prozent aber älter als 50.

Mit der Erhöhung der Klassenfrequenzen bundesweit, der Kürzung der Stundentafeln und der Heraufsetzung der Wochenstundenverpflichtung der Lehrer wird ihr Durchschnittsalter nach oben getrieben. Sparen mag zwar Reformimpulse vor Ort wecken, wenn sich nicht statt dessen Arbeitsverweigerung, Resignation oder ein gesteigertes „Burn-Out-Syndrom" mit hohem Krankenstand einstellen, aber daß Schüler fast nur noch alte Lehrer haben, die für Kinder früherer Zeiten ausgebildet wurden, wird sich dennoch auf Dauer rächen. Die Kultusministerien betreiben keine langfristige Einstellungspolitik, die zu guten Mischungen von Jung und Alt in den Lehrerkollegien führen würde. Schüler brauchen sowohl erfahrene, routinierte Lehrer als auch junge, zeitgemäß ausgebildete und vitale Pädagogen, die ihnen mit hohem Einfühlungsvermögen auch innerlich nahestehen. Lehrerkollegien müssen geschickt komponiert werden, was die Anteile von Frauen und Männern, die von Jung und Alt und die von unterschiedlichen Persönlichkeiten anbelangt. Es kann nicht gutgehen, wenn Schüler nur noch von Menschen im Großelternalter unterrichtet (statt aufgerichtet) werden, die sich nicht mehr auf die raschen gesellschaftlichen Veränderungen und die technologischen Fortschritte, geschweige denn auf Rap, Graffiti, Inline-Skaten, Streetball oder Offenen Unterricht und Team-Teaching bzw. auf die Notwendigkeit des „vernetzenden Denkens" und die anderen Schlüsselqualifikationen einstellen können und die auch nicht mehr die Kraft zu Hausbesuchen, Elternstammtischen oder Fahrradtouren aufbringen wollen. Junge Lehrer müssen keine besseren Lehrer sein, aber sie können anderes in die Schule einbringen und sich mit den alten Lehrern zu einem bereichernden Ganzen auch im Sinne von Kontinuität und Bewahrung von Traditionen einer Schule ergänzen.

Große Erzieherpersönlichkeiten der Geschichte der Pädagogik und wichtige Schulreformimpulse sind vorwiegend in Zeiten und Regionen größter Not sowie in Schulformen mit besonders schlechten Bedingungen entstanden.

Anton S. Makarenko hat nahezu ohne staatliche Unterstützung mit bis zu 500 jugendlichen Verwahrlosten und Rechtsbrechern, deren Familien nach der Revulotion von 1917 auf der Strecke geblieben waren, eine unglaublich effektive Konzeption mit seiner Gorki-Kolonie in der Ukraine verwirklichen können; Don Giovanni Bosco hat Gleiches in den Slums von Turin geschafft, Father Flanagan mit seiner Boys Town in den schlimmsten Zeiten der USA, Padre Silva mit seiner Kinderrepublik Bemposta im ärmsten Teil Spaniens, nämlich in Galizien, Alexander S. Neill hat sein damals erfolgreiches Summerhill-Projekt für wohlstandsverwahrloste Kinder aufgebaut, die Projektmethode Kilpatricks und Deweys ist in den Slums von Chicago aus Anlaß einer Familie entstanden, deren Kinder immer wieder an Typhus erkrankten, und die ergiebigsten Schulrefomimpulse in Deutschland kamen immer aus Grund-, Haupt- und Sonderschulen und aus Problembezirken großer Städte, also aus Situationen heraus, in denen die Kinder, ihre Biographien und ihre Milieus sowie die Lehrerarbeitsplatzbedingungen am schwierigsten waren.

Der schulpolitische Sprecher der GAL/Die Grünen in der Hamburger Bürgerschaft, Kurt Edler, schreibt 1995 in einem Papier zum Schulhaushalt 1996 mit der Überschrift „Die Eskalation der Konflikte im Hamburger Schulwesen": „So manche Schule sieht versifft aus; der Zustand so mancher Eingangshalle oder Aula erinnert irgendwie an die DDR; kaputte Decken, dreckige Wände, schrottreife Geräte und eine gammelige Secondhand-Ästhetik verbreiten eine triste Atmosphäre und lähmen damit sowohl den Lerneifer der Schüler als auch den Arbeitseifer der Lehrkräfte. Wer hier jahrelang arbeiten muß, wird unzufrieden und womöglich am Ende krank."

Wer Lehrerleistungen ausschließlich in Wochenunterrichtsstunden auszudrücken und zu berechnen gedenkt, wie Politiker das versuchen, versteht nichts von Pädagogik; die Effektivität von Schulen hängt bei weitem nicht nur von den ihnen zur Verfügung gestellten Lehrerstunden ab; die atmosphärische Gestaltung der Räumlichkeiten, die erzieherischen Rahmenbedingungen in Form von leiblicher Versorgung (Ernährung, Bewegung, Spiel, Musisches, Ästhetik, Emotionales, Muße), die Ein- oder Vielseitigkeit in der Lehrerbildung, der umfassende Einsatz von Klassenlehrern mit weniger Unterricht, aber mehr Zeit für Erziehung, für Zuwendung zu einzelnen Schülern und ihren problembeladenen Familien sind gavierende effektivitätssteuernde Faktoren von Schule. Kurt Edler kommentiert die unprofessionelle Art der Schulbehörde, mit Sparmaßnahmen Reformen zu begünstigen, so: „Wie konzeptionslos und unstrategisch die Maßnahme (die Erhöhung der Unterrichtsverpflichtung) angelegt war, erkennt man daran, daß die Schulbehörde mit einem Mal zu einem Batzen Lehrerstellen kam, von dem sie gar nicht wußte, wie sie ihn effizient verteilen sollte, so daß dabei sogar eine regelrechte Stellenverschwendung herausgekommen ist." „Wander-" und „Spagatlehrer" waren nur eine Folge, also Lehrer, die an zwei Schulen zu unterrichten hatten, was für sie selbst, aber auch für die Schüler nur zu einem Alptraum mißraten konnte. „Mobilisierungs- und Qualifizierungsoffensive" nannte die Schulbehörde ihre Flexibilisierungsstrategie unter dem Motto „Lehrer sind überall einsetzbar, austauschbar und für den einzelnen Schüler beliebig addierbar". Voll an den kindlichen Grundbedürfnissen und an den Erkenntnissen guter Personalmanager vorbei als Ausgeburt von Bürokraten, für die Menschen nur Verwaltungsobjekte sind, mußte diese Maßnahme zu dem Unglück führen, das die resignierten Lehrer vor Ort dann „Mob und Qual" schimpften.

Vielleicht muß es an den Schulen noch schlechter werden, damit sich etwas verbessert. Die Not ist offenbar noch nicht groß genug, denn die Eltern begehren noch keineswegs auf, die Schüler steigen allenfalls mit Krankheiten, Aggressionen und Rauschbedürfnissen, mit Drogen, Autoaggressionen, Neurosen, mit Depressionen oder Todessehnsucht aus, und die Lehrer reagieren mit dem üblichen Dreierschritt:

— Jammern und auf mehr Fürsorge von oben hoffen,
— Versetzungsanträge in Richtung Schulen stellen, an denen es noch nicht ganz so schlimm ist,
— und Flucht in Resignation, Krankheit und Frühpensionierung.

Erst in der vierten Stufe sind sie bereit, selbst etwas zu ändern, weil das Jammern nichts genützt hat, weil es mit der Versetzung nicht geklappt hat und weil sie nicht krank werden wollten; erst dann wirkt sich die Sparfunktion der Schule positiv aus:

— Lehrer fangen an, ihre immer enger werdende Nische mit eigenen Investitionen neu zu gestalten und zu beleben.

— Sie gucken nicht mehr in die Richtlinien, Lehrpläne und Stundentafeln, sondern bauen sich eine Nachbarschafts-, Stadtteil- oder Regionalschule mit einem Profil, das ihre schwierigen Schüler dort abholt, wo sie sich gerade befinden, das auf deren Biographie und Milieu, auf deren Lernvoraussetzungen und Motivation bzw. Zugangsweisen zur Welt eingeht.

— Sie betten Unterricht in Erziehung ein, in ein gemeinsames Frühstück, in psychomotorisches Extraturnen, in freie Gesprächskreise, in Hausbesuche, Elternstammtische, in Schullebenelemente wie Klassenzeitung, Sportfeste, Klassenfeiern, Ausflüge, Projektmethode, Kino, Theater, Kaffeetrinken und eine stets für Schüler offene eigene Wohnung in der Nähe der Schule.

Und in dem Maße, wie sie dann ihre Rolle nicht mehr vorrangig als eine stundengebende, sondern als eine mit den Schülern zusammenlebende verstehen, entstehen aus der Sparfunktion der Schule pädagogische Reformen. Absicht der Politiker liegt aber einem solchen Prozeß kaum zugrunde, denn sie wissen nichts von diesem Zusammenhang.

Die Not vor Ort wird Lehrer irgendwann schon wieder zusammenschließen und gemeinsam mit Eltern stark machen, so daß es für die zeitgemäße Anpassung der Schule an die Erfordernisse des nächsten Jahrtausends noch keineswegs zu spät ist. Lehrer können aber schon jetzt „kostenneutral" damit beginnen, wenn sie bereit sind, zu zweit zwei Klassen als Klassenlehrerpaar zu führen, wenn sie bereit sind, statt ihrer zwei studierten Fächer vier bis fünf in ihren eigenen Klassen zu geben, und wenn sie bereit sind, einmal auszuprobieren, ob sie nachmittägliche, abendliche, wochenendliche und feriale Investitionen in das Zusammenleben mit ihren Schülern nicht doch als Entlastung am Schulvormittag durch dann „pflegeleichtere" und effektiver lernende Schüler zurückbekommen, was ich aus meiner Erfahrung heraus und aufgrund von Berichten vieler schülerorientiert arbeitender Lehrer jedenfalls behaupten will.

20. Der Bildungswahn und der Erziehungsauftrag der Schule

Vor dreißig Jahren sprachen wir mit Georg Picht von der „Bildungskatastrophe", weil wir in Deutschland im Vergleich zu anderen europäischen und nordamerikanischen Staaten, aber auch im Vergleich zu vielen Ostblockstaaten deutlich weniger Gymnasiasten und Abiturienten hatten. Mit dem Slogan „Schick dein Kind länger auf bessere Schulen!" betrieb die Aktion Gemeinsinn Bildungswerbung, und der Deutsche Ausschuß für das Erziehungs- und Bildungswesen sowie der Deutsche Bildungsrat konzipierten gleichzeitig modernere Schulen mit höheren Wissenschaftsanteilen in den Lehrplänen. Damals sollten „Begabungsreserven" bei Arbeiterkindern, bei Mädchen, in der Landbevölkerung und bei Katholiken aufgetan und mit dem Stichwort „mehr Chancengleichheit" durch schulische Förderung zur Hochschulreife gelangen können. Vor- und Gesamtschulen, Förder- und Orientierungsstufen, eine reformierte gymnasiale Oberstufe und Kursdifferenzierung sollten über Individualisierung und Profilbildung für eine das Scheitern in einzelnen Fächern verhindernde Entlastung sowie über Soziales Lernen für ein Mehr an gesellschaftlicher Integration sorgen.

Ausleseprüfungen als Filter vor dem Gymnasium wurden entschärft oder abgeschafft, Lehrer wurden länger und wissenschaftlicher ausgebildet sowie besser bezahlt, und viel Geld wurde in den Neu- und Ausbau von Schulen und Hochschule gesteckt.

Die Rechnung ging auf; Deutschland vermochte in 30 Jahren die Zahlen seiner Gymnasiasten und Abiturienten etwa zu versechsfachen, wenn man die Gesamtschüler, die zur Hochschulreife gelangen, und die Fachoberschüler sowie die über den Zweiten Bildungsweg kommenden Menschen einrechnet. Heute haben viele sogar das Gefühl, daß das Bewußtsein der Öffentlichkeit damals allzu stark in Richtung Überbewertung des Abiturs verändert wurde und beklagen gleichzeitig den Niveauverlust des Gymnasiums und die „Studentenschwemme" an den Universitäten.

Das Abitur wurde in den Rang einer Lebensqualität, Sozialprestige und Karriere begünstigenden, alle Freiheiten ermöglichenden Eintrittsberechtigung in die Zukunft erhoben, der Weg durch Gymnasium und Universität geriet zu einem höherwertigeren Bildungsgang als je zuvor, während der Weg von der Hauptschule in eine

Lehre fortan als besonders minderwertig galt, so daß man ihn mit Bemühungen um die Stärkung des eigenständigen Ansatzes der Hauptschule (Lernen über „das Tun der Hand"), mit der Einführung von 10. Hauptschulklassen und Berufsgrundbildungsjahren sowie durch Kombinierte und Integrierte Haupt- und Realschulklassen im nachhinein wieder etwas aufzubessern versuchte. Aber alle Reformversuche erwiesen sich als vergeblich; die Hauptschule ließ sich nicht mehr wiederbeleben, und heute liegt sie in den allerletzten Zügen.

Johannes Beck bezeichnet den heutigen Run auf die Gymnasien und Universitäten als „Bildungswahn" unserer Gesellschaft; er verweist aber gleichzeitig darauf, daß die wenigsten Schüler und Eltern dabei vorrangig an den konkreten Bildungsinhalten der Lehrpläne und Studiengänge interessiert sind, sondern daß sie vor allem auf die mit den Abschlußqualifikationen verbundenen Berechtigungen erpicht sind. Beim Bildungswahn kommt es also mehr auf die Hülle als auf den Inhalt an. „Abitur will ich machen, aber ich will möglichst wenig dafür tun", sagen viele Gymnasiasten; sie haben hohe Abschlußerwartungen, aber eine geringe Alltagsmotivation in bezug auf aktive Unterrichtsgestaltung und Hausaufgaben. Ihre Defizite an lehrplanbezogenen Perspektiven bei gleichzeitigem Schielen auf das ferne Abschlußziel lassen das Phänomen Nachhilfeunterricht boomen und führen dazu, daß man mit allen taktischen Tricks einerseits versucht, irgendwie ins Gymnasium zu kommen und dort zu bleiben, daß man aber andererseits das höchstmögliche Versäumniskontingent, das die gymnasiale Oberstufe dem einzelnen Schüler gerade noch zugesteht, bis zum Limit auszunutzen gedenkt.

Das Dortmunder Institut für Schulentwicklungsforschung hat ausgezählt, daß 55 Prozent der deutschen Eltern für ihr Kind das Abitur erhoffen, 35 Prozent den Realschulabschluß und nur 10 Prozent den Hauptschulabschluß; das ist ein Bildungswahn, der zur Arbeitslosigkeit von Akademikern und zugleich zum Mangel an Nachwuchs in den Ausbildungsberufen des Handwerks führt, der aber auch dazu beiträgt, daß in Städten mittlerweile zwischen 40 und 55 Prozent eines Schülerjahrgangs nach der Grundschule zum Gymnasium und in manchen Regionen noch einmal weitere 30 Prozent zur ebenfalls zum Abitur führenden Gesamtschule übergehen. Mehr als 70 Prozent der deutschen Schüler wechseln nach der Grundschule zunächst in Schulformen, die den Weg zum Abitur noch möglichst lange offenhalten (Gymnasien, Gesamtschulen, Orientierungs- und Förderstufen).

Als die Gesamtschulideologen 1968 von einer Schule für alle Schichten und alle Begabungen träumten, ahnten sie noch nicht, daß dieses Ziel in nicht einmal 30 Jahren fast erreicht werden konnte, nur nicht in der Gesamtschule, sondern im Gymnasium, während die Gesamtschule zu so etwas wie einer Integrierten Haupt- und Realschule, die in der Tradition der alten Volksschule steht, geraten ist.

Nach der Grundschule kristallisieren sich zunehmend Gymnasien und Gesamtschulen als die Schulen der Zukunft heraus. In Hamburg beispielsweise wechseln nach der Klasse 4 über 40 Prozent der Schüler zum Gymnasium, etwa 33 Prozent zur Gesamtschule, etwa 1 Prozent zur Orientierungsstufe (Kooperative Gesamtschule) und etwa 26 Prozent zur Beobachtungsstufe der Haupt- und Realschule, von denen nach Klasse 6 etwa 16 Prozent in die Realschule und lediglich noch etwa 10 Prozent in die Hauptschule gehen. In anderen Regionen Deutschlands sieht es ähnlich aus.

Die Hauptschule ist so gut wie tot; sie wird in Hamburg eigentlich nur noch von ausländischen Kindern, von schwierigen Jungen sowie von Schülern aus den benachbarten Bundesländern Niedersachsen und Schleswig-Holstein besucht, und sie verdankt ihr statistisches Weiterleben den Umständen, daß in einigen Stadtteilen wie Rahlstedt eine Gesamtschule fehlt, daß nicht alle Gesamtschulmeldungen berücksichtigt werden können, weil die Nachfrage größer als das Platzangebot ist, und weil die Schulbehörde aus Kostengründen nicht mehr wie zuvor alljährlich neue Gesamtschulen gründet, denn die Umwandlung einer Haupt- und Realschule in eine Gesamtschule kostet etwa 30 Millionen Mark.

Schüler mit einer Hauptschulempfehlung können auch an einer Gesamtschule angemeldet werden, und Eltern sind schlecht beraten, wenn sie es nicht tun, weil die Gesamtschulen wesentlich besser mit allem ausgestattet sind als die Hauptschulen.

Das klassische dreigliedrige Schulsystem Deutschlands mit Hauptschulen, Realschulen und Gymnasien hat ausgedient. Der Todeshieb wurde ihm mit der Abschaffung oder Entwertung der Ausleseprüfungen um 1968 versetzt. Wenn vor allem die Eltern nach der Grundschule über die weitere Schullaufbahn entscheiden können, muß langfristig die Hauptschule auf der Strecke bleiben, denn Realschulen und Gymnasien verheißen bessere Berufschancen, und deshalb hat jetzt auch das Saarland die Hauptschule in eine „Erweiterte Realschule" einmünden lassen. Mit der Gründung von horizontal zu Hauptschulen, Realschulen und Gymnasien liegenden Gesamtschulen wurde der ursprüngliche Sinn der Dreigliedrigkeit verfremdet; und das dreigliedrige System wäre schon längst Vergangenheit, wenn man nicht gleichzeitig die ursprüngliche Idee der Gesamtschule dadurch ad absurdum geführt hätte, daß man sie in das traditionelle dreigliedrige Abschlußsystem einmünden läßt. Daß Gesamtschulen nicht am Ende der Klasse 10 die einzig zu ihnen passenden Profilabschlüsse vergeben dürfen, in denen lediglich beschrieben wird, was ein Schüler von Fach zu Fach kann, sondern daß sie nach wie vor Hauptschul- und Realschulabschlüsse sowie die Versetzung in die gymnasiale Oberstufe zuerkennen müssen, hat ihre deutlichere Durchsetzung gebremst.

Immerhin vermochte die besser ausgestattete und den Weg zum Realschulabschluß länger offenhaltende Gesamtschule eines ihrer ursprünglichen Ziele umzusetzen, nämlich die Hauptschule entbehrlich zu machen. Ohne Hauptschule gibt die Realschule aber auch keinen Sinn mehr. Das Gymnasium ließ sich durch die Gesamtschule jedoch nicht beeinträchtigen; im Gegenteil, es kam auf wesentlich größere Schülerzahlen als die Gesamtschule.

An der Schwelle zum nächsten Jahrtausend bahnt sich in Deutschland ein viergliedriges Schulsystem an, das in seinem Kern zweigliedrig ist:

— Nicht alle Behinderten lassen sich ins Regelschulwesen, also in Integrationsklassen, Integrative Regelklassen und Förderzentren (Integrierte Förder- und Hauptschulen), eingliedern. Für die etwa 4 Prozent Schüler mit einem besonders hohen Förderbedarf wird es weiterhin Sonderschulen als Einrichtungen mit einer hohen kompensatorischen Erziehungsfunktion geben müssen, weil ihre aus ideologischen oder aus Kostengründen (Integrative Regelklassen sind billiger als eigenständige Sonderschulen) gewollte Integration ihnen mehr Schaden als Nutzen bringen würde.

— Der Anteil der von Eltern dem staatlichen Schulwesen entzogenen und auf Privatschulen geschickten Schüler wird sich langfristig bei etwa zehn Prozent einpendeln, weil die Familien für einen Platz in einer staatlich genehmigten oder anerkannten Ersatzschule (Konfessions-, Waldorf-, Freie Schulen, Landerziehungsheime, Internate, Hochbegabtenschulen, Internationale und Deutsch-Französische Schulen und anderes mehr) zuzahlen müssen. Vielen Eltern sind die staatlichen Gymnasien mit einem Anteil von etwa 40 Prozent der Schüler eines Jahrgangs nicht mehr elitär genug, so daß sie auf sozialprestigeträchtigere private Institutionen, die wie die Odenwaldschule, die Stiftung Louisenlund oder das Internat Schloß Salem bessere Karrierechancen verheißen, ausweichen.

– Die verbleibenden 86 Prozent der deutschen Schüler werden sich im Sinne des „Zwei-Wege-Modells" von Klaus Hurrelmann künftig etwa zu gleichen Teilen auf ein zweigliedriges Kernschulwesen, bestehend aus Gymnasium einerseits und Gesamt- oder Sekundarschulen andererseits, aufteilen. Mit der These vom Ende der Erziehung, wie sie beispielsweise Neil Postman aufgestellt hat, wird heute so etwas wie eine „Erziehungskatastrophe" in der Nachfolge der „Bildungskatastrophe" vor gut 30 Jahren beschrieben. Die erzieherische Hilflosigkeit bzw. Inkompetenz von immer mehr Eltern zwingt zu einer Schulform, in der erzogen und unterrichtet wird (Gesamt- oder Sekundarschule) und zu einer für noch im wesentlichen zu Hause erzogene Kinder, in der unterrichtet und erzogen wird (Gymnasium). An beiden Schulformen kann man Abitur machen, beide kann man aber auch nach der 10. Klasse in Richtung Ausbildung, Berufsfach- oder Fachoberschulen verlassen. Zwischen beiden Schulformen darf es dann kein Gefälle mehr im Sinne von Höher- und Minderwertigkeit geben; beide sind schlichtweg nur noch andersartig. Funktionieren kann diese neue Zweigliedrigkeit aber nur reibungslos, also ohne erneute Sogwirkung in Richtung Gymnasium, wenn Bildung und Erziehung als gleichwertige pädagogische Leistungen verstanden und bezahlt werden. Deutschland muß sich dringend von seiner Tradition verabschieden, daß Berufe mit einem hohen Bildungsanteil (Gymnasiallehrer) besser bezahlt und mit einer geringeren Wochenstundenverpflichtung ausgestattet werden als Berufe mit einem hohen Erziehungsaufwand (Grund- und Hauptschullehrer). Bildung setzt ein erzieherisches Fundamentum voraus; viele Schüler müssen erst erzieherisch versorgt werden, bevor sie etwas lernen können, und Erziehung ist gewiß nicht leichter zu bewerkstelligen als Bildung. Grund- und Hauptschullehrer sollen erziehen und bilden, Gymnasiallehrer überwiegend nur bilden. Wieso werden die ersteren für ihre unvergleichlich schwierigere Arbeit eigentlich weiterhin immer noch bestraft? Erst mit der Anerkennung erzieherischer Leistungen kann Schule zeitgemäß werden, und diese Anerkennung muß sich in der Arbeitsplatzbeschreibung als gleichwertig mit dem Stundengeben niederschlagen. Hausbesuche, Elternstammtische, erhöhte Zuwendung zu besonders schwierigen oder problembeladenen Schülern, Schulleben-Aktivitäten und das Engagement für die kompensatorische leibliche Versorgung von Kindern und Jugendlichen müssen Kennzeichen der künftigen Schule sein; sie braucht dringend einen ausgedehnten Erziehungsauftrag, damit sie überhaupt noch ihren Bildungsauftrag erfüllen kann; wenn sie den nicht als hochanerkannte und -bezahlte Leistung erhält, wird für immer mehr Kinder wirklich im Sinne von Lewis J. Perelmans Buch „School's out" die Zeit einer sinnvollen Institution Schule vorbei sein.

21. Die Ausbildung guter Lehrer

In den 60er Jahren wurde das Lehrerstudium fachwissenschaftlicher; Praxisanteile wurden zugunsten von Theorieanteilen verdrängt, Pädagogische Hochschulen wandelten sich zu Universitäten, und die Studiendauer wurde von sechs Semestern bei den Grund- und Hauptschullehrern auf Diplomniveau, also auf acht Semester, verlängert. Gleichzeitig wurden grundständige Sonderschullehrerstudiengänge eingeführt, und auch die Grund- und Hauptschullehrer wurden durchweg für Unterrichtsfächer qualifiziert oder gar zu schulformübergreifenden „Stufenlehrern" ausgebildet. Mit Hinblick auf die Erfordernisse der Gesamtschulen boten einige Bundesländer wie Hamburg fortan nur noch zwei Lehrerbildungsgänge für die allgemeinbildenden Schulen an, einen für die Klassenstufen 0 bis 10 und einen für die Klassenstufen 5 bis 13, so daß beide für die Klassenstufen 5 bis 10 konzipiert sind.

Mit diesen Veränderungen wurden in Zeiten des Lehrermangels die Lehrerstudiengänge attraktiver, die Lehrer konnten in höheren Besoldungsgruppen eingestuft werden, und das Ziel des vom Deut-

schen Bildungsrat 1970 in seinem Strukturplan für das Bildungswesen vorgegebenen wissenschaftsorientierten Unterrichts ließ
sich umsetzen.

Erst heute werden die Kunstfehler der damaligen Reformen vor
dem Hintergrund der Klagen über Familienzerfall, über veränderte
Kinder, über die Schülergewaltspirale, über die Drogenproble-
matik, über Sinnesschwächen, Wahrnehmungs-, Konzentrations-
und Ausdauerstörungen sowie über Hyperaktivität, aber auch über
die zunehmende Notwendigkeit von außerschulischem Nachhilfeunterricht so richtig evident.

Mit den Lehrerbildungsreformen wurde die Schule auf den ersten
Blick moderner, auf den zweiten wurde aber damit begünstigt, daß
sie heute so unzeitgemäß ist. Die Reformimpulse gingen in die falsche Richtung, weil sich die Schüler gleichzeitig entgegengesetzt
veränderten; Lehrer und Schüler entwickelten sich auseinander.
Mit ihrer Wandlung brauchten die Schüler einerseits eine ständig
größer werdende Portion von Klassenlehrerpädagogik, andererseits wurde der Klassenlehrer immer mehr durch Spezialisten verdrängt:

- Schulen wurden zu Schulzentren, Mittelpunktschulen und übergroßen Gesamtschulen gebündelt; sie wurden für viele Kinder
  unüberschaubar, lagen für andere wegetechnisch zu weit entfernt, so daß für sie schulbusbedingte Probleme aufkamen; ihre
  Architektur geriet mit viel Beton, mit Schulstraßen, Klimaanlagen und fensterlosen Innenräumen zu kalt.

- Lehrer wurden spezialisiert als Fachlehrer in einem übertriebenen Kurssystem eingesetzt, damit die teuer ausgestatteten
  Fachräume und die Fachkompetenzen geballter genutzt werden
  konnten.

- Fachlehrer- und Kurssysteme machten die Schulen störanfäl-
  liger; Stundenausfälle, Vertretungsunterricht, Freistunden und
  „Wander-" bzw. „Spagatlehrerschicksale" begünstigten Verdruß
  und Motivationsabbau bei Schülern und Lehrern und brachten
  größere Koordinationszwänge mit sich, so daß allzu viele
  Klassen-, Stufen-, Fach-, Leitungsgruppen-, didaktische und Ge-
  samtkonferenzen den Lehrern Kraft und Zeit für die immer not-
  wendiger werdende Zuwendung zu Schülern raubten.

- Die Veränderung der Schüler erforderte zunehmend mehr Umfassung, kompensatorische Erziehung, leibliche und emotio-

nale Versorgung, Klassenraum-, Klassenverbands- und Klassenlehrerpädagogik, Kontinuität, Kontrolle des Fortschritts und
den Klassenlehrer als Freund des Schülers sowie Teamfähigkeit
der Lehrer. Statt dessen wurde der Schüler entgegen seinen Bedürfnissen, oft schon mit elf Jahren, auf einen Tutor und auf
zehn Fachlehrer aufgeteilt, er saß in immer wieder anderen
Räumen neben immer wieder anderen Schülern, und wenn er
nicht so spurte wie geplant, wurde er auch noch stundenweise
in das Beratungszentrum der großen Schule geschickt, in dem
Schulpsychologen, Sozialpädagogen, Beratungs- und Präventionslehrer, Familienhelfer, Schriftberater und Spieltherapeuten
seine Persönlichkeit irgendwie wieder auf Vordermann bringen
sollten, was allzuoft seine Situation aber nur verschlimmerte.

— Mit der Spezialisierung der Pädagogen durch Studium und Einsatz am Arbeitsplatz wurde Schule praxis- und schülerferner,
und sie begünstigte damit durchaus Verhaltensschwierigkeiten
und -störungen, die das Kind bereits von zu Hause her in die
Schule mitbrachte, aber auch das überforderungsbedingte
„Burn-out-Syndrom" der im Schnitt immer älterwerdenden Lehrerschaft.

Heute stehen wir vor dem Bankrott der Konzeptionen, die zur
Ausbildung von „Fachidioten" und zur Addition von Spezialisten
im Schulalltag führten. Obwohl alles in der Ausbildung und am
Arbeitsplatz teurer wurde, blieb der Schüler auf der Strecke.

Weniger Reformen dieser Art wäre mehr gewesen, denn erschwe-
rend kam noch hinzu, daß die Reform der gymnasialen Oberstufe
bei Lehrerstudenten für ein derart geringes Maß an Allgemeinbildung sorgte, daß sie zwar in zwei Fachwissenschaften überqualifiziert werden konnten, ansonsten aber für ein Lehrerdasein un-
brauchbarer wurden als frühere Lehrergenerationen. Sie konnten
sich außerhalb ihrer beiden studierten Fächer kaum noch in den
Stoffen der anderen Schulfächer orientieren, sie überblickten fortan
nicht mehr alle pädagogischen Arbeitsfelder (Allgemeine und Ver-
gleichende Erziehungswissenschaft, Pädagogische und Lernpsychologie, Sozialpädagogik, Geschichte der Pädagogik, Sonderpäd-
agogik, Soziologie, Anthropologie, die Fülle der verschiedenen
Fachdidaktiken), und sie trauten sich nicht mehr alle zu, auch eine
Klasse zu führen, sondern wollten oft nur noch ein bloßes Fachleh-
rerdasein fristen.

Das Lehrerstudium ist also für die Schule der Zukunf erneut umzubauen; mit Hinblick auf die Volle Halbtagsgrundschule, auf offene Unterrichtsformen, Projektmethode, CD-ROM- und Online-Lernen, den Aufbau neuer Schlüsselqualifikationen bis hin zum vernetzenden Denken und mit Hinblick auf diagnostische, kompensatorische, therapeutische, familienergänzende, präventionspädagogische und integrierende Kompetenzen, die Lehrer zunehmend benötigen, weil immer mehr Schüler diese brauchen, muß sofort mit einer anders gestalteten Studienordnung, einer neuen Lehrerprüfungsordnung und einer zeitgemäß veränderten Lehrerarbeitsplatzbeschreibung dafür gesorgt werden, daß künftig andere junge Menschen als bislang in den Lehrerberuf kommen. Würde man jetzt das Studium reformieren, kämen nämlich erst in frühestens sechs Jahren, wenn Kinder sich noch mehr verändert haben, die ersten neuausgebildeten Lehrer in die Schulen, und erst in mehr als zehn Jahren würde sich deren verbesserte pädagogische Qualifikation in der Gesamtheit eines Lehrerkollegiums, das sich an Traditionen und an Routine klammert, ansatzweise auf einige Schüler positiv auswirken.

Die meisten jetzigen Lehrerstudenten wollen bedauerlicherweise wieder solche Lehrer werden, wie sie selbst als Schüler hatten, nämlich Stundengeber auf einer Morgenstelle mit guter Bezahlung und vielen Ferien. Bei den Motiven, ein Lehrerstudium zu ergreifen, stehen obenan, daß man eigentlich Jura, Medizin oder Betriebswirtschaft studieren wollte, dort aber keinen Studienplatz bekam (das Motiv der zweiten Wahl bzw. das des Park-Studiums), daß man Chemie, Französisch, Geschichte oder ein anderes Fach unterrichten möchte (das fachlehrerbezogene Motiv), daß man nachmittags und in den Ferien freier über seine Zeit verfügen kann (das berufshygienische Motiv), daß man die gesellschaftlichen Entwicklungen über Kinder und Jugendliche glaubt am besten beeinflussen zu können (das politische Motiv), daß man über ein Pädagogikstudium die eigene schreckliche Kindheit oder eigene miese Schulerfahrungen sowie Kontaktschwierigkeiten gut aufarbeiten kann (das autobiographische Motiv) und daß man mit pädagogischen Qualifikationen einen anderen Beruf (Lektor, Journalist, Surflehrer, Animateur, Trainer, ...), aber nicht den des Lehrers anzustreben gedenkt (das rein studienbezogene Motiv). Und erst ganz am Schluß dieser Motivhierarchie kommt dann neben einem pädophilen Motiv noch das eigentlich für Schüler so ungemein wichtige Motiv: „Ich möchte Lehrer werden, weil ich mit Kindern und Jugendlichen ein Stück ihres Lebens zusammenleben möchte, um ihnen zu helfen, um sie zu fördern und um sie allseitig und umfassend zu bilden." An diesem letzten Motiv mangelt es unter Lehrerstudenten und Lehrern, weil Studium und Arbeitsplatz derart motivierten Menschen momentan das Leben mit Schülern viel zu schwer machen.

Das Lehrerstudium muß also wie folgt reformiert werden:

– Der Grad der Theorie-Praxis-Verknüpfung muß erhöht werden und früher beginnen; vom ersten Semester an sollten Unterrichtspraktika obligatorisch sein, und zwar für sämtliche Lehramtsstudiengänge, auch in der Grundschule und in den Fächern Deutsch und Mathematik.

– Ein Sozial- und zwei Schulpraktika müssen obligatorisch in Begleitseminare integriert sein.

– Computerlernen bzw. CD-ROM- und Online-Lernen muß für alle Lehrerstudenten ein Pflichtaspekt werden.

– Aus zeitökonomischen Gründen muß eine der beiden Fachwissenschaften geopfert werden, die andere wird exemplarisch auf Diplomniveau studiert.

– Daneben muß wie bisher Erziehungswissenschaft studiert werden, und zwar mit verbindlichen Anteilen von Allgemeiner und Vergleichender Erziehungswissenschaft sowie Geschichte der Pädagogik.

– Die zweite Fachwissenschaft wird durch ein Bündel aus Pädagogischer Psychologie, Lernpsychologie, Sozialpädagogik, Verhaltensgestörten- und Lernbehindertenpädagogik (bzw. Devianz- und Präventionspädagogik), Spielpädagogik, Kinderärztlichem und Ernährungskundlichem ersetzt.

– Klassenlehrerpädagogik, Co- und Team-Teaching, Schulmanagement und Seminare, in denen gelernt wird, wie man Lernentwicklungsberichte („Berichtszeugnisse") optimal erstellt, werden feste Studienelemente.

– Nach dem vierten Semester wird eine Zwischenprüfung, dem Vordiplom vergleichbar, abgelegt, damit nicht länger Erziehungswissenschaft wie ein Nebenfach studiert wird, obwohl sie in den Studien- und Lehrerprüfungsordnungen gleichwertig neben den beiden Fachwissenschaften steht. Die Anforderungen in den Fachwissenschaften sind momentan jedoch derart viel größer, daß den meisten Studierenden nur noch etwa ein Fünftel ihrer Zeit und Kraft für pädagogische Seminare bleibt, und das sind dann auch noch überwiegend diejenigen Didaktiksequenzen, deren zugehörige Fachwissenschaften man ohnehin studiert.

Als Gelenkstelle zwischen Studium und Lehrerfortbildung ist das Referendariat einerseits ein zweijähriger Ausbildungszugewinn einer akademisierten Lehrerschaft, andererseits hat es, als es auch für die Grund- und Hauptschullehrer nach 1968 eingeführt wurde, zu einem mißlichen Abbau von sinnvoller Theorie-Praxis-Verknüpfung im Studium beigetragen. Eine einphasige fünf- oder sechsjährige Lehrerausbildung wäre daher wohl sinnvoller gewesen; die Ergänzung des Studiums durch den Vorbereitungsdienst im Studienseminar hat nicht in gleicher Weise ein Mehr gebracht, weil viele werdende Lehrer mit dem mangelnden Praxisbezug im Studium erst viel zu spät merken, daß sie für den Schuldienst nicht geeignet sind und daß sie ihre Studienschwerpunkte, was Sozialpädagogik, Lernpsychologie, Devianzpädagogik und diagnostische sowie therapeutische Aspekte anbelangt, in bezug auf die heutigen Herausforderungen durch schwierige Schüler falsch gesetzt haben.

Hochschullehrer und Studienseminarleiter haben allzuoft einen stark politisch-ideologischen Touch, mit dem sie gleichzeitig vielfach einen Überblick über die gesamte Erziehungswissenschaft vermissen lassen; sie geraten in ihre gut bezahlten Jobs durch Berufungsausschüsse, deren Mitglieder sich bestimmten partei- oder verbandspolitischen Akzentuierungen verpflichtet fühlen, so daß es an den pädagogischen Fachbereichen der Universitäten und im Referendariat nur wenige schülerorientiert arbeitende, aber viele ideologisch einseitig geprägte Seilschaften gibt; das gilt beispielsweise für Hamburg, Bayern, Hessen, Nordrhein-Westfalen und Baden-Württemberg. Anders ist das nur bei den Dozenten der Lehrerfortbildung, die überwiegend als gute Lehrer in ihre Multiplikatorenrolle geraten, so daß die Kurse der Institute für Lehrerfortbildung die aktuellsten, die hilfreichsten, die innovativsten und die praxisnächsten Bezüge haben.

Im Referendariat wird man ständig bewertet bzw. benotet, so daß ein großer Anpassungssog durch die Erwartungen der Seminarleiter entsteht. Vorherrschend ist dabei das Ausbildungsmodell, die ideal aufgebaute Unterrichtsstunde als Kunstwerk mit Einstieg, spannungsreicher Informations- und Lernentwicklungsphase im

Hauptteil, Vertiefung und Anwendung sowie Einmündung in Hausaufgaben und Klausurarbeiten vorzugeben und darüber hinaus Lehrerpersönlichkeiten mit relativ uniformen Verhaltensweisen auszustatten, so daß sie am Arbeitsplatz weitgehend austauschbar werden, und vom Referendar dann zu erwarten, diesen Erwartungsvorgaben weitgehend zu entsprechen. Die zeitgemäßere Weise, zu gucken, welche Persönlichkeitsmerkmale des einzelnen Referendars entwickelbar sind und diese dann zur vollen Entfaltung zu bringen, so daß jeder junge Mensch zu einer unverwechselbar starken Lehrerpersönlichkeit gerät, ist dagegen immer noch selten anzutreffen.

Die Schule im nächsten Jahrtausend braucht einen ganz anderen Lehrertyp, nämlich weniger den Dozenten, der Unterrichtsstunden nach Strickmusterart gibt und mit Rezepten analog den Herbartschen Formalstufen arbeitet, sondern vor allem den Lernberater der Schüler, den „Coach" im Sinne von Jürgen Reichen, der sich über das Fehlermachen der Schüler freut, weil sie am besten über Fehler lernen, der ihnen zu Erkundungs-, Handlungs-, Konflikt-, Team- und Sozialkompetenz, Fähigkeit zu selbständigem Lernen sowie Kreativität und vernetzendem Denken verhilft, der erkennt, daß ihre Lernstörungen auf Seh- oder Hörschwächen, Bewegungsmangel, falsche Ernährung, auf Vater- oder Geschwisterlosigkeit, auf Mangel an Spielanlässen, auf zu viel Bildschirmkonsum oder auf ein Defizit an liebevollem und deutlich drückendem Körperkontakt und an Erfolgserlebnissen zurückzuführen sind, der zu Prävention und Therapie fähig ist, der zu Hausbesuchen und regelmäßigen Erziehungsgesprächen mit Eltern bereit ist und gut mit Kollegen zu kooperieren vermag und der in seiner bisherigen wissensvermittelnden und erkenntnisfördernden Rolle weitgehend durch die zuverlässigere Software im Rahmen des Multimedia- und CD-ROM- und Online-Lernens ersetzt werden kann.

In Nordrhein-Westfalen haben die Referendare erkannt, wie wenig innovativ ihre meist alten Studienseminarleiter sind; sie haben aufbegehrt, indem sie erklärten, sie würden die Ausbildung nicht länger nur wegen der folgenden Benotung über sich ergehen lassen. Referendare sollten „autonome Subjekte ihrer Lernprozesse" sein; Ausbildungsziel dürfe nicht mehr länger nur der „gute Lehrer", sondern müsse der „gute selbständige Lehrer" sein, sagen sie.

Wenn die Lehrerausbildung schon nicht einphasig ist, dann müssen aber die erziehungswissenschaftlichen Fachbereiche und die Studienseminare viel vernetzter als bisher arbeiten; zur Zeit wirken sie ohne Kenntnis der Arbeit der jeweils anderen Institution weitgehend nebeneinander her. Universitätsprofessoren sollten in die Haupt- und Fachseminarleiterarbeit integriert werden, und umgekehrt sollten auch Studienseminarleiter schon in den Einführungsveranstaltungen der Hochschulen mitwirken. Ein gemeinsames Curriculum für Studium und Referendariat als „Lösung aus einem Guß" mit der Klammer der Prüfungsordnungen für die Erste und die Zweite Lehrerprüfung muß sofort entwickelt werden, weil die Inhalte der Lehrerbildungsgänge völlig unzeitgemäß sind, auf der Grundlage einer Reform ausgebildete Lehrer jedoch erst frühestens sechs Jahre später in die Schulen kommen würden, wenn Kinder und Gesellschaft noch weiter als heute schon verändert sind.

Im Mittelpunkt des Referendariats sollte einerseits eine stark ausgebaute Klassenlehrerpädagogik stehen, andererseits müssen Lehrer vor allem im Studienseminar in die Lage versetzt werden, über ihre studierten Unterrichtsfächer hinaus mindestens noch zwei bis drei weitere Fächer in ihren eigenen Klassen geben zu können.

Künftig müssen die Studienseminare es schaffen, Lehrer für das Erstellen von hilfreichen Lernentwicklungsberichten („Berichtszeugnisse"), für die Vermittlung der neuen Schlüsselqualifikationen (Erkundungs- und Handlungskompetenz, Konflikt- und Teamfähigkeit, Kreativität, Mobilität, vernetzendes Denken) und für das Unterrichten in Lernbereichen (Naturwissenschaften statt Physik, Chemie und Biologie, Gesellschaft statt Religion, Geschichte, Politik und Erdkunde) statt wie bisher in separaten Fächern kompetent zu machen.

Die heute in den Schulen vorhandenen Lehrer können nichts dafür, daß sie für frühere Kinder, also für vergangene Zeiten ausgebildet worden sind.

Künftig brauchen wir aber ganz andere Lehrer, die weniger unterrichten und mehr erziehen, die Unterricht in die Voraussetzung von Erziehung, von leiblicher Versorgung, Kompensation, Familienersatz und Bewegung sowie Spiel und Projektmethode einbetten. Sie müssen ihre Rolle als eine des Zusammenlebens mit Kindern verstehen, in der es vor allem um selbständiges Lernen und Vernetzung von bisherigen Fächern zu Lernbereichen geht, und weniger als eine des Beschulens, der Wissensvermittlung.

Natürlich stehen auch dann noch Leistung und Qualifizierung im Vordergrund, aber Schule wird auch im Sinne ihrer bisherigen Ziele, ganz zu schweigen von den demnächst immer wichtiger werdenden Schlüsselqualifikationen, schlichtweg effektiver, wenn der Lehrer Lernhelfer, Berater, Freund, „Coach" des Schülers wird.

Das Dilemma von Lehrerfortbildung ist, daß in ihr einerseits die in der Praxis bewährtesten, also besten Dozenten wirken, die durchweg hilfreicher als Hochschullehrer und Studienseminarleiter sind, daß zu ihr aber andererseits eigentlich nur die Lehrer strömen, die sowie schon gut, engagiert bzw. pädagogisch wirkungsvoll sind, daß ihr aber diejenigen, die Fortbildung besonders nötig haben, weitgehend fernbleiben. Die bisherige Lehrerfortbildung vergrößert ungewollt die Leistungsbandbreite der Lehrerschaft und erhöht damit das Risiko für den Schüler, auf einen besonders guten oder einen besonders schlechten Lehrer zu treffen. Denn wer zu Kursen der Lehrerfortbildung geht, liest auch zumeist pädagogische Schriften und versucht, sich auf autobiographischem Wege zu vervollkommnen, während diejenigen, die Fortbildung meiden, auch allzuoft diejenigen Lehrer sind, die keine pädagogische Literatur mehr lesen und die es ablehnen, an sich selbst zu arbeiten.

Zeitgemäß wäre es, alle Lehrer zu verpflichten, in den Schulferien, die ja nur zu einem geringen Teil als Urlaubszeit verrechnet werden, Fortbildungskurse zu besuchen, damit sie alle von den notwendigen Reformimpulsen der Schule, von innovativen Unterrichtsweisen, von diagnostischen und therapeutischen Fortschritten gegenüber stark veränderten Kindern, von präventiven Strategien gegenüber Gewalt und Sucht, von guten Möglichkeiten, Lernentwicklungsberichte zu erstellen, effektiver Lesen, Schreiben und Rechnen beizubringen, Co-Teaching zu pflegen und den Aufbau von Schlüsselqualifikationen zu begünstigen, angesteckt werden.

Am besten funktioniert die Lehrerfortbildung zur Zeit, wenn es darum geht, Lehrer über ihre beiden studierten Fachwissenschaften hinaus für weitere Unterrichtsfächer und für die Methode des CD-ROM- und Online-Lernens kompetent zu machen, vor allem wenn sie selbst merken, daß sie aus Gründen einer größeren Umfassung ihrer Schüler mit einem Mehr an pädagogischer Fortschrittskontrolle und Kontinuität als Klassenlehrer häufiger in ihrer Klasse präsent sein müssen, also mindestens zwei bis drei Stunden täglich. Diese gewandelte Einstellung gegenüber gewandelten Schülern zwingt zum Unterrichten von mindestens vier bis fünf Fächern in der eigenen Klasse.

Aber auch die künftig zu Lernbereichen gebündelten bisherigen Fächer (es gibt dann nur noch Deutsch, Mathematik einschließlich Informatik, Fremdsprachen, Naturwissenschaften, Gesellschaft und Musisches einschließlich Sport und Technik) wecken einen gewaltigen Fortbildungsbedarf, weil die schulischen Lernbereiche dann nicht mehr mit der starken Fachdifferenzierung an den Universitäten korrespondieren.

Lehrerfortbildung braucht im nächsten Jahrtausend ein verstärktes Vor-Ort-Prinzip; es gibt im Moment schon überall in Deutschland phantastisch gute Lehrer, die außergewöhnlich ergiebig mit Offenem Unterricht arbeiten, aber auch mit Integrationskonzepten, mit der Projektmethode, mit Arbeitslehre, mit Konzepten um Ernährung und Erziehung (Schulfrühstück, Schulkiosk, Pädagogischer Mittagstisch), mit Psychomotorik, als Präventionslehrer mit Musikmalen, Sinnesschulung, Körperkontakt, Konfliktbewältigungsstrategien und Ausgleich von Ausfällen oder Teilleistungsschwächen sowie gegenüber Wahrnehmungsstörungen, Konzentrations- und Ausdauerschwächen und Hyperaktivität, mit dem Modellversuch Bewegte Schule oder Volle Halbtagsgrundschule, mit Englisch ab Klasse 3, mit Computerlernen, vernetzendem Denken und dem Aufbau von Schlüsselqualifikationen, mit der Reichen-Methode (Lernen über das Loben des Fehlers) und mit neuen Weisen, Lernentwicklungsberichte zu schreiben oder Elternarbeit zu optimieren. Sie erfordern mit ihrer hohen Praxiskompetenz das Modell einer rollierenden Dozententätigkeit in der Lehrerfortbildung, stellen also das Prinzip von der Beförderung auf eine lebenslange Dozentur an Instituten für Lehrerfortbildung in Frage.

Lehrer sollten nämlich vor allem von bewährten Lehrern fortgebildet werden, während hauptamtliche Mitarbeiter der Institute für Lehrerfortbildung immer wieder in den Schulalltag zurückkehren müssen, um ihre Kompetenzen gegenüber aktuellen Entwicklungen vor Ort auffrischen und anreichern zu können. Nur dann bleibt die Lehrerfortbildung wie bisher die innovativste impulsgebende Phase von den drei Phasen Studium, Referendariat und Lehrerfortbildung.

Nur mit einer obligatorischen Lehrerfortbildung in den Schulferien vermag sich jedenfalls die Schule mit ihrer „vergreisten" Lehrerschaft überhaupt noch einigermaßen brauchbar ins nächste Jahrtausend, das vor allem ein vernetztes Info-Gesellschaft- und Multimedia-Zeitalter sein wird, hinüberzuretten.

22. Der Lehrer vor Ort

Wenn Schüler ihrer Schule Noten geben, kommt dabei heraus: „Nicht gerade versetzungsgefährdet, aber allenfalls höchst durchschnittlich", dieses schlechte Zeugnis stellten rund tausend Kinder und Jugendliche bei einer Umfrage des Münchener Instituts für Jugendforschung ihrer Schule aus. Fast ein Drittel der 6- bis 14jährigen Befragten aus den alten und neuen Bundesländern gaben der Schule die Noten „ausreichend" oder „mangelhaft". Besonders unterschiedlich wurden dabei die Lehrer beurteilt: Für rund 30 Prozent der Schüler sind sie das Positivste, für fast 40 Prozent jedoch das Negativste an der Schule. Weitere Gründe für die schlechten Noten waren Hausaufgaben, Notengebung und Leistungsdruck, aber auch Probleme mit den Mitschülern sowie Gewalt in Klassen, auf Schulhöfen und -wegen.

Lehrer werden nicht für eine zeitgemäße Schule ausgebildet, und ihre Arbeitsplatzbeschreibung erfaßt nur einen Teil dessen, was sie eigentlich heute leisten müßten, damit Schule effektiv sein kann. Vorgesehen sind lediglich die Unterrichtsverpflichtung, Stundenvorbereitungen, Korrekturen, Pausenaufsichten, Konferenzen, zwei Elternabende pro Jahr und gelegentlich ein Wandertag, eine Klassenfahrt und ein Betriebspraktikum, manchmal auch Elternsprechtage, die aber mit Unterrichtsstunden verrechnet werden.

Nicht verpflichtend vorgesehen sind der erzieherische Aufwand für einzelne schwierige Schüler und deren problembeladene Eltern vor dem Unterricht, in den Pausen und danach am Nachmittag, Fortbildung, Hausbesuche, Elternstammtische, offene und projektbezogene Methoden, Team-Teaching, Supervision, Schulfrühstück, Bewegungserziehung und Spielpädagogik während der Stunden, leibliche Versorgung, Familienergänzung, zwei Klassenlehrer pro Klasse, vier bis fünf Fächer in der eigenen Klasse, Mußephasen, Begünstigung von Konfliktkompetenz und Gewalt- und Suchtprävention.

Die Kultusministerien sind zur Zeit dabei, den Lehrerarbeitsplatz noch unzeitgemäßer geraten zu lassen, als er ohnehin schon ist; sie erahnen ebenso wenig wie die Ministerpräsidenten die wirkliche Lehrerbelastung vor Ort, denn sonst könnte die schleswig-holsteinische Ministerpräsidentin Heide Simonis nicht sagen: „Es ist schon rätselhaft, mit welcher geradezu masochistischen Lust Lehrer sich mit 50 Jahren als ausgebrannt und vergreist bezeichnen", und der niedersächsische Ministerpräsident Gerhard Schröder könnte nicht öffentlich feststellen: „Ihr wißt doch ganz genau, was das für faule Säcke sind!"

– Sie erhöhen die Wochenstundenverpflichtung in dem Bereich, den Lehrer sowieso schon zu viel betonen, nämlich in dem des Stundengebens, so daß sie dasjenige, was sie bislang schon zu wenig gemacht haben, künftig noch weniger tun können, nämlich Erziehung. Nur wenn Lehrer weniger unterrichten, gewinnen sie Zeit für die immer nötiger werdende erzieherische Zuwendung zu Schülern und ihren Familien; übrigens wird dann auch der weniger gewordene Unterricht effektiver, so daß die richtige Aufteilung von unterrichtlichen und erzieherischen Anteilen sowohl einen Zugewinn an Lernen als auch an Schlüsselqualifikationen bzw. an Kompensation und Sozialisation mit sich bringen würde.

– Sie erhöhen Klassenfrequenzen, obwohl heutige Kinder und Jugendliche im Schnitt nur noch höchstens 17 Mitschüler ertragen. Geht man bei Klassenfrequenzen über die Zahl 18 hinaus, sind die negativen Nebenwirkungen langfristig größer und teurer, als die Einsparung in den Budgets kurzfristig ausmacht.

– Sie sparen mit Sachmittelkürzungen und mit der Reduktion des Aufwands für Fördermaßnahmen, Teilungsstunden, Schulneubau und Instandsetzung von Schulen gleichzeitig an Investitionen für die Zukunft unserer Gesellschaft, bremsen also Innovationen und Motivationen auf Lehrer- und Schülerseite.

– Mit einer bloß nahsichtigen Einstellungspolitik fördern sie die Phänomene „vergreiste Lehrerkollegien" und „Burn-out-Syndrom", indem sie eine sinnvolle Mischung von Jung und Alt und von Frauen und Männern in Pädagogenkollektiven blockieren. Die meisten Schüler werden heute von Lehrern im Großeltern- alter unterrichtet, die nicht mehr in der Lage sind, Impulse für den Umbau der Schule in bezug auf die Anforderungen des nächsten Jahrhunderts zu geben.

– Deutsche Lehrer sind heute im Schnitt 48 Jahre, an manchen Grundschulen über 50 Jahre alt; in Grundschulen unterrichten fast nur noch Frauen, obwohl viele Jungen unter einem Defizit an positiven männlichen Bezugspersonen leiden, weil sie ledig- lich mit einer Mutter, einer Schwester, einer Großmutter, einer Kindergärtnerin und nacheinander mit mehreren Klassenlehre- rinnen aufgewachsen sind. Eine langfristig sinnvoll komponie- rende Einstellungspolitik hat es eigentlich in diesem Jahrhun- dert noch nie gegeben, aber es gab immer abwechselnd Lehrer- mangel und Lehrerarbeitslosigkeit; in Zeiten des Lehrerman- gels geraten aber allzu viele schlechte Lehrer in die Schulen, und in Zeiten von Lehrerarbeitslosigkeit gehen den Schülern viele hervorragende Lehrer verloren, die in andere Berufe abdriften müssen, weil sie nicht eingestellt werden.

– Die zentral gesteuerte Zuweisung von Lehrern zu Schulen hat zu einer Auswahl nach Gerechtigkeitskriterien geführt, die von Personalräten kontrolliert wird, die aber nicht viel mit den Schü- lerbedürfnissen zu tun hat. Wenn man Lehrer nach ihren Fach- wissenschaften, nach den Noten ihrer Lehrerprüfungen, mit Quotenregelungen, nach Familienstand, Kinderzahl, Behinde- rungsgrad und Bonuspunkten für Wehrdienstzeiten und Le- bensalter auswählt, bekommt man nicht unbedingt die, die den Schülern gut tun. Das gleiche gilt für Schulleiter und Schulauf- sichtsbeamte, die dank ihrer Partei- oder Lehrerverbandszuge- hörigkeit und ihres Geschlechts, nicht aber aufgrund ihres En- gagements für Schüler und ihrer Unterrichtsqualität in ihren besser bezahlten Job gelangen. Mit den Autonomiekonzepten einiger Bundesländer wie Hessen, Hamburg und Bremen und mit Plänen, Lehrern den Beamtenstatus zu nehmen, wächst im- merhin die Hoffnung, daß Schulen künftig ihr Personal selbst einstellen können, so daß auch junge Lehrer, männliche Lehrer und Nichtlehrer wie Schulassistenten, Sozialpädagogen, Er- zieher und Lehrwerksmeister eine Chance erhalten können, gut zu Kindern und Jugendlichen zu sein.

— Mit der Schulautonomie und der eigenen Budgetierung werden wohl Erscheinungen wie ideologische Fraktionierung von Lehrerkollegien, Obrigkeitshörigkeit, Überalterung, Burn-out-Syndrom, Jobber- und Beamtenmentalität, Männermangel und nur Fachlehrer, jedoch keineswegs Klassenlehrer sein zu wollen, abnehmen, aber auch, daß Lehrer aufgrund ihrer Examensnoten eingestellt werden. Künftig sollte jede einzelne Schule nach umfassenden Persönlichkeitsprüfungen Lehrer mit schülerzentrierten Motivationen und gesamterzieherischen Absichten einstellen, nicht aber mehr aufgrund von Examensnoten, die erfahrungsgemäß fast gar nichts über das spätere Gutsein für Kinder und Jugendliche aussagen.

Eine zeitgemäße Lehrerarbeitsplatzbeschreibung für das Jahr 2000 müßte wie folgt aussehen:

— Schüler ertragen keine Schulen mit über 800 Schülern, nicht mehr als eine Vierzügigkeit in einem Jahrgang und keine Klassenfrequenz über 18.

— Mehr als die Hälfte aller Schülerstunden muß im Klassenverband und im eigenen Klassenraum gegeben werden.

— Jede Klasse braucht zwei Klassenlehrer, am besten einen Mann und eine Frau, die sich selbst zu einem Team zusammenfinden, eventuell in der kostenneutralen Form, daß diese beiden Lehrer gemeinsam zwei Parallelklassen führen.

— Jeder Lehrer muß vier bis fünf Fächer in seiner eigenen Klasse unterrichten, damit Umfassung, Kontinuität und pädagogische Fortschrittkontrolle, aber auch ein hinreichendes Kennenlernen von Biographie, Milieu und Persönlichkeit jedes einzelnen Schülers möglich sind.

— Unterricht und Erziehung sind gleichwertige Leistungen; erst beide zusammen schaffen die erforderlichen Sozialisations- und Lerneffekte.

— Elternarbeit (Hausbesuche, Elternstammtische, Informationsabende, Erziehungsgespräche, Mitwirkung von Eltern im Unterricht, auf Klassenfahrten und in Schulkonferenzen), Schullebengestaltung und Freundschaft zu Schülern im Sinne von Zusammenleben von Lehrern und Schülern sind höherwertiger in der Lehrerarbeitsplatzbeschreibung einzustufen als das Stundengeben.

— Kreisförmige, U-förmige und Gruppentischsitzordnungen, die atmosphärische Gestaltung der Klassenräume mit Pflanzen, Tieren, Schülerfotos, Schülerarbeiten und von Schülern gestalteten Wänden, mit Entlastungs-, Muße- oder Kuschelecken, mit Lexika, Arbeitsmaterialien und Computerarbeitsplätzen, mit der Möglichkeit zu Schulfrühstück, zu Stuhlkreisen, zum Sitzen auf großen Bällen und an verstellbaren Tischplatten sowie einer freien Wochenplanarbeit zeichnen die moderne Schule mit Integrations- und Integrativen Regelklassen, mit Offenem Unterricht und mit Projektmethoden aus.

— Lernbereiche ersetzen die bisherigen Fächer, flexible Lern-, Bewegungs-, Spiel-, Entlastungs- und Vertiefungsphasen lösen die 45-Minuten-Takte ab, Lernentwicklungsberichte die Notenzeugnisse, Profilabschlußbeschreibungen die dreigliedrigen Abschlußzeugnisse (Hauptschulabschluß, Realschulabschluß, Abitur) und der Aufbau von Schlüsselqualifikationen die bisherigen Fachlernziele.

— Lehrer verändern sich von dozierenden und benotenden Stundengebern, die die Fehler ihrer Schüler mit roter Tinte, Fünfen und Sechsen, mit Sitzenlassen und Rückläufer-Karriereknicks verfolgen, zu Lernberatern, die Lernprozesse begünstigen, Fehler bejahen und als Freund und Coach ihrer Schüler ein Lernen förderndes Zusammenleben mit ihnen und zwischen ihnen (Partner- und Gruppenarbeit, Soziales Lernen, Konflikt- und Teamfähigkeit) organisieren.

— Die erzieherische Leistung der Lehrer muß neben der unterrichtlichen in der Lehrerarbeitsplatzbeschreibung etwa so festgelegt werden: 20 Stunden Unterricht pro Woche, 10 Stunden für diagnostische, kompensatorische, familienergänzende, leiblich versorgende (Ernährung, Psychomotorik) und therapeutische Zuwendung zu einzelnen Schülern und ihren Familien, 30 Minuten wöchentlich für fest installierte Konferenzen, Dienstbesprechungen und Team-Koordination sowie 8 Stunden für Vorbereitungen, Korrekturen, Schreiben von Lernentwicklungsberichten und langfristige Planungen. Darüber hinaus sind drei Ferienwochen pro Schuljahr für eine obligatorische Lehrerfortbildung bis hin zum Fähigmachen zum CD-ROM- und Online-Lernen, zum Tele-Lernen und zum „Homelearning" der Schüler vorzusehen.

Erst mit einer derart zeitgemäßen Lehrerarbeitsplatzbeschreibung würde Schule der heutigen veränderten Situation der Kinder, den neuen Anforderungen im Wirtschaftsstandort Deutschland und der Kräftebilanz ihrer Lehrer sowie den sehr unterschiedlichen Elternerwartungen zugleich gerecht werden können. Lernen würde dann effektiver werden, und gesellschaftliche Folgekosten (Kriminalität, Sozialhilfe, Krankenkosten, Therapiebedarf) würden reduziert werden; vor allem aber würden mit ihr endlich andere junge Menschen mit für heutige Schüler günstigeren Motivationen in den Lehrerberuf kommen, die nicht nur immer bloß solche Lehrer werden wollen, wie sie selbst bereits als Schüler hatten.

23. Burn-out-Syndrom und Teamfähigkeit: Das Lehrerkollegium

Eine „zu hohe Belastung am Arbeitsplatz" ist für die Hälfte der Hamburger Lehrer offenbar das drängendste Problem. Das ermittelte die Gewerkschaft Erziehung und Wissenschaft (GEW) in einer Umfrage unter 2633 ihrer insgesamt 7500 Mitglieder in der Hansestadt. Für vorzeitigen Ruhestand und ein „Sabbatjahr" sprachen sich knapp 40 Prozent aus. 89 Prozent der Befragten wollen, daß die GEW Gespräche mit der Schulbehörde über andere Arbeitszeitmodelle führt. Besonders am Herzen liegen den Pädagogen auch die Rücknahme der Pflichtstundenerhöhung (73 Prozent) und Neueinstellungen (65 Prozent) arbeitsloser Kollegen.

Für die Abschaffung oder Reduzierung von Zeugnissen sprachen sich 29 Prozent der befragten Lehrer aus. 31 Prozent forderten die GEW auf, die Schulautonomie bei Gesprächen in der Behörde voranzubringen und sich für mehr Fortbildungsangebote (22 Prozent) einzusetzen.

In den anderen Bundesländern sieht es ähnlich aus. Überall wird über das „Burn-out-Syndrom", über Auspowerung durch zu viele schwierige Schüler, die am Montag nicht mehr zuhören können, weil sie aus einem Wochenende mit völlig falscher Ernährung und unverarbeiteten Bildschirmeinflüssen sowie Bewegungsmangel kommen („Montags-Syndrom"), über den Mangel an jungen Lehrern („vergreiste Lehrerkollegien"), über unüberschaubar große Schulen, über zu große Klassen mit etwa sieben besonders zuwendungsbedürftigen Schülern, die nahezu die gesamte Zeit und Kraft des Lehrers binden, über zu viel Unterrichtsverpflichtung und zu wenig Zeit für erzieherische Aufgaben, über ein übertriebenes Fachlehrer- und Kursprinzip und über Sparmaßnahmen, die die Bedingungen von Tag zu Tag verschlechtern, geklagt.

Lehrer sitzen im Moment zwischen allen Stühlen:

- Sie sind psychologisch, sozialpädagogisch, devianzpädagogisch, lernpsychologisch, kindermedizinisch, ernährungskundlich, diagnostisch und therapeutisch zu schlecht ausgebildet.

- Sie müssen das, was sie ohnehin schon zu viel tun, nämlich Unterrichten, noch mehr machen, so daß sie dasjenige, was im Sinne von Investition ihre Arbeitsplatzbedingungen verbessern würde, noch weniger tun können, nämlich Unterrichten.

- Eltern erwarten höchst Gegensätzliches von ihnen; entweder Kompensation, Integration, Familienersatz, Prävention und erzieherisches Zusammenleben oder Leistungsdruck voller Selektionsmaßnahmen in Richtung Abitur mit einem optimalen Notendurchschnitt, entweder mehr Musisches oder mehr Altsprachliches, entweder Soziales Lernen oder humanistische Bildung, entweder Notenzeugnisse oder Lernentwicklungsberichte, entweder Sanktionen oder das „Lob des Fehlers", entweder Wertekonsens oder Wertepluralismus, entweder das Kruzifix im Klassenzimmer oder pädagogische Autonomie.

- Handwerks- und Handelskammern wollen mehr Aufwand für Rechnen, Lesen und Schreiben, Großbetriebe verlangen mehr Schlüsselqualifikationen wie Kreativität, Mobilität, Selbständigkeit, Teamfähigkeit und vernetzendes Denken.

- Die Schüler wollen eine bewegte, spielende, lustbetonte Schulleben-Schule mit dem Lernen am Computer und Sport, Technik sowie einen unternehmungslustigen Klassenlehrer, der ihr Freund ist.

- Die Politiker wünschen den Seiltanz zwischen Reformen und gleichzeitigen Sparmaßnahmen.

- Und bei alledem sinkt das Ansehen der Lehrer in der Öffentlichkeit permanent und gipfelt in der Aussage des niedersächsischen Ministerpräsidenten Gerhard Schröder, sie seien „faule Säcke".

Der Krankenstand und die Frühpensionierungsquote ist bei Lehrern besonders groß. Interessant ist jedoch, daß vor allem diejenigen Lehrer krank werden und in den vorzeitigen Ruhestand flüchten, die nicht sonderlich gern mit Schülern zusammenleben und die nicht begreifen wollen, daß sie über die Unterrichtszeit hinausgehende Zeitinvestitionen (Hausbesuche, Ausflüge, Elternstammtische, Kino-, Theater- und Jahrmarktbesuche, Schulfeste, Klassenfeste, Klassenfahrten, nachmittägliches Kaffeetrinken mit einzelnen Schülern, Ausgestaltung des Klassenraums zur Lebensstätte) als atmosphärische Entlastung von den Schülern zurückbekommen.

Mit einer veränderten Arbeitsplatzbeschreibung, die außerunterrichtliche Aktivitäten zu einem festen Bestandteil macht, würde man andere Menschen in den Lehrerberuf bekommen, die nicht mehr so zahlreich krank werden würden und ihrem Beruf vorzeitig entfliehen wollen.

Vor allem an sehr großen Schulen ist der Reibungsverlust und damit der Kräfteverschleiß besonders groß. Große Systeme mit einem Übermaß an Kursdifferenzierung sind außergewöhnlich störanfällig; ständig fallen dort Stunden aus und brechen dort Kontinuitäten zusammen, entstehen dort Entwurzelungen und Leerläufe; Spagat-, Wander- und Vertretungslehrer sowie reine Fachlehrer können nirgendwo umfassend und ausdauernd aufbauend pädagogisch arbeiten, weil sie pro Woche manchmal bis zu 200 Schüler zu unterrichten haben, die sie oftmals nicht einmal vom Namen her kennen, geschweige denn im Sinne von Wahrnehmen, Verstehen und angemessenem Handeln gegenüber ihrer Biographie, ihrer Persönlichkeit und ihrem Milieu.

Großsysteme zwingen zu ständigen Klassen-, Fach-, Stufen-, Koordinations-, Leistungsgruppen-, Gesamt- und Schulkonferenzen, die ermüden und gemeinsam mit den anderen Folgen von Übergröße und Störanfälligkeit auf Lehrer- und Schülerseite zu Verdruß, Motivationsschwund und Krankheit führen; vor allem geht aber die viele Koordinationszeit letztlich zu Lasten der für die Schüler notwendigen pädagogischen Zuwendungsdosis.

Lehrer stehen meist als Einzelkämpfer vor ihren Klassen, sie sind dort oft einsam, ohne Supervision und ohne meßbare Erfolge ihres Einsatzes. Horst Brück spricht von der „Angst des Lehrers vor seinem Schüler", die ihn dazu verleitet, zu laut zu sprechen und die Macht der roten Tinte, der Note und der Selektion aus Selbstschutzgründen zu mißbrauchen.

Der Lehrerberuf zeitigt vielfach nach Jahren eine mißliche persönlichkeitsverändernde Rückwirkung, so daß altgediente Lehrer schließlich auch auf Urlaubsreisen sofort als solche erkennbar sind, beispielsweise weil sie ständig zu laut sprechen.

Wer aber lange einsam vor Schülermassen wirkt, ist schließlich nicht mehr teamfähig; er vermag dann nicht mehr gut zu kooperieren und empfindet derartige Zumutungen als Infragestellen seiner aus Gründen einer Kräftehaushaltsbilanz minimalisierten Methoden. Reformen kosten Kraft und Zeit, bergen neue erschöpfende Risiken in sich und zwingen zu andersartigen neuen vorbereitenden Aufwand, so daß Arbeitszeiten auf den ersten Blick verlängert erscheinen. Hilflose Lehrer mit einem geringen Beliebtheitsgrad bei ihren Schülern klammern sich stark an Eingespieltes und an die Privilegien ihrer institutionellen Macht, weil sie Angst haben.

Aber man kann sie eines Besseren belehren:

— Schulleiter berichten hin und wieder, daß sie eine Französischlehrerin, die eigentlich nur Französisch unterrichten und keineswegs eine Klasse führen wollte, gezwungen haben, dennoch eine Klasse zu übernehmen und in ihr auch noch vier Fächer zu unterrichten. Nach anfänglichem Jammern kommt bei einem derart umfassenden Zusammenwerfen von Lehrerin und Klasse dabei aber stets heraus, daß sie sich auf Dauer nicht mehr den traurigen Augen eines Schülers und seinen häuslichen Problemen zu entziehen vermag, daß sie sich plötzlich dabei ertappt, daß sie mit ihm in einer Eisdiele spricht, einen Besuch bei seinen Eltern macht und sogar eine Klassenfahrt vorbereitet, denn mit dem umfangreichen Aufeinandergeworfensein wachsen Sympathie, Freundschaftsgefühle und Engagementbereitschaft.

— Lehrer, die 20 Jahre lang nebeneinanderher an einer Schule als „Einzelkämpfer" gewirkt haben, kann man kaum noch zur Kooperation, zu einem Team von zwei Klassenlehrern für zwei Klassen und schon gar nicht zu einem solchen für eine Klasse und auch nicht zum Co-Teaching in einer Stunde zusammenschließen. Wenn sie aber bereits als Studenten vom ersten Semester an Unterrichtsstunden zu zweit vorbereiten und geben, fällt ihnen Teamfähigkeit nicht nur weiterhin leicht, sie bauen sie auch locker zur höchsten Effektivität aus, vorausgesetzt, sie finden sich selbst zu einem Team zusammen. Wird das Team von oben herab zwangsweise zusammenverordnet, funktioniert es meist nicht, und das gilt auch für Lehrer.

Teamfähigkeit sollte bereits bei Schülern durch Offenen Unterricht, Projektunterricht sowie Partner- und Gruppenarbeit angelegt werden, und sie muß dann im Lehrerstudium und im Referendariat gepflegt und weiterentwickelt werden, damit sie im Lehreralltag gelingt. Sie ist eine wichtige Schlüsselqualifikation unserer Gesellschaft im nächsten Jahrtausend, und zwar nicht nur für die Schule und die Arbeitswelt, sondern auch für Freundschaften, Ehen, Familien, Verbände und Parteien. Die Unfähigkeit zur Teamarbeit ist es nämlich, die zur Zeit so viele Menschen in das „Cocooning"-Phänomen des Single-Daseins abdriften läßt. Die zunehmende Singularisierung in unserer Gesellschaft korrespondiert direkt mit dem Mangel an Kooperations- und Konfliktfähigkeit. Aber wie sollen Lehrer, die selbst nicht teamfähig sind, Schüler an die Schlüsselqualifikation Teamfähigkeit heranführen?

Bei der Teamfähigkeit von Lehrerkollegien kommt es allerdings auf die Dosierung an; zu viele Absprache-, Koordinations- und Konferenzzwänge schaffen Verdruß, zu wenige jedoch zu viel an Reibungsverlust, Störanfälligkeit, Fraktionierung und Wertedissenz im Pädagogenkollektiv.

Schulleitungen dürfen nur so selten Konferenzen ansetzen, wie sie gerade noch als Kooperationszugewinn akzeptiert werden und wie sie nicht zu Lasten der Zuwendungsbereitschaft zu Schülern gehen. Der optimale zeitliche Umfang pro Woche liegt bei einer halben Stunde.

Die optimale Lehrerteamgröße liegt bei zwei. Ein ganz allein wirkender Klassenlehrer ist nicht so effektiv, wie es zwei Klassenlehrer sind, jedenfalls wenn es um alle Schüler einer Klasse und nicht nur um einge oder eine Mehrheit geht. Zwei Klassenlehrer vermögen auch sämtliche Minderheiten einer Klasse zu erreichen; sie minimalisieren das Risiko des Ausgeliefertseins gegenüber einer Wellenlängenunstimmigkeit zwischen Lehrer und einzelnem Schüler. Lehrerteams, die mehr als zwei Personen umfassen (Team-Kleingruppenmodell nach dem Vorbild der Kölner Gesamtschule Holweide), sind meist pädagogisch erfolgreicher als nur ein Klassenlehrer, aber weniger erfolgreich als das Modell mit zwei Klassenlehrern. Ein einsamer Klassenlehrer bedeutet Unterdosierung, und ab drei Klassenlehrern beginnt schon die Überdosierung.

Viele Eltern trauen den staatlichen Schulen nicht mehr so recht, weil sie dort ein Zuviel an ideologischer Fraktionierung und ein Zuwenig an Wertekonsens vermuten, so daß sie ihre Kinder lieber auf Privatschulen schicken. Dabei ist ihnen die Art des Wertekonsenses nicht ganz so wichtig wie der Umstand, daß die Lehrer überhaupt an einem Strang ziehen, was ja an Hochbegabtenschulen, Konfessionsschulen, Waldorfschulen, Freien Schulen und in Landerziehungsheimen und Internaten sowie an Internationalen Schulen, Deutsch-Französischen Schulen, Fußball-, Schwimm-, Tennis- und Skigymnasien durchweg gegeben ist. Eltern nervt es, wenn an einer Schule einerseits Rauchverbot herrscht, aber andererseits der eine Lehrer rauchende Schüler straft, der andere wegguckt und der dritte mitraucht, oder wenn einige Lehrer politisch links indoktrinieren, andere aber zugleich rechtskonservative Positionen vertreten. Schon etwa 10 Prozent der deutschen Schüler werden mittlerweile zu Privatschulen geschickt.

Wahrscheinlich werden Lehrerkollegien künftig enger zusammenrücken, wenn die Sparzwänge und die damit verbundenen Nöte an den Schulen zunehmen, aber auch wenn ein Mehr an Schulautonomie ermöglicht, daß Schulen ihr pädagogisches Personal selbst einstellen; eine graduelle Entfraktionierung und ein besseres Komponieren von verschiedenen Lehrerpersönlichkeiten, von Jung und Alt, von Männern und Frauen, von Lehrern und anderen sie ergänzenden Pädagogen werden damit begünstigt.

Eine zeitgemäße Schule muß aber auch ein lebendiges demokratisches Gefüge sein; sie muß Eltern, Schüler und Nachbarschaft gleichwertig in ihr Schulleben einbeziehen, damit Verantwortung und Selbständigkeit bei allen Beteiligten wächst. In Schulkonferenzen ist daher eine Drittelparität von Lehrern, Eltern und Schülern nach Hamburger Vorbild nötig, wobei der Vorsitzende sowohl ein Lehrer, als auch ein Elternteil oder ein Schüler, aber auch ein Schulleiter sein kann, je nachdem wer dazu gewählt wird. Die Dominanz der Lehrer bei Entscheidungen inhaltlicher oder personeller Art und gegenüber Schülerschicksalen (Zeugnis- und Versetzungskonferenzen, Schulstrafen) tut weder den Lehrern, die durch ihr Machtprimat träge oder ungerecht werden können, gut, noch den Eltern und Schülern, die als Opfer von Entscheidungsprozessen unmündig, unselbständig, unverantwortlich und ebenfalls träge bleiben. Schleswig-Holstein sieht es zwar selbst als Fortschritt an, daß ab jetzt in den Schulkonferenzen nur noch 50 Prozent Lehrer und je 25 Prozent Eltern und Schüler sitzen, die Lehrerdominanz bleibt aber mit den weiterhin bestehenden mißlichen Folgen der Ungleichgewichtigkeit von Macht, Verantwortung und Autonomie leider gewahrt. Wenn Lehrer immer noch 50 Prozent ihrer Macht behalten, taugen sie auch immer noch nicht glaubhaft als Lernberater, als Agenten des Zusammenlebens von und mit Schülern und Eltern sowie als Freunde bzw. Coaches der Entwicklungsprozesse von Kindern und Jugendlichen.

24. Schulleitung, Schulaufsicht und Schulmanagement

Schulleiter kommen in ihr Amt nur selten, weil sie für Schüler gute Lehrer waren, sondern vor allem weil sie in einer Partei oder in einem Lehrerverband verdienstvolle Funktionäre waren. Sie verfolgen oft gesellschaftspolitische Ziele oder stehen für bestimmte ideologische Richtungen, manchmal sind sie auch nur besonders ehrgeizig oder anpassungsfähig. Sie sollen Mittler zwischen Schulbehörde und Lehrerkollegium sowie zwischen Elternschaft, Nachbarschaft und Schule sein und den Lehrer- und Schulkonferenzen sowie den Klassen- und Zeugniskonferenzen vorsitzen. Vielfach sind sie nur wenig am Schicksal des einzelnen Schülers interessiert, fühlen sich aber dem übergeordneten Ruf der Schule sehr verpflichtet. Dort, wo sie von Lehrer- und Schulkonferenzen nach Einkreisung von Kandidaten durch einen Findungsausschuß gewählt und nicht von oben her eingesetzt werden, sind sie häufig recht schwache Kompromißlösungen, die deshalb bevorzugt werden, weil sie ihre Schule weniger zu führen beabsichtigen, als vielmehr um ständigen Ausgleich bemüht sind bzw. wegen ihrer Schwäche dem einzelnen Lehrer ein Höchstmaß an Gestaltungsfreiraum belassen.

Eingesetzte Schulleiter sind meist stärkere Persönlichkeiten, die ihrer Schule ein deutliches Profil zu geben vermögen, besonders wenn sie das auf Lebenszeit tun dürfen, während gewählte Schulleiter sich immer wieder als graue Mäuse entpuppen, vor allem wenn sie nur, wie in Hamburg und Bremen eine Zeitlang üblich und mit dem Entwurf des neuen Hamburger Schulgesetzes erneut vorgesehen, für zwei oder zehn Jahre bestellt werden. Die Quotenregelungen mancher Bundesländer haben dazu beigetragen, daß mittlerweile viele Schulleiter weiblich sind, aber es gibt auch noch oft in Grundschulen die Situation, daß der einzige Mann im Kollegium der Schulleiter ist.

In Hamburg war der Schulleiter früher primus inter pares, so wie es heute noch an den Waldorfschulen die Regel ist. Das Kollegialprinzip hat viele Vorteile, weil es jeden einzelnen Lehrer in eine stärkere Verantwortung nimmt, andererseits wird mit ihm eine Fraktionierung im Kollegium begünstigt, so daß die Lehrer auch werteerzieherisch nicht an einem Strang ziehen und Konferenzbeschlüsse nur eine begrenzte Gültigkeit haben. Auf Lebenszeit eingesetzte oder gewählte Schulleiter geben ihrer Schule zumeist eine stärkere Prägung, eine geschlossene pädagogische Führung und damit ein deutlicheres Profil; manchmal sind sie so stark, daß man im Wirken eines jeden einzelnen Lehrers die vom Leiter entwickelte Konzeption wiedererkennt. Schulen können auf diese Weise attraktiv, kompensatorisch wirksam für bestimmte Schülerkarrieren und auch pädagogisch effektiv werden, wie wir es aus der Landerziehungsheimbewegung mit Größen wie Hermann Lietz, Paul Geheeb, Gustav Wyneken oder Kurt Hahn wissen.

Für schwache Lehrer ist der Schulleiter gelegentlich die rettende erzieherische Instanz, wenn sie mit einem Schüler oder mit seinen Eltern nicht klarkommen; sie hoffen dann auf seine Strafkompetenz, auf seinen Mut, Um- oder Abschulungen einzuleiten, auf seine Fähigkeit, aufgebrachte Eltern zu beruhigen, oder auf seine solidarische Rückendeckung, obwohl sie mit seinem Einschalten als Instanz zugleich ihre eigene Hilflosigkeit oder Unfähigkeit dokumentieren, multiplizieren und auf Dauer vergrößern.

Schulräte waren früher zumeist besonders gute und parteiungebundene Lehrer, die sich auch in ihrer Gestaltungs- und Aufsichtsrolle noch als Lehrer verstanden. Sie waren sich nicht zu schade dafür, ein funktionierendes Schulleben als Summe von stimmigen Kleinigkeiten zu verstehen, so daß sie sorgfältig Klassenbücher studierten, neugierig in die Schränke des Klassenraums und in Schulhefte guckten und schwänzende Schüler fragten, warum sie am Vormittag auf dem Wochenmarkt anzutreffen waren.

Heute gelangen sie nur noch sehr selten aufgrund ihrer schulpädagogischen Qualifikation in die Behörden und Kultusministerien, sondern zumeist aus ideologischen oder quotenregelungsgetreuen Gründen im Sog von Seilschaften. Besonders schlimm treiben es Bayern (CSU und Philologenverband) und Hamburg (SPD und GEW) mit der Beförderung von obrigkeitsloyalen, angepaßten, pflegeleichten und ideologisch zuverlässigen Führungskräften, die nicht einmal den ihnen zugestandenen Gestaltungs-, Handlungs- und Entscheidungsfreiraum ausschöpfen, geschweige denn innovativ zu wirken bereit sind, sondern eher mutlos bürokratisch, also vollständig austauschbar, Schüler, Lehrer und Schulleiter sowie Elternwünsche zu verwalten gedenken; und dabei trifft diese Entpädagogisierungstendenz der Behördenapparate nicht einmal so deutlich auf die in sie gelangenden schwachen Quotenfrauen zu, sondern vornehmlich auf die Männer.

Die Fachgruppe Schulverwaltung des Bayerischen Lehrer- und Lehrerinnenverbandes hat ein Thesenpapier mit der Überschrift „Leitbild des Schulrats" erstellt, mit dem für die Zukunft der Schule ein neues Schulaufsichtsprofil gefordert wird:

– Schulräte sollen weniger am Schreibtisch sitzen und mehr in den Schulen mit Lehrern und Schülern sprechen.

– Schulen sollen mehr gefördert und beraten als beaufsichtigt werden. Der Schulrat muß vom Image des Beurteilers wegkommen und statt dessen verstärkt Schulen gestalten und profilieren, wozu auch das sensible Komponieren von Lehrerkollegien gehört, aber auch die Unterstützung von Nachbarschaftskonzepten und des Ausbaus einer pädagogisch günstigen Atmosphäre für Schüler und Lehrer.

– Die Selbstverantwortung der einzelnen Schule und des Lehrers muß gestärkt werden; Schulen müssen also graduell autonomer und profilierter werden, und ihnen muß eine eigene Haushaltsführung („Budgetierung") zugetraut werden.

– Verwaltungsprozesse müssen vereinfacht werden; so ist das Denken in Haushaltsjahren nicht mehr zeitgemäß, weil es durchaus sinnvoll sein kann, nicht ausgegebene Mittel für das nächste Jahr anzusparen.

– Für Lehrer, Schulleiter und Schulräte muß es Konzepte zur Nachwuchsförderung geben.

– Dienstliche Beurteilungen sollten weniger etwas festschreiben, als vielmehr Fortentwicklungsperspektiven aufzeigen.

Bei immer knapper werdenden Haushaltsmitteln müssen Wege

gefunden werden, sorgsamer und effektiver mit Geldern umzugehen. In Schulleitungen, Schulbehörden und Kultusministerien sitzen aber durchweg ehemalige Lehrer, die von modernem Management so gut wie gar nichts verstehen, weil sie zumeist von der Schule in die Schule gegangen sind und nirgendwo Erfahrungen in der Wirtschaftswelt sammeln konnten.

In Nordrhein-Westfalen wird in der Nachfolge der von einer Unternehmensberatungsgruppe erstellten „Kienbaum-Studie", die die Effektivität von Schulen für das Kultusministerium überprüft hat, diskutiert, ob es nicht zeitgemäßer wäre, mehrere benachbarte Schulen zu einem Verbund zusammenzuschließen, der von einem Bildungs- oder Schulmanager, der auch den Schulamtsdirektor und Schulrat überflüssig macht, geleitet wird. Neben ihm soll dann noch ein Pädagogischer Leiter, also eine Art Oberlehrer, bestehen, der mehrere der bisherigen Schulleiterstellen entbehrlich macht.

Manager können wahrscheinlich besser mit Geld, mit Etats oder dem Konzept „eigene Budgetierung", aber auch mit so etwas wie Sponsoring, Raumvermietung, Nachhilfe, weiterbildende Kursangebote der Schulen für die Öffentlichkeit und Patenschaften mit benachbarten Betrieben umgehen; sie finden auch geschickter Wege zur finanziellen Beteiligung von Eltern, wenn es um Reinigung der Gebäude, um Renovierung, um die Anschaffung von Computern, Laptops, Software, Büchern, Heften oder sonstigen Lehr- und Lernmitteln geht. Sie passen vielleicht besser als die bisherigen Rektoren zur modernen „autonomen" Schule, die als „Firma" mit „Bandenwerbung", „Sponsoring", „eigener Budgetierung" und eigenverantwortlicher Einstellung von Lehrern, Lehrbeauftragten, Erziehern, Sozialpädagogen und Schulassistenten („Personalhoheit" der Schule) sowie mit „Profilbildung" und als „Nachbarschafts-", „Stadtteil-" oder „Regionalschule" ihren Ruf beim Kampf um Anmeldezahlen und um eine gute Position im „Ranking" von „Schulhitlisten", wie sie zunehmend von Zeitungen und Zeitschriften erstellt werden, aufzubessern versucht.

Die künftige autonome Schule wird mehr ihrem Profil als ihrer Schulformbezeichnung verpflichtet sein, sie wird in einem Wettkampf im Sinne von Angebot und Nachfrage bestehen müssen und insofern dem Prinzip der freien Marktwirtschaft Rechnung tragen müssen, so wie wir es schon aus den USA und aus Großbritannien kennen. Gymnasien beispielsweise werden sich mit dieser Entwicklung mehr auseinanderentwickeln als bisher Hauptschulen, Real-schulen und Gymnasien voneinander verschieden waren, so daß es späterhin bedeutsamer sein wird, auf der Offenen Ganztags-, Nachbarschafts- und Integrierten Haupt- und Realschule Hegholt in Hamburg-Bramfeld, auf der Gelehrtenschule des Jahanneums mit Latein und Griechisch in Hamburg-Winterhude, auf der Helene-Lange-Schule mit ihren Z-Klassen (erweiterter Englischunterricht) oder im Landerziehungsheim Stiftung Louisenlund sein zu dürfen als auf einem Gymnasium an sich.

Schulmanagement bedeutet aber auch, daß die Schulen ein Stück weit von der Zuständigkeit des jeweiligen Bundeslandes weg-rücken und statt dessen mehr den Kommunen als Schulträgern zugeordnet werden, die vom Land die Finanzmittel zur autonomen Verfügung zugewiesen bekommen, so daß die Schule mit ihrer Kommune über Art und Zahl der beschäftigen Pädagogen sowie über die Ausstattung verhandeln müßte. Die Kienbaum-Gruppe schlägt vor, daß Schulmanager so etwas wie eine dritte Lehrerprüfung nach einem ergänzenden Betriebswirtschaftsstudium und Praktika in Großbetrieben ablegen sollten, die unter anderem ihre ökonomischen Kompetenzen feststellt, und daß sie erst nach einer zweijährigen Probezeit fest angestellt werden sollten.

Mit solchen einen Teil der Schulleiter-, Schulamtsdirektoren- und Schulratsstellen entbehrlich machenden Schulmanagern könnten allein in Nordrhein-Westfalen etwa 450 hochdotierte Stellen eingespart werden, während gleichzeitig die Finanz- und Bildungseffektivität der neu geschaffenen Schulverbünde gestrafft und gesteigert werden würde.

Noch sehen unsere Schulleiter und Schulräte die Welt zu eingeschränkt, zu wenig vernetzt, sie müssen also als künftige Schulbegleiter dadurch kompetenter werden, daß sie auf einen Zugewinn an Überblick über die komplizierter gewordene Gesellschaft hin umfassender ausgebildet werden, so wie es für künftige Pädagogik-Professoren dringend erforderlich ist, daß sie wieder alle Aspekte von Erziehungswissenschaft vernetzt zu verstehen vermögen.

25. Schwinden oder Wandel der Schule?

Im Moment ist es „in", weil es sich gut an Journalisten verkaufen läßt, allüberall vom Verlust, vom Schwinden und vom Ende zu sprechen: Schwinden der Kindheit, Schwinden der Sinne, Ende der Erziehung, Verlust an Spielkompetenz, Werteschwund, Schwinden der Volkskirchen, Familienzerfall, Schwinden von Väterlichkeit und Geschwisterlichkeit usw. Und auch vom Schwinden der Schule wird gesprochen, wie es Lewis J. Perelman mit seinem Buch „School's out" tut.

Dabei ist vieles gar kein Schwinden, sondern ein Wandel; Formen des Zusammenlebens wandeln sich von der Familie weg zu anderen Gemeinschaftsformen, und der Werteverlust ist wohl nur ein Wertewandel. Wenn wir bei den Kindern, weil sie nicht mehr hundert verschiedene Spiele, wie um die Jahrhundertwende noch, draußen spielen können, sondern nur noch fünf, vom „Ende der Spielzeit" sprechen, dann liegt es wahrscheinlich nur an der bewertenden Perspektive durch uns Erwachsene; wir wollen eben das stundenlange Computerspielen und das Inline-Skaten nicht unbedingt als Spielen verstehen, obwohl beides für Kinder durchaus Spielen ist.

Es ist unwahrscheinlich, daß die Schule schwinden wird; sie wird sich deutlich verändern, sie wird autonomer werden, die Fachlernziele werden hinter den Aufbau von Schlüsselqualifikationen zurücktreten, viele Fächer werden ihre Eigenständigkeit verlieren und in Lernbereiche einmünden, die 45-Minuten-Takte werden zugunsten von flexiblen Spiel-, Bewegungs-, offenen Unterrichts- und Projektphasen geopfert werden, der Lehrer wird vom Stundengeber zum Lernberater werden, und ein Teil des bisherigen Unterrichts wird effektiver durch „Tele-Lernen" und „Homelearning" ersetzt werden können, aber die Schule wird dabei nicht verschwinden.

Neue Funktionen wie leibliche Versorgung, Integration, Kompensation, Familienersatz, Begünstigen von vernetzendem Denken, Spiel- und Medienpädagogik und CD-ROM- und Online-Lernen werden andere in den Hintergrund drängen; Diagnose, Erziehung, Prävention und Therapie werden gewichtiger werden, und Schüler werden lernen, wie man selbständig lernt, erkundet und handelt, sie werden aber zugleich weniger Objekte von Wissensvermittlung mit der Methode des „Nürnberger Trichters" sein.

Die Bedeutung von separaten Fächern wie Griechisch, Latein und Chemie sowie von Frontalunterricht und lehrerzentriertem Lehrgangsunterricht wird abnehmen und durch Informatik, naturwissenschaftliches Denken, moderne Fremdsprachen, Stuhlkreis, Sitzbälle, Partnerarbeit und freie Wochenplanarbeit abgelöst werden.

Im Moment wird noch schlaglichtartig mit politischen Öffentlichkeitsstrategien an den Schulen herumgewurschtelt, aber um die Jahrtausendwende wird eine „Lösung aus einem Guß" für die neue, die gewandelte Schule notwendig werden. Alles, was jetzt irgendwo kostengünstig, weil nicht flächendeckend, erprobt wird, wird dann hoffentlich in eine andere geschlossene Konzeption von Schule einmünden, weil nur dann unsere Gesellschaft und unser „Wirtschaftsstandort Deutschland" auch im nächsten Jahrtausend sich wehren, behaupten und durchsetzen können.

„Mut zur Erziehung" ist noch eine Leerformel; aber die Not der einzelnen Schule vor Ort, die rasante Veränderung von Kindern und ihre Orientierungslosigkeit, ihre Wertearmut, ihre Konfliktunfähigkeit, ihre Verwahrlosung, die Gewaltspirale, die steigenden Kranken- und Sozialhilfekosten und die Herausforderungen durch eine nur dann konkurrenzfähige Multimediagesellschaft werden am Ende zur Einsicht führen, daß Selbständigkeit, Mündigkeit, Kreativität, Innovation und Bildung nicht ohne Erziehung zu haben sind.

Von den jetzigen Erwachsenen sind 82 Prozent gern und nur 17 Prozent ungern zur Schule gegangen; 46 Prozent geben an, daß Mathematik eines ihrer Lieblingsfächer war, aber nur 1 Prozent nennen Latein, 38 Prozent erklären Deutsch dazu, jedoch nur 2 Prozent Religion.

Aber die Rhythmen, mit denen sich Gesellschaft und Kinder verändern, werden immer kürzer, je weiter man mit den Altersstufen nach unten geht. Während Haupttrends sich bei Erwachsenen etwa alle sieben Jahre wandeln, verändern sie sich bei Kindern und Jugendlichen ungefähr alle drei Jahre.

Fragt man Schüler nach ihren Lieblingsfächern, so nennen sie auch heute noch gelegentlich Mathe oder Deutsch, immer häufiger antworten sie aber Wochenplanarbeit, Computerlernen, Extraturnen, Freier Gesprächskreis oder Schreibwerkstatt.

Und begutachtet man die Pionierdiskussionen von Schulpädagogen, dann geht es ständig weniger um so etwas wie die Didaktik des Geographieunterrichts, aber immer häufiger um Prävention, Kompensation, Förderbedarf, Förderung, Integration, Wahrnehmungs-, Konzentrations- und Ausdauerstörungen, falsche und richtige Ernährung, um die „Bewegte Schule", um Psychomotorik, Sinnesentwicklung, das „Lob des Fehlers", um den Erwerb von Schlüsselqualifikationen, um Computerkompetenzen, Vernetzung und Profilbildung.

Schule wird nicht schwinden, sie wird sich vielmehr demnächst grundsätzlich wandeln und in dem Maße anders werden, wie Familienzerfall und die Lebenswelten der Medien sowie die Trends und die Sogwirkungen der familienergänzenden oder -ersetzenden Gleichaltrigkeitsszenerie bedeutsamer werden, denn bezogen auf die vier Hauptlebenswelten, in denen Kinder und Jugendliche heute aufwachsen, nämlich Familie, Schule, Bildschirmwelt und Gleichaltrigkeit, ist die Schule die einzige, die noch sämtliche jungen Menschen intentional, also bewußt erzieherisch, umfassend zu erreichen vermag.

Schule wird dann allerdings anders als bisher zu definieren sein; ihre klassischen Funktionen Qualifizierung, Selektion und Reproduktion werden weiterbestehen, aber durch viele neue Funktionen ergänzt werden müssen: Innovation, Leistungsfähigkeit, Selbständigkeit, Kompensation, Integration, Familienersatz, leibliche Versorgung, Diagnose und Therapie, Medienpädagogik, Ausleben der kindlichen Bewegungs-, Spiel- und Spracherwerbsstufen, Gegensteuern gegen die Trends der Jugendkultnischen, Prävention und schließlich eine zugleich Reformen begünstigende Sparfunktion, die zu Autonomie, eigener Budgetierung, Sponsoring, Profilbildung und Schulmanagement zwingt.

26. Das Schwinden der Kindheit, Wertepluralismus, neue Hirnvernetzungen und die These vom Ende der Erziehung

Die Zahl der Schulschwänzer in Deutschland nimmt dramatisch zu. Sie entziehen sich – vor allem an Sonder-, Haupt- und Berufsschulen – zunehmend den Übererwartungen, den täglichen kleinen Verliererlebnissen und den sowieso schlechten Perspektiven ihrer

111

schulischen Karriere, weil die ihnen von außen zugemuteten Reize nicht ihren Grundbedürfnissen entsprechen. Sie sind partielle oder ganze Schulaussteiger, die sich lieber zurückziehen, als sich mühselig zwischen Forderungen, Niederlagen und Motivationen orientieren zu müssen.

Der Wertepluralismus unserer Gesellschaft bietet für alles zu rechtfertigende Alternativen, also auch für Rückzug, Flucht und Ausstieg, für Aggressionen, Rauschbedürfnisse, Leistungsverweigerung und alternative Bewährungsfelder außerhalb der Mitte der Gesellschaft. Auch als Randständiger, als Mitglied einer Jugendkultnische, als Außenseiter oder „Autonomer" läßt sich ein Biotop mit Geborgenheit, Anerkennung und Rangordnungsaufstieg finden, und auch als Kind muß man nicht leben, wenn Kindsein so schrecklich ist.

Neil Postman spricht vom Schwinden der Kindheit; er meint damit aber nicht die kindlichen Grundbedürfnisse, sondern die Lebensformen des Kindes. Kinder empfinden wie Kinder, leben aber oft zu früh wie Jugendliche, Erwachsene oder Greise, mit einem Mangel an Sinneserfahrungen, an Bewegung, an Spiel, an Körperkontakt, an Bezugspersonen und an Sprachanlässen. Stundenlang vor der Glotze zu sitzen entspricht ihrem Körper und ihrer Seele keineswegs, aber es ist ihnen lieber, als gar nichts zu tun, weil sie niemand als Kinder behandelt.

Und mit den vielen Fernseh-, Video-, Computer-, Spielekonsole- und Gameboy-Erfahrungen stellen sich bei ihnen völlig andere Hirnvernetzungen ein, die sie für Erwachsene zu fremden Wesen geraten lassen. Was Erwachsene für wichtig halten, halten Computerkids oft nicht mehr für wichtig, und umgekehrt ist ihnen vielfach sehr wichtig, was Erwachsene kaum beachten.

In Wirklichkeit handelt es sich also nicht unbedingt um ein Schwinden, sondern um einen Wandel von Kindheit. Zwar schwindet Kindheit vielfältig in bezug auf liebevolle Väterlichkeit, Geschwisterlichkeit, Zuhörenkönnen, Bewegungs- und Nahsinneserfahrungen sowie Sprachentwicklung, aber in bezug auf Spielen hat sie sich gewandelt; Kinder spielen eben heute nicht mehr Marmeln und Kippel-Kappel, sondern Inline-Skaten und Sega- oder Nintendo-Spiele, Kinder leben oft nicht mehr in ihrer Familie, sondern in ihrer Clique, sie lesen kein Buch, aber Comics, sie werden nicht mehr erzogen, erziehen sich aber selbst, und dabei kommt dann etwas anderes heraus, als sich Eltern, Lehrer und Politiker erhoffen.

Das Ende der Erziehung ist vor allem erzieherische Hilflosigkeit als Preis an widersprüchliche Normenvorgaben unserer gewollt pluralistischen Gesellschaft. Man kann mit jeweils gleichberechtigten Argumentationen für oder gegen ein Fernsehgerät im Kinderzimmer sein, für oder gegen den seltenen Klaps auf den Po, für mehr Schlüsselqualifikationen oder mehr altsprachliche Bildung, für mehr Ökonomie oder mehr Ökologie, für oder gegen die Todesstrafe, für oder gegen das Kruzifix in Klassenzimmern, für mehr Sozialkompetenz oder für mehr abiturbezogene Stringenz sowie für mehr politische Mündigkeit des Staatsbürgers oder für mehr Taktik auf dem Weg von Karriere, Sozialprestige und Lebensstandard.

Das Ende der Erziehung ist insofern erreicht, als wir erkannt haben, daß wir in Schule und Gesellschaft nicht mehr – wie in einem geschlossenen System noch sinnvoll und möglich – Werte verordnen können, sondern daß wir den wesentlich schwierigeren Weg gehen müssen, Kinder und Jugendliche in die Lage zu versetzen, selbständig und konfliktfähig zu werden, und vor allem selbst Werteentscheidungen treffen zu können. Am Ende heißt das dann, daß die klassische Art, wie Eltern und Lehrer Kinder erzogen haben, in der Tat am Ende ist und künftig auch am Ende bleiben muß, weil sie nicht mehr zu unserem Grundgesetz paßt.

Eltern dürfen heute nicht mehr nur erziehen wollen; sie sollen aber die Beziehung zu ihrem Kind gestalten, sie müssen auch deutlich und konsequent sein, es fordern, indem sie seine Kräfte herausfordern, es mit dem Kind über Krisen hinweg aushalten; sie sollen ihnen auch Werte anbieten, jedoch zugleich dem Kind helfen, aus sich selbst heraus Werte zu finden. Kinder müssen sich mit Menschen und Werten auseinandersetzen, sich an sie anlehnen, zwischen ihnen entscheiden, sie müssen im Umgang mit den vielen auf sie einströmenden Reizen und Erwartungen sowie Niederlagen eine eigene Methode des Sich-Wehrens, Sich-Behauptens und Sich-Durchsetzens finden; sie müssen sich also vor allem selbst orientieren, selbst erziehen und selbst in Konflikten, Krisen und bei Problemen entscheiden.

Eltern sollten ihnen dabei helfen, und zwar mit mittleren Dosierungen von Anforderungen und Entlastungen, mit mittleren Dosierungen von Grenzsetzungen und Muße, von Arbeit, Lesen, Spiel,

Musischem, Freunden, Aktionen außerhalb des Hauses und innerhalb der Wohnstubenatmosphäre, mit Begründungen und mit Zuhören, mit Gesprächen und gelegentlichem Rückzug, mit mittleren Dosen von Liebe, Zeit, Ansprache, Körperkontakt und einer stimmigen Ernährung. Dann ist Erziehung gar nicht einmal so schwierig. Hunde kann man im Sinne von Dressur erziehen, Kinder brauchen aber mehr Beziehung als Erziehung, und was sie dennoch an Erziehung benötigen, muß vor allem Selbsterziehung sein.

Und das gilt auch für die künftige Schule. Schüler müssen selbst lernen, weil der Lehrer nicht für sie lernen kann; die Schule muß sich von einer Belehrungsanstalt zu einer Lernwerkstatt wandeln und der Lehrer vom Stundengeber zum freundschaftlichen Lernberater, zum „Coach" seiner Schüler.

Aus der Verhaltens- und Hirnforschung wissen wir, daß Haustiere im Vergleich zu ihren wildlebenden Artgenossen ein stark geschrumpftes Hirn haben. Der Mangel an Herausforderungen ist dafür verantwortlich. Auch Schüler werden oft wie Haustiere gehalten, mit einem Mangel an Eigenständigkeit und mit zu viel Dressur. Wenn Schüler kreativer, selbstbestimmter, handlungsorientierter, also mehr schüler- und weniger lehrerzentriert unterrichtet werden, entwickelt sich ihr Hirn besser, vorausgesetzt, wir wollen das; und wir müssen das wollen, wenn wir nicht weiterhin Intelligenz- und Leistungskapazitäten verschwenden wollen. Unsere bisherige Schule paßt zum ausklingenden Industriezeitalter, in dem der Mensch anpassungsfähig, zur Unterordnung fähig und wenig kritisch sein mußte. In der künftige Info-, Erkundungs-, Handlungs-, Team- und Kreativitätsgesellschaft, in der es mehr denn je um die Fähigkeit zum vernetzenden Denken geht, können wir uns besser entwickelte Kinderhirne leisten, weil wir nicht, wie totalitäre Systeme befürchten müssen, daß sie mit ihrer sozialen und politischen Mündigkeit, ihrer Kritikfähigkeit und ihrer Handlungskompetenz zuerst unser System wegfegen. Mittelamerikanische Regime sind an der Unmündigkeit und am Ungebildetsein ihrer Bürger durchaus interessiert, deshalb wird dort in der allzu kurzen Schulpflichtzeit allenfalls Lesen, Schreiben, Rechnen und Religion gelehrt, aber der künftige Wirtschaftsstandort Deutschland benötigt dringend ganz andere Menschen voller Schlüsselqualifikationen und damit eine ganz andere Schule, die Lernen in Erziehung einbettet und Erziehung als Beziehung versteht, die Lehrer hat, die Kompensation, Entlastung, leibliche Versorgung, Integration, Bewegungs- und Spielerfahrungen, Sprachentwicklung und vernetzendes Denken organisieren können, die dem Kind aufzeigen, wie man selbst lernt, wie man eigenständig handelt, mit anderen zusammenarbeitet, wie aus Fehlern Fortschritte werden und wie man mit Konflikten fertig wird.

Die Lehrer müssen dann vor allem erkennen können, woran es hapert, warum ein Schüler Motivations-, Wahrnehmungs-, Kontakt- oder Konzentrationsprobleme hat, warum jedes vierte Vorschulkind sprachgestört ist, was die Droge Ecstasy im Hirn anrichtet, wie sich die Scheidung der Eltern auswirken kann und ob ein Kind rotgrünblind ist, warum es sich hyperaktiv gebärdet, wie es falsch ernährt ist und wie man es schafft, daß es besser zuhören kann. Diagnostische und therapeutische Kompetenzen, das freundschaftliche Zusammenleben in einer lernenbegünstigerenden Atmosphäre und die Gestaltung von Lern-, Bewegungs-, Spiel-, Vertiefungs- und Mußephasen werden viel wichtiger werden als Methodenlehren, die der Absicht dienen, den Dreisatz, die Hauptstädte Afrikas oder die Gliederung der Säugetiere in den Kopf der Kinder zu bringen.

Denn sowohl der methodengute als auch der methodenschwache Stundengeber werden in Zukunft relativiert, weil die Software des CD-ROM- und Online-Lernens wohl nur von guten Lehrern erstellt werden wird. Der Lehrer muß dann nicht mehr unbedingt didaktisch so qualifiziert sein wie bisher, er muß statt dessen aber vor allem animatorisch, gruppenpädagogisch, lernpädagogisch, sozialpädagogisch, kompensatorisch, integrativ, spielpädagogisch, psychomotorisch-therapeutisch, als Rollenspieler und Freund, als Mensch der Elternarbeit, als Ernährungskundler und als Mediziner gut sein. Der künftige Lehrer muß eine Menge von Kleinigkeiten beherrschen; er muß raten können, was in die Schultüte darf, er muß wissen, wann man besser auf Sitzbällen an verstellbaren Tischplatten oder auf Stühlen hockt, wie man am Montag erkennt, ob ein Schüler am Wochenende Drogen zu sich genommen hat, wo man die beste Software für die Lerncomputer bekommt, wie man mit Fehlern in der Rechtschreibung optimal umgeht und wie man Eltern erziehungstüchtiger macht.

27. Schulsystementwicklung vor dem Hintergrund von Kulturhoheit und europäischer Integration

Die deutschen Schulen stehen bei weniger werdenden Kindern und höchst unterschiedlichen Elternerwartungen im Wettbewerb um Anmeldezahlen untereinander in einer Stadt bzw. in einer Region. Bezogen auf die im Grundgesetz garantierte Kulturhoheit der Bundesländer haben die Kultusminister darüber hinaus die Möglichkeit, eigene Schwerpunkte zu setzen, sich in einer Fülle eigener Entwicklungstendenzen zu tummeln, also auszunutzen, daß sie sich mehr als in anderen politischen Feldern im Bildungssektor von der Bundesregierung unkontrollierbar austoben können. Andererseits zwingt die europäische Integration zu Anpassungs- und Angliederungsbewegungen, so wenn es um die Frage Abitur nach Klasse 12 oder nach Klasse 13 oder um Regelungen für fremdsprachliche Angebote geht. Jede Entwicklungstendenz im Schulwesen wird immer zugleich dadurch abgewertet, daß sich andere Länder nicht dafür entscheiden, selbst wenn es sich im Einzelfall objektiv gesehen um einen Fortschritt handelt. Andererseits werden mit den vielen unterschiedlichen, durch die Kulturhoheit bedingten Schulsystemlösungen flächendeckende Fehler vermieden; Systemschwächen wirken sich also meist nur regional aus.

Wenn Erziehung und Bildung, wenn Schulen und Hochschulen einer zeitgemäßen Anpassung bedürfen, läßt sich das am besten auf Bundesebene und im Rahmen der Europäischen Union erreichen. Nur mit der Bündelung von Kräften und Mitteln läßt sich die erforderliche hohe öffentliche Aufmerksamkeit für Reformen erzielen; die kleinstaatlerische Kulturhoheit ist also nicht mehr zeitgemäß, wenn es um die grundlegenden Reformen von Schule geht.

Eine Kultusministerkonferenz als oberste Koordinationsinstanz ohne Kompetenzen außerhalb der Möglichkeit, daß sich die Länder ihren Beschlüssen freiwillig unterordnen, muß also einem zentralen Bundesbildungsministerium, das auch für die Schulen der 16 Bundesländer verantwortlich ist, an Schlagkraft unterlegen sein.

16 deutsche Bundesländer haben im Moment 16 verschiedene Schulsysteme. Einen Konsens darüber, wie die Schule im nächsten Jahrtausend sein muß, gibt es nicht. Nur ganz unten, in der Grundschule, und ganz oben, in der Oberstufe der Gymnasien, sind einige wenige Konvergenzen auszumachen, die

- das Angebot der Ersten Fremdsprache ab Klasse 3,
- die graduelle Einführung der Vollen Halbtagsgrundschule,
- die Kindertagesheimplatzgarantie
- und die Einigung auf vier bis zum Abitur anzubietende Pflichtfächer (Deutsch, Mathematik, eine Fremdsprache und Geschichte (Politik)) betreffen.

Ansonsten ist die Schullandschaft mehr als bunt, und ganz be-
sonders vielfältig ist sie in der Sekundarstufe I:
- Einige Bundesländer bieten als Klasse 0 die Vorschule an.
- Einige wie Berlin und Brandenburg haben eine sechsjährige
  Grundschule, die anderen bevorzugen eine vierjährige.
- Hamburg hat die obligatorische Verläßliche Halbtagsgrund-
  schule von 8 bis 13 Uhr mit einer Anlaufzeit von 8 bis 8.30 Uhr
  und einer Ausklangzeit von 12.30 bis 13 Uhr beschlossen.
- Niedersachsen führt die Klassen 5 und 6 als schulformunabhängige Orientierungsstufe, Hessen als Förderstufe, Hamburg
  hat eine Beobachtungsstufe am Gymnasium und eine an der
  Haupt- und Realschule, und in Schleswig-Holstein gibt es
  „unechte" Orientierungsstufen, also schulformgebundene.
- Einige Bundesländer wie Mecklenburg-Vorpommern und
  Bayern haben Hauptschulen, Realschulen und Gymnasien,
  aber so gut wie keine Gesamtschule; andere bieten keine Hauptschulen mehr an: in Brandenburg gibt es Realschulen, Gesamtschulen und Gymnasium, aber keine Hauptschulen; Sachsen
  bietet neben dem Gymnasien nur eine „Differenzierte Mittelschule" an, Thüringen neben dem Gymnasium eine „Regelschule", Sachsen-Anhalt neben dem Gymnasium eine „Sekundarschule"; im Saarland heißt die Integrierte Haupt- und Realschule „Erweiterte Realschule", in Rheinland-Pfalz nennt man
  sie aber „Regionale Schule". Hamburg hat vor allem Gymnasien und Gesamtschulen, daneben gibt es aber auch Haupt-
  und Realschulen sowie Integrierte Haupt- und Realschulen.
- In Berlin und Nordrhein-Westfalen geht die Hauptschule bis
  zur Klasse 10, in den anderen Bundesländern nur bis zur Klasse
  9, oder es wird wahlweise ein freiwilliges 10. Hauptschuljahr
  wie in Rheinland-Pfalz angeboten.
- In einigen Bundesländern beginnt die Realschule mit Klasse 5
  (z.B. Bayern), in anderen erst mit Klasse 7 (z.B. Brandenburg
  und Hamburg).

— Mittlerweile gibt es sechs-, sieben-, acht- und neunstufige Gymnasien, je nachdem ob sie mit Klasse 5 oder 7 beginnen und mit Klasse 12 oder 13 enden. Sechsstufige Gymnasien hat Sachsen-Anhalt (Klassen 7 bis 12), siebenstufige hat Brandenburg (Klassen 7 bis 13), achtstufige hat Sachsen (Klassen 5 bis 12) und neunstufige gibt es mehrheitlich, also beispielsweise in Bayern und Baden-Württemberg (Klassen 5 bis 13).

— Nordrhein-Westfalen erwägt die Einführung von Stufenschulen bzw. Stufenzentren, die aus der alten horizontalen Dreigliedrigkeit (Hauptschule, Realschule, Gymnasium) eine vertikale Dreigliedrigkeit machen (Primarschule, Sekundarschule, Oberstufenzentrum); in dem Zusammenhang wird auch überlegt, aus den Schulformen der bisherigen Sekundarstufe I eine „Differenzierte Realschule" zu machen.

— Höchst umstritten ist die Forderung, sich bundeseinheitlich für ein Abitur nach Klasse 12, wie es Sachsen mit aller Gewalt erreichen will, zu entscheiden. Die CDU tendiert für ein Abitur nach Klasse 12, das im Moment in den vier neuen Bundesländern Mecklenburg-Vorpommern, Sachsen-Anhalt, Thüringen und Sachsen vergeben wird, SPD und CSU wollen aber an der bisherigen Lösung mit dem Abitur nach Klasse 13 festhalten, obwohl die Schul- und Hochschulzeiten in Deutschland im Vergleich mit anderen europäischen und nordamerikanischen Ländern eindeutig zu lang sind und deshalb künftig kaum noch bezahlbar erscheinen. Mit dem unvermeidlichen CD-ROM- und Online-Lernen bzw. dem Tele- oder Computerlernen lernen Schüler in kürzerer Zeit wesentlich mehr, so daß man damit ohne Verlust nicht nur das 13. Schuljahr einsparen könnte, sondern bei gleichzeitiger Verlängerung des allgemeinbildenden Fundamentums von Klasse 11 bis zur Klasse 12 noch eine erhebliche Steigerung der Lernresultate erzielen könnte.

— Es gibt Bundesländer ohne Vorschulen, aber mit fakultativen Schulkindergärten, die dann auch obligatorisch von den nicht für schulreif gehaltenen Sechsjährigen besucht werden. Einige Bundesländer führen die Vorschule als Klasse 0 ein, andere wie Schleswig-Holstein und Hamburg schaffen sie ab und ersetzen sie durch das Prinzip der „Einschulung ohne Auslese" für alle Sechsjährigen.

— In fast allen Bundesländern gibt es in den Klassen 1 und 2 obli-

118

gatorische Berichtszeugnisse, in anderen können die Eltern entscheiden, ob sie bis Klasse 3 oder 4 Berichtszeugnisse haben wollen (Hamburg). Im Hamburger Schulgesetzentwurf ist verankert, die Notenzeugnisse künftig bis zur Klasse 6 durch „Lernentwicklungsberichte" zu ersetzen und eventuell auch die Halbjahreszeugnisse abzuschaffen. An den Hamburger Gesamtschulen kann die Schulkonferenz beschließen, daß bis zur Klasse 8 Berichtszeugnisse gegeben werden. Und in Dänemark sind die Schulen schon seit mehr als zwei Jahrzehnten bis zum Ende der Klasse 7 notenfrei.

— Im Sinne von Angebot und Nachfrage profilieren sich zur Zeit immer mehr deutsche Schulen, insbesondere aber die Gymnasien, als Nachbarschafts-, Stadtteil- oder Regionalschulen, als autonome Schulen mit eigener Personalhoheit (Hessen) und eigener Budgetierung (Hamburg, Schleswig-Holstein), als Schulen „mit besonderer pädagogischer Prägung", mit „Z-Klassen" (erweiterter Englischunterricht) wie in Hamburg, mit „D-Zug-Klassen" zum Abitur nach Klasse 12 (Hessen, Rheinland-Pfalz, Baden-Württemberg), als Sport-, Schwimm-, Ski-, Fußball- oder Tennis-Gymnasien, als altsprachliche, musische, mathematisch-naturwissenschaftliche oder neusprachliche Gymnasien, als Technische oder Wirtschaftsgymnasien, als Aufbau- oder Abendgymnasien, als Deutsch-Französische oder Internationale Schulen, als Offene Ganztagsschulen (fakultativ) oder Ganztagsschulen (obligatorisch), als Schulen mit nachmittäglicher Hausaufgabenhilfe und Außerunterrichtlichen Neigungskursen, als Schulen mit einer „Profil-Oberstufe" oder als solche mit fremdsprachlichen Schwerpunktsetzungen wie in Französisch, Unterrichtsangeboten in Dänisch, Niederdeutsch, Chinesisch, Türkisch, Italienisch, Spanisch oder Russisch, ganz zu schweigen von regionalen Angeboten für sorbische (Sachsen), friesische oder dänische (Schleswig-Holstein) Volksgruppen; und natürlich gibt es auch ein breites Angebot an Fachoberschulen, die zum Fachabitur, also zur Fachhochschulreife nach Klasse 12, führen.

— Darüber hinaus gibt es teure Schwerpunktsetzungen wie Horte an der Schule, Schulfrühstücksangebote, Pädagogische Mittagstische, psychomotorisches Extraturnen, Additive, Kooperative und Integrierte Gesamtschulen, Förderzentren (Integrierte Sonder- und Hauptschulen), Integrationsklassen (für Behinderte und Nichtbehinderte), Integrative Regelklassen (für Nichtbehinderte und erst nachträglich erkannte Schüler mit besonders hohem Förderbedarf), Sonderschulen, Schulen mit Offenem Unterricht und mit der Projektmethode, Produktionsschulen, Schulen mit Doppelqualifizierung (Abitur und Facharbeiterbrief, beispielsweise die Hibernia-Schule in Nordrhein-Westfalen und die Odenwaldschule in Hessen), Schulen mit Schlafplätzen, mit verstärktem Informatikunterricht (CD-ROM- und Online-Lernen, 170 sind das schon) und solche mit Hockey, bedeutendem Chor oder Orchester und eine Fülle von Ersatzschulen wie Waldorfschulen, Freie Schulen, Hochbegabtenschulen und Landerziehungsheime, die mit Privatschulgesetzen der jeweiligen Länder genehmigt oder anerkannt sind.

Im Grunde wird alles angeboten, was Eltern begehren; entweder müssen sie es deshalb mitfinanzieren, oder die Mehrkosten, die reformierte Modelle im staatlichen Schulwesen verursachen, werden im Zentrum des allgemeinbildenden Schulwesens eingespart. Schulreformen lassen sich der Öffentlichkeit politisch gut verkaufen; sie zeigen, daß man etwas für Kinder, Jugendliche und deren Familien zu tun bereit ist. Aber nur allzu wenige Interessenten können auch einen dieser begehrten guten Plätze ergattern, entweder weil in ihrer Nachbarschaft bzw. Region so etwas nicht angeboten wird oder weil die höhere Attraktivität zu Numerus-clausus-Barrieren führt. Von außen kommt nur selten eine Mark hinzu, wenn die Kultusminister ein gutes pädagogisches Modell auf den Markt bringen; seine flächendeckende Einrichtung ist zu teuer; daß es aber überhaupt irgendwo funktioniert, beruhigt Gewissen und Gemüter und beweist vermeintlich Kompetenz. Schulreformen finden also am Rande des Schulwesens statt; was sie kosten, wird dem Üblichen abgezogen, so daß für einige Kinder etwas verbessert wird, indem zugleich für die Masse der Schüler alles schlechter wird. Schulreformen durch Umverteilung nennt man das. Unter der Umschichtung der Mittel müssen zur Zeit besonders die Gymnasiasten leiden. Nur mit der Zugriffsmöglichkeit des Bundes, also des Bundesbildungsministeriums, und der Europäischen Union könnte für alle Kinder und Jugendlichen einiges besser werden, wie man an dem Bundestagsbeschluß zur Kindergarten- und Kindertagesheimplatzgarantie, der zunächst heftigen Protest einiger Länder ausgelöst hatte, gesehen hat.

Aber mit ihrer Kulturhoheit vermögen die Länder diese Verbesserung dennoch zu unterlaufen. Sie müssen zwar wesentlich mehr Kindergartenplätze einrichten, sie finanzieren sie aber auch mit, indem sie zugleich wie in Hamburg Vorschulplätze mit dem Prinzip der „Einschulung ohne Auslese" einsparen und denjenigen Kindern einen Kindertagesheimplatz verwehren, die eine Ganztagsschule oder eine „Volle Halbtagsschule" besuchen bzw. die irgendwo in einer Institution im Umfang von vier Stunden täglich bereits „versorgt" werden.

28. Vorschulische Erziehung

Kindergärtnerinnen bleiben heutzutage nur noch durchschnittlich fünf Jahre in ihrem Beruf, weil sie dann von dem Phänomen der veränderten Kinder restlos geschafft sind. Sie entfliehen ihrem Beruf, denn die jüngsten Kinder sind oft derart gering, schlecht oder inkonsequent erzogen, so voller Wahrnehmungsstörungen, Sinnesschwächen und Aggressionen, daß die „Spirale der Gewalt" sich in den vorschulischen Einrichtungen bereits noch höher geschraubt hat als in den Schulen. Sieht man sich Vorschulkinder an, sagen einige, dann muß man wirklich vermuten, daß „die Welt bald aus den Fugen gerät".

Bevor Kinder eingeschult werden, ist oft schon derart viel erzieherisch falsch gelaufen, daß Schule kaum noch effektiven Unterricht hinbekommt. Da andere Kinder aber immer noch recht gut erzogen in die Schule kommen, vergrößert sich die Verhaltens- und Leistungsbandbreite in den ersten Klassen zunehmend.

Um dieser Heterogenität ein wenig entgegenzuwirken, hat man in den 70er Jahren das Konzept der Vorschule entwickelt. Sie sollte als Klasse 0 für Fünfjährige kompensatorische Erziehung leisten und gleichzeitig die für noch unreif erklärten und durch Schulärzte und Schulleiter nach Schulreifetests von der Einschulung zurückgestellten Sechsjährigen aufnehmen. Ihr leitendes Ziel ist, mehr Startgerechtigkeit vor Beginn der Klasse 1 herzustellen, damit nicht vor allem Erziehungsdefizite die späteren Schullaufbahnentscheidungen bedingen.

Dort, wo Vorschulklassen an Grundschulen eingerichtet wurden, wurden die herkömmlichen Schulkindergärten überflüssig; da Vorschulplätze aber Geld kosten, hat man sie nicht flächendeckend angeboten, sondern vor allem nur in Problemregionen bzw. Problemstadtteilen, in denen zuhauf „soziokulturell" benachteiligte Kinder wohnen.

Fakultative Vorschulen sind ein großer schulpädagogischer Fortschritt; sie haben sich bewährt, und nirgends sind sie, solange sie nicht verpflichtend für alle Kinder eingerichtet wurden, kritisiert worden, wenn man davon absieht, daß sie die öffentlichen Haushalte belasten. Die „Zwangsbeglückung" vieler noch erziehungsstarker Familien mit einer obligatorischen Einrichtung für alle Kinder wurde vermieden, denn obligatorische Vorschulen, Volle Halbtagsgrundschulen und Ganztagsschulen beeinträchtigen das im Artikel 6 des Grundgesetzes zugesicherte Erziehungsrecht der Eltern.

Andererseits wurden stets zu wenige Vorschulen angeboten; nie konnten sämtliche Kinder in ihnen einen Platz finden, deren Eltern das begehrten. Sie waren immer „Numerus-clausus"-Einrichtungen, und mittlerweile werden sie in manchen Regionen wie in Hamburg schrittweise wieder demontiert, um das mit ihrer Abschaffung eingesparte Geld der Umsetzung der bundesgesetzlich gewollten Kindergarten- und Kindertagesheimplatzgarantie zukommen zu lassen. Dabei wird die vorschulische Erziehung durch den Staat in dem Maße bedeutsamer, wie Eltern es nicht mehr schaffen oder wollen, ihre Kinder in bezug auf Bewegung, Sinnesentwicklung, Spiel, Entlastung, leibliche Versorgung (Gesundheit, Ernährung, Emotionalität, Liebe), Sozialkontakte, Sprachanlässe, Bezugspersonen, Körperkontakt, Nähe, Väterlichkeit, Geschwisterlichkeit, Grenzerfahrungen, Konfliktfähigkeit, Werteerziehung und angemessenen Herausforderung der Kräfte ihren Grundbedürfnissen entsprechend zu versorgen. Wenn die herkömmliche Arbeitsteilung zwischen Familie und Schule nicht mehr funktioniert, muß die Vorschule als Ausgleich fördernde Gelenkstelle dazwischengeschaltet werden; über sie kann Erziehung nachgereicht werden, kann Chancengleichheit zwar nicht hergestellt werden, aber ein Stück weit begünstigt werden, bevor der Run auf sozialprestigeträchtige und lerneffektive Schullaufbahnen, Abschlußberechtigungen und berufliche Karrieren beginnt.

Die Vorschule hat es durchweg geschafft, Nachgereichtes mit Spiel zu verbinden, Sprachentwicklungsanbindung herzustellen, Sozialkompetenz anzulegen und ein Mindestmaß an Vorausset zungen für die schulischen Rationalisierungsprozesse um die kognitiven Lernzielkataloge herum aufzubauen.

An der Bereitschaft der Gesellschaft, ausreichend Vorschulplätze für diejenigen Kinder zur Verfügung zu stellen, die diese kompensatorische Erziehung wegen ihrer biographischen oder milieubedingten Benachteiligungen oder ihrer Kulturkollisionsdilemmata dringend benötigen, läßt sich direkt der Grad des öffentlichen Bewußtseins ablesen, mit dem verstanden worden ist, daß Kinder die wichtigsten Investitionsfaktoren für die Zukunftssicherung einer Gesellschaft sind.

29. Schulreife und Einschulung

Immer weniger Kinder sind nach Auffassung der Kinderärzte mit sechs Jahren schulreif. Ihre Sinnesschwächen, ihr restringierter Sprachcode infolge von viel zu vielen Bildschirmerfahrungen, ihr Bewegungs- und Spielmangel, die geringe Zahl von Bezugspersonen in ihrem Umfeld, die zu selten Herausforderungen, Sprachbindungsanlässe, Geborgenheit und leibliche Versorgung bieten, ihre Unfähigkeit, zuhören zu können, weil sie lernen, sich ausschließlich visuell im Fernsehbild zu orientieren, ihre Teilleistungsschwächen, Ausfälle und neurologischen Störungen sowie ihre psychosomatischen Erkrankungen erfordern erst einmal kompensatorische Erziehung, bevor Unterricht möglich wird.

Viele Eltern erkennen das und stellen deshalb einen Antrag auf Zurückstellung von der Einschulung mit sechs Jahren. Sie wollen ihrem Nachwuchs einen längeren Schonraum zugestehen, bevor er in die schulischen Konkurrenzkämpfe, in Überforderungen, in die unkindgemäße sitzende Lebensweise auf ungesundem Gestühl und im Rahmen von unnatürlichen 45-Minuten-Unterrichtstakten sowie in die täglichen kleinen Versagenserlebnisse einsteigt.

Von der Möglichkeit dieser „Nachreife", dieser um ein Jahr verlängerten vorschulischen Kindheit, in der ihnen die mißliche Konfrontation mit „Schmuddelkindern" noch erspart bleibt, machen immer mehr Eltern Gebrauch. Ergänzt durch diejenigen Schüler, die von Amts wegen, also durch Schulärzte und Schulleiter nach Schulreifetests zurückgestellt werden, wird im Moment fast jeder zehnte deutsche Sechsjährige von der Einschulung verschont; das sind doppelt so viele wie vor 15 Jahren. Es gibt in Schleswig-Holstein bereits 16,7 Prozent zurückgestellte „ABC-Schützen", in Berlin 11,2 Prozent, in Hessen 11,1 Prozent, in Niedersachsen 10,5 Prozent, in Hamburg 10,2 Prozent, in Baden-Württemberg 9,5 Prozent, in Bremen 9,4 Prozent, in Sachsen 8,5 Prozent, in Nordrhein-Westfalen 8,3 Prozent, in Sachsen-Anhalt und Thüringen je etwa 8 Prozent, in Rheinland-Pfalz 7,2 Prozent, im Saarland 6 Prozent, in Mecklenburg-Vorpommern 5 Prozent und in Bayern 4,3 Prozent; für Brandenburg liegen keine Zahlen vor. Einerseits liegt also ein Nord-Süd-Gefälle vor, andererseits ein Gefälle zwischen den alten und neuen Bundesländern, wenn es um Entlastung bzw. Nachreife geht; aber in Süd- und Ostdeutschland ist man auch noch leistungsorientierter, und man zeigt dort weniger Einfühlungsbereitschaft gegenüber kindlichen Bedürfnissen und gegenüber dem Eigenwert der kindlichen Entwicklungsstufen.

Die Zurückstellung der Sechsjährigen, die in Schulkindergärten oder Vorschulen aufgefangen werden, kostet Geld, so daß die Kultusminister – insbesondere in Nordrhein-Westfalen, Niedersachsen, Schleswig-Holstein und Hamburg – auf der Suche nach flexibleren und kostengünstigeren Lösungen sind. Der Hamburger Schulsenatorin Rosemarie Raab ist deshalb das Prinzip der „Einschulung ohne Auslese" für alle Sechsjährigen eingefallen. Sie will mit ihrem neuen Schulgesetz die Schulreifetests abschaffen und erreichen, daß künftig sämtliche Sechsjährigen eingeschult werden. Das setzt allerdings eine andere Grundschule voraus, in der mehr Bewegung und Spiel vorkommt, in der Lehrer insbesondere kompensatorisch arbeiten und in der innere Differenzierung durch offene Unterrichtsformen (Partner- und Gruppenarbeit, freie Wochenplanarbeit, Schule als Lernwerkstatt und mit Computerlernen) möglich wird.

Die Heterogenität der ersten Klassen wird mit der Einschulung ohne Auslese größer, so daß Klassen kleiner werden müssen, Lehrer sich vom lehrerzentrierten Unterricht weg zu Lernberatern wandeln müssen, Sitzordnungen anders gestaltet sein müssen (Gruppentische, Stuhlkreise, Einzelarbeitsplatzplätze, Computerarbeitsplätze, Sitzbälle), Klassenräume sehr materialreich ausgestattet sein sollten (Arbeitsmappen, Karteikartensysteme, Druckerei, Lexika, Kuschel-, Entlastungs- und Spielecken) und Erzieher und Sonderpädagogen mit dem Klassenlehrer zusammen im Unterricht sein müssen, wie man es aus Integrativen Regelklassen, Integrationsklassen, aus Schulen mit Offenem Unterricht und aus den Freien Schulen, die mit der Freinet-Methode vorgehen, kennt.

Da in Hamburg zwar alle Sechsjährigen zugleich eingeschult werden sollen, Eltern aber dennoch die Möglichkeit behalten, ihr Kind um ein Jahr von der Einschulung zurückzustellen, wird die Leistungsbandbreite der künftigen ersten Klassen noch mehr als ohnehin schon gegeben vergrößert, denn es werden wohl vor allem Eltern der „besseren Kreise" sein, die ihr eigentlich schon schulreifes Kind mit einem weiteren „Schonraumjahr" schützen wollen, so daß diese leistungsstärkeren Kinder erst mit sieben Jahren auf eine Reihe von eigentlich noch nicht schulreifen sechsjährigen Kindern treffen, deren Eltern nicht in der Lage sind oder nicht auf die Idee kommen, mit einem Zurückstellungsantrag bei der Schulleitung vorzusprechen, damit ihr Mädchen oder ihr Junge noch ein Jahr länger klein sein darf. Die Folge wird sein, daß in den ersten Klassen Kinder sitzen, deren Reifeunterschiede drei bis vier Jahre ausmachen, obwohl sie nur zwei Jahrgängen angehören.

Mit der Einschulung ohne Auslese wird das Problem des immer späteren Berufseintritts junger Menschen entschärft, man spart Kindergarten-, Schulkindergarten-, Vorschul- und Kindertagesheimplätze ein, muß aber einige zusätzliche Lehrerstellen schaffen und die Grundschule pädagogisch so verändern, daß am Ende wieder gar nichts eingespart wird. Eine Milchmädchenrechnung ist es also, wenn angenommen wird, mit der Einschulung ohne Auslese ließe sich die Kindergartenplatzgarantie kostengünstiger umsetzen und die Gemeinden, Städte und Kreise als Träger der Einrichtungen wären von einem Teil des Kostendrucks befreit. Entweder verlagert sich mit der Einschulung aller Sechsjährigen der Kostendruck in Richtung Grundschule, oder sie wird so schlecht, daß späterhin vervielfachte Folgekosten auf die öffentlichen Haushalte insgesamt zukommen, und zwar in bezug auf Gewalt- und Suchtprävention, Krankenkosten, Sozialhilfe, Kriminalität und das Therapieren von Verhaltensstörungen ab Klasse 5.

Wenn Schule so bleibt, wie sie ist, werden mit der Einschulung ohne Auslese die Zeiten für Nesthäkchen rauher und die Folgekosten größer; ändert sie sich aber grundsätzlich zu einer kompensatorischen Erziehungsstätte und zu einer Lernwerkstatt, kann der Wegfall der Schulreifeprüfung zu pädagogischem Zugewinn führen,

vorausgesetzt, man ist bereit, wesentlich mehr an Sozialpädago-
gen-, Lehrer-, Erzieher- und Sonderpädagogenstunden, an Raum-,
Lehr- und Sachmittelausstattung sowie für Klassenfrequenzreduzie-
rungen in sie zu investieren.

30. Ein unumstrittenes Fundament
im raschen Wandel: Die Grundschule

Neben einigen Sonderschulen und den Berufsschulen sind
eigentlich nur die Grundschulen und die Gymnasien in ihrer grund-
sätzlichen Existenz nicht in Frage gestellt. Unklar ist nur, wann sie
beginnen und wann sie enden sollen und was sie wie inhaltlich zu
leisten haben.

In einigen Staaten beginnt die Grundschule mit fünf Jahren, in
anderen auch erst mit sieben Jahren, zumeist aber wie bei uns mit
sechs Jahren, obwohl zunehmend mehr Kinder mit sechs Jahren
noch nicht schulreif sind.

Die Grundschule ist eine Gesamtschule, die das Fundament für
die Bildungsgänge der auf sie aufbauenden weiterführenden
Schulen legen soll. Sie hat es mit immer größer werdenden Leistungsbandbreiten, mit immer mehr Kindern, deren Eltern erzieherisch fast alles falsch gemacht haben, und daher auch mit gewaltigen Verhaltensunterschieden zu tun.

Überdies sitzen in ihren Klassen sowohl ungeliebte und von
ihren Eltern als störend empfundene Kinder als auch solche, deren
Bildungskarriere und Freizeit von Mama und Papa längst verplant
sind. Die Grundschülereltern sind also überwiegend entweder
lustlos oder hilflos oder besserwisserisch.

Vor allem haben es Grundschullehrer jedoch mit immer mehr
Einzel- und Scheidungskindern, mit kranken, hyperaktiven, aggressiven, wahrnehmungsgestörten, unkonzentrierten, sinnesschwachen, ausdauerunfähigen, falsch ernährten und teilleistungsschwa-
chen Jungen und Mädchen zu tun, die ein hohes Maß an Kompensation, leiblicher Versorgung, Prävention, Therapie und Integration
benötigen, ganz zu schweigen von den behinderten Schülern, die in
Integrationsklassen und in Integrativen Regelklassen sitzen.

Mit neuen Einsichten, wie Kinder besser lernen („Lob des Fehlers", Reichen-Methode), mit den gewandelten Anforderungen der

Großbetriebe im Wirtschaftsstandort Deutschland am Ende des Industriezeitalters, mit zum Teil sehr gegensätzlichen Elternerwartungen in bezug auf die Funktionen von Schule und mit den aktuellen Sparzwängen der öffentlichen Haushalte, die mit gleichzeitigen Reformansätzen verknüpft werden, hat es die Grundschule sehr schwer, ein neues, zeitgemäßes Profil zu finden, denn

— ihre Lehrerschaft ist durchweg alt und weiblich und oft vom „Burn-out-Syndrom" gekennzeichnet,

— das Ansehen der Lehrer in der Öffentlichkeit ist denkbar schlecht,

— die Ausbildung der Lehrer ist hoffnungslos veraltet, so daß sie von den rasanten Veränderungen ihrer Schüler indirekt gezwungen werden, sich weitgehend autodidaktisch zu vervollkommnen,

— und ihre Lehrer werden völlig unverständlicherweise wesentlich schlechter bezahlt und müssen vier Wochenstunden mehr unterrichten als Gymnasiallehrer, obwohl sie über Bildung hinaus auch noch hohe erzieherische Leistungen zu vollbringen haben.

Die Kultusminister der 16 Bundesländer haben die Nöte der Grundschule teilweise erkannt, und es deutet sich ein hoher Konsensgrad an, mit dem sie die grundlegende Einheitsschule reformieren wollen. Konvergierende zeitgemäße Anpassungstendenzen sind mit folgenden Reformimpulsen zu erkennen:

— Die erste Fremdsprache soll in Klasse 3 beginnen, und zwar indem zunächst spielerisch mit ihr umgegangen wird; im allgemeinen wird es Englisch sein, im Saarland aber auch Französisch.

— Die Zurückstellung von der Einschulung mit sechs Jahren nach einem Schulreifetest soll durch das Prinzip „Einschulung ohne Auslese" für alle Sechsjährigen ersetzt werden.

— Der Offene Unterricht mit seinen Elementen Stuhlkreis, freie Wochenplanarbeit, Partner- und Gruppenarbeit, Projektmethode zum Aufbau von Erkundungs- und Handlungskompetenz sowie Team- und Konfliktfähigkeit und Kreativität, also von Schlüsselqualifikationen, wird ausgebaut.

— Mit Integrationsklassen und Integrativen Regelklassen werden zunehmend Behinderte in das Regelschulwesen integriert, aber auch Sonderschullehrer, Erzieher und Sozialpädagogen.

- Die Volle oder Verläßliche Halbtagsgrundschule von 8 bis 13 Uhr mit einer halbstündigen Anlaufzeit und einer halbstündigen Ausklangzeit versorgt diejenigen Schüler zuverlässig bis mittags, die ein stark beeinträchtigtes Familienleben als Scheidungskinder, Einzelkinder oder Kinder von zwei berufstätigen bzw. alleinerziehenden berufstätigen Eltern haben.
- Mit der Vollen Halbtagsgrundschule werden die 45-Minuten-Unterrichtstakte abgeschafft. Lernen wird in flexible Ernährungs-, Spiel- und Bewegungsphasen sowie in solche der psychomotorischen und musischen Erziehung eingebettet, gleichzeitig gibt es Stoffballastentlastungen, indem ein zusätzliches Volumen für mutter- und fremdsprachlichen Unterricht eingebaut wird.
- Die Grundschule verändert sich immer mehr von einer Belehrungsschule zu einer Lernwerkstatt, in die auch Kuschel-, Entlastungs- und Spielecken sowie Lerncomputer, Informationsmaterialsammlungen und Druckereien Eingang finden.
- Die Grundschule wird bald notenfrei sein. Ziffernzeugnisse werden zunehmend durch Lernentwicklungsberichte ersetzt. Schon jetzt gibt es Berichtszeugnisse fast überall bis zum Ende der Klasse 2 und manchmal schon, wenn die Eltern das per Abstimmung so wollen, bis zu den Klassen 3 und 4.
- Die bisherigen Fächer und ihre Lehrpläne werden langfristig vernetzt und in Lernbereiche und Lernbereichslehrpläne einmünden. In der Grundschule gibt es dann nur noch Deutsch, eine Fremdsprache, Mathematik einschließlich Informatik, Sachkunde und Musisches, wozu auch Sport und Technik gehören, nicht aber mehr länger Religion.

In Nordrhein-Westfalen ist eine vom Ministerpräsidenten eingesetzte Expertenkommission aus vielen Ländern zu dem Schluß gekommen, daß die Grundschule alle die neuen ihr zugemuteten Funktionen nur befriedigend umsetzen kann, wenn sie wie in Berlin und Brandenburg jetzt schon sechsjährig ist. Die vierjährige Grundschule muß ausgespielt haben, weil Schullaufbahnprognosen am Ende der Klasse 4 sich im nachhinein bei jedem dritten Schüler als falsch herausstellen, nach Klasse 6 jedoch nur noch bei jedem sechsten. Die sechsjährige Grundschule vermag mit dem Eintritt in die Vorpubertät ihrer Schüler wesentlich angemessenere Schullaufbahnempfehlungen zu geben als die vierjährige, in der meist nur eine einzige Klassenlehrerin darüber befindet.

Aber Hamburg mag beispielsweise als „gebranntes Kind" immer noch nicht über die Frage vier- oder sechsjährige Grundschule diskutieren, denn die SPD der Hansestadt hat Anfang der 50er Jahre wegen ihrer Absicht, die sechsjährige Grundschule festzuschreiben, schon einmal eine Bürgerschaftswahl verloren, so daß der Landesschulrat alle Eröterungsversuche dieser Thematik mit dem Vermerk „kein Diskussionsbedarf" abbügelt. Dabei ließe sich mit der sechsjährigen Grundschule, abgesehen davon, daß sie pädagogisch der vierjährigen überlegen ist, auch noch reichlich Geld sparen, denn die teureren und zugleich erzieherisch ungeschickteren Gymnasiallehrer bräuchte man dann nicht mehr länger ab Klasse 5, sondern erst ab Klasse 7 einzusetzen. Und dennoch hat man die Weichen zur sechsjährigen Grundschule mit dem neuen Schulgesetz schon gestellt: Vorgesehen sind für die Zukunft Lernentwicklungsberichte statt Notenzeugnisse bis zum Ende der Klasse 6, und die setzen zu ihrer Bewährung ja eigentlich die sechsjährige Grundschule voraus.

31. Die überflüssige Gelenkstelle der Klassenstufen 5 und 6

In Hamburg hat die SPD Anfang der 50er Jahre eine Bürgerschaftswahl wegen ihres Festhaltens an der sechsjährigen Grundschule verloren. Der Bürger-Block unter Führung der CDU hat dann die vierjährige Grundschule eingeführt, zunächst zur Wahl mit der sechsjährigen. In den 60er Jahren hat die SPD nach der vierjährigen Grundschule, die sich bei den Eltern durchsetzte, eine Beobachtungsstufe, die die Klassen 5 und 6 umfaßte, eingerichtet, und zwar eine am Gymnasium und eine an der Haupt- und Realschule. Beide sollten lehrplangleich sein und nur in Englisch und Mathematik nach einer halbjährigen Orientierungsphase des Lernens im Klassenverband eine Leistungskursdifferenzierung mit Auf- und Abstiegsmöglichkeiten anbieten. Es gab aber fast nur den Abstieg, und entgegen der ursprünglichen blauäugigen Hoffnung fanden sich die besseren Schüler zumeist sogleich in der Beobachtungsstufe des Gymnasiums ein und die schwächeren in derjenigen der Haupt- und Realschule. Die Lehrplangleichheit ließ sich überdies nicht einhalten, weil die Schüler in den Klassen 5 und 6 der Gymnasien wesentlich schnellere Fortschritte machten.

Die Einführung der Förderstufe in Hessen und neuerdings auch in Sachsen-Anhalt, der schulformunabhängigen Orientierungsstufe in Niedersachsen und der Beobachtungsstufe in Hamburg als zweijährigen, die Klassen 5 und 6 umfassenden Gelenkstellen zwischen Grundschule und weiterführenden Schulformen ging einher mit der Abschaffung der Aufnahme- bzw. Ausleseprüfungen nach der Grundschule zu den weiterführenden Realschulen und Gymnasien; sie wurden durch die Elemente Schullaufbahnempfehlung („Grundschulgutachten") und Elternrecht bei der Wahl der anschließenden Schullaufbahn ersetzt.

Am Ende der Förder-, Orientierungs- und Beobachtungsstufen können die Eltern dann allerdings nicht mehr mitentscheiden, die Schulen ordnen ganz allein die Schüler der Hauptschule, der Realschule oder dem Gymnasium zu, es sei denn, die Eltern erwirken im Rahmen eines Widerspruchsrechts eine halbjährige Probezeit in der von ihnen gewünschten Schulform.

Nur in einigen wenigen süddeutschen und neuerdings auch ostdeutschen Bundesländern haben die Eltern nach wie vor kein Recht, bei der Zuordnung zur Hauptschule, zur Realschule und zum Gymnasium nach der Grundschule mitzusprechen, denn in ihnen gibt es die zweijährige Gelenkstelle der Klassenstufen 5 und 6 nicht, und in ihnen (beispielsweise in Bayern, Baden-Württemberg und Sachsen) entscheidet ein bestimmter Notenschnitt, vornehmlich in den Fächern Deutsch und Mathematik, über die Aufnahme in die Realschule und in das Gymnasium.

Die schulformunabhängige Orientierungsstufen nach niedersächsischer Ausprägung haben sich übrigens in der Praxis durchweg als sehr mißliche auf zwei Jahre ausgedehnte, „mörderische Ausleseprüfungen" herausgestellt, die einer sechsjährigen Grundschule weit unterlegen sind. Und die schulformgebundenen Orientierungsstufen, wie sie Schleswig-Holstein beispielsweise hat, sind keine echten Orientierungsstufen, sondern zweijährige Vorlaufzeiten der Gymnasien, der Realschulen und der Hauptschulen, zu denen sie jeweils gehören.

Nach Klasse 4 lassen sich noch keine angemessenen, also einigermaßen stimmigen Schullaufbahnprognosen erstellen; sie werden meistens nur von einer Lehrkraft formuliert, der Grundschullehrerin durchweg, und erweisen sich im nachhinein bei jedem dritten Schüler als falsch, und zwar nach oben und unten; viele haupt- und realschulempfohlene Schüler kommen dennoch zum Abitur, und viele gymnasialempfohlene erreichen nur den Haupt- oder Realschulabschluß. Nach Klasse 6 sind sie jedoch nur noch bei jedem 6. Schüler auf Dauer gesehen falsch, wobei ein der Prognose entsprechendes Schülerverhalten im Sinne von Stigmatisierung bzw. „self-fulfilling-prophecy" nicht einmal berücksichtigt ist. Denn würden die Lehrer ihre schlechte Prognose für sich behalten, kämen noch viel mehr Schüler zum Abitur oder zum Realschulabschluß als bislang. Schüler neigen dazu, sich im Sinne der von ihren Lehrern ihnen und ihren Eltern gegenüber formulierten Erwartungen zu verhalten und daher letztlich ihnen mit ihren Leistungen zu entsprechen.

Förder-, Orientierungs- und Beobachtungsstufen müssen in einer zeitgemäßen Schule des nächsten Jahrtausends in eine sechsjährige Grundschule einmünden, wie es sie jetzt schon in Berlin und Brandenburg gibt, die nur noch Lernentwicklungsberichte, aber keine Noten mehr kennt und an die sich mit Klasse 7 beginnend ein Zwei-Wege-Modell anschließt, das den unterschiedlichen häuslichen Vorbedingungen und Fördermöglichkeiten der Schüler Rechnung trägt, nicht mehr zwischen höher- und minderwertigen, sondern nur noch zwischen andersartigen Bildungsgängen unterscheidet und mit dem Bewußtsein arbeitet, daß sich Schüler weniger aufgrund ihres IQ auf verschiedene Schulen hin sortieren, sondern aufgrund ihres höchst unterschiedlichen Lernverhaltens, daß zumeist erziehungsabhängig ist.

An die sechsjährige Grundschule sollten sich eine Schule, die unterrichtet und erzieht (Gymnasium), und eine, die erzieht und unterrichtet (Sekundar- oder Gesamtschule), anschließen. Beide führen zum Abitur, beide kann man aber auch nach Klasse 10 in Richtung Berufsausbildung verlassen; die erste vertraut auf die klassische Arbeitsteilung in bezug auf Erziehung und Bildung zwischen Familie und Schule, die zweite muß zunächst erziehen, damit Bildung überhaupt erst möglich wird, also familiäre Erziehungsleistungen deshalb mitübernehmen, weil die Eltern damit überfordert sind, sie ablehnen oder in ihnen hilflos bleiben.

32. Das Schwinden der Hauptschule

Aus der alten Volksschule ist die Hauptschule erwachsen. Mit unabhängigen Expertenkommissionen wie dem Deutschen Ausschuß für das Erziehungs- und Bildungswesen in den 50er Jahren und dem Deutschen Bildungsrat in den 60er Jahren und ihren Gutachten und Strukturplänen sollte die Volksschuloberstufe zur schülerstärksten Schule, zur Hauptschule, werden, und zwar über ein Gemisch aus wissenschaftsorientiertem Vorgehen und dem dem Prinzip des anschaulichen Lernens folgenden „Tuns der Hand", mit dem die alte These von der Existenz verschiedener Begabungstypen zu Recht ad acta gelegt wurde. Zuvor hatten einige Bundesländer wie Hamburg und Berlin die Volksschuloberstufe noch in „Praktische Oberschule" unbenannt und neben die „Technische Oberschule", in die die alte Mittelschule einmündete, und die „Wissenschaftliche Oberschuie", die Gymnasien, Realgymnasien und Oberrealschulen klammerte, gestellt, getreu den bis dahin vermuteten praktischen, technischen und wissenschaftlichen Begabungen unter Schülern; aber Heinrich Roth hat dann mit seiner Schrift „Der Wandel des Begabungsbegriffs" im Jahre 1961 der Einsicht zum endgültigen Durchbruch verholfen, daß sämtliche Schüler, also auch intelligente Gymnasiasten, über Anschauung und handelnden Umgang mit Materialien, Versuchen und Projekten besser lernen und daß sie alle mit stimmigen Methoden zum wissenschaftlichen Denken fähig sind.

Die Hauptschule sollte ihre Schüler ausbildungsfähig machen, und in der komplizierter gewordenen pluralistischen Welt mit ihrem enorm angewachsenen Wissen, das sich etwa alle zehn Jahre verdoppelt, wurde auch die 9. Hauptschulklasse für alle nötig, so daß die Kultusministerkonferenz auch von Ländern wie Rheinland-Pfalz, in denen die alte Volksschule noch mit der Klasse 8 aufhörte, verlangte, bundeseinheitlich eine neunjährige Vollzeitschulpflicht einzuführen.

Mit der Abschaffung der Auslese- bzw. Aufnahmeprüfungen und der Verankerung des Elternrechts bei der Schullaufbahnentscheidung in den Schul- und Schulverfassungsgesetzen begann aber zugleich auch das Sterben der Hauptschule. Sie wurde recht bald zu einer Minderheitenschule, wenn auch regional höchst unterschiedlich. Ihr Anteil an Schülern eines Jahrgangs schwand ständig, so daß er heute schon oft unter zehn Prozent liegt: Darmstadt hat nur noch 6 Prozent Hauptschüler, Göttingen 8 Prozent, Bremen, Hamburg und Berlin bewegen sich um die 10-Prozent-Marge herum; aber in Rheinland-Pfalz, in Baden-Württemberg, in Bayern und darüber hinaus in ländlichen Regionen anderer Bundesländer, in denen weit und breit keine Realschule oder Gesamtschule angeboten wird, besuchen oft noch mehr als 20 oder 30 Prozent aller Schüler die Hauptschule.

Oft hat man politisch versucht, die Hauptschule noch einmal zu stärken; man sprach vom eigenen Bildungsprofil oder -ansatz der Hauptschule, von ihrem Eigenwert, von ihrer Notwendigkeit als Fundamentum für viele Ausbildungsberufe, und man hat ihr stets das größte Reformpotential zugestanden: Projektmethode, fächerübergreifender und überfachlicher Unterricht, Arbeitslehre, Berufsorientierung, Betriebspraktika, Unterricht in Vorhaben, Versuche mit kombinierten 9./10. Hauptschulklassen, mit der 10. Hauptschulklasse fakultativ (Rheinland-Pfalz, Hamburg) oder obligatorisch (Nordrhein-Westfalen, Berlin), mit integrierten Berufs- und Hauptschulklassen (Hamburg), mit der Integrierten Haupt- und Realschule (Hamburg, Niedersachsen), mit der Regionalen Schule (Rheinland-Pfalz) und mit der Erweiterten Realschule (Saarland) oder mit von vornherein flächendeckend eingeführten kooperativen oder integrierten Systemen wie der Differenzierten Mittelschule (Sachsen), der Regelschule (Thüringen) und der Sekundarschule (Sachsen-Anhalt) sind aus der Not der geringen Schülerzahl der Hauptschule und aus der Konzentration der schwierigsten Schüler in ihr („Restschule" mit Schülern voller „Restbewußtsein", „Blaujackenschule", wie Erich Frister sie nannte) erwachsen; überhaupt kommen die meisten Schulreformen, die zeitgemäßesten Unterrichtsmodernisierungen (Werkstatt- und Laborunterricht, kreis- oder U-förmige Sitzordnungen, schülerzentriertes Vorgehen, Schullebenansätze, Klassen- und Schulzeitungen, Betriebserkundungen, Hausbesuche, Elternstammtische, Schulfeste, Klassenfeiern, Wandertage, Offener Unterricht) und die engagiertesten Lehrer schon immer vor allem aus der Hauptschule und strahlten dann erst danach auf die anderen Schulformen aus.

Aber letztlich haben sich sämtliche „Reanimationsversuche" gegenüber der Hauptschule als vergeblich herausgestellt, wie der niedersächsische Kultusminister Rolf Wernstedt diagnostiziert; sie stirbt, sie verschwindet aus der Schulformlandschaft, weil sie von den Schülern und ihren Eltern nicht mehr gewollt wird. Und auch die Ausbildungsbetriebe bevorzugen bei Einstellungen zunehmend Realschulabsolventen und Abiturienten, obwohl die allermeisten Berufsbilder der Handwerks- und Handelskammern lediglich den Hauptschulabschluß voraussetzen. Aus der Sicht der hauptschulempfohlenen Jungen und Mädchen und ihrer Eltern ist die Gesamtschule allerdings attraktiver, sie ist besser ausgestattet, bietet mehr Spezialisten für Prävention, Förderung und Therapie und hält darüber hinaus auch noch den Weg zum Realschulabschluß oder zum Abitur, die beide mehr Sozialprestige, Karriere und Lebensstandard verheißen, länger offen.

In den Hauptschulen großer Städte und von Ballungsgebieten, in denen zumeist auch Real- und Gesamtschulen leicht erreichbar sind, sammeln sich oft nur noch Aussiedler- und Ausländerkinder, Schüler aus angrenzenden Bundesländern, die in den Realschulen höhere Ansprüche walten lassen, und schwer gestörte deutsche Jungen, die in der Realschule an ihrem Mangel an Pflegegerechtigkeit gescheitert sind. Wegen ihres hohen Anteils an „Schmuddelkindern" meiden zunehmend mehr Eltern die Hauptschule als Sozialisationsort für ihre Kinder, denn die meisten der 70 000 Schüler, die 1994 nicht einmal den Hauptschulabschluß geschafft haben, waren Hauptschüler.

Ohne Hauptschule gibt aber auch die Realschule keinen Sinn mehr. Entweder ist ein Kind derart behindert oder gestört, daß es in den Sonderschulbereich gehört, oder es ist es nicht, dann kann es auch in der Gesamtschule mithalten. Da auch die Gesamtschulen überwiegend schwierige Schüler bekommen und keineswegs zu denjenigen Schulen für sämtliche Begabungen und Schichten geworden sind, die sich ihre Gründer nach 1968 erträumten, sondern eher in der Tradition der alten Volksschule stehen, also von ihrer Schülerschaft her so etwas wie Integrierte Haupt- und Realschulen geworden sind, werden sich wohl langfristig die bisherigen Haupt-, Real- und Gesamtschulen zu einer Schulform bündeln, die dann entweder Gesamtschule oder Sekundarschule heißen wird. Sie wird eine gut ausgestattete Schule sein, die erzieht und unterrichtet, über die man aber auch ohne Verlust eines Jahres zum Abitur kommen kann.

Selbst SPD-regierte Bundesländer halten aus zwei Gründen im Moment noch an der Existenz der Hauptschule fest; man will zwar eigentlich die Umwandlung aller Haupt- und Realschulen zu Gesamtschulen, aber ihre Umwandlung kostet etwa 30 Millionen Mark pro Schule, und das ist so teuer, daß man eine solche Umwidmung eigentlich nur einer weiteren Schule pro Jahr zugesteht. Hamburg hat deshalb die Gesamtschulinitiative als Gesamtschulgründungsmotor abgeschafft; bekamen solche Initiativen mindestens 78 Anmeldungen für drei fünfte Klassen zusammen, konnte sich die Schule künftig Gesamtschule nennen und erhielt alle damit verbundenen Ausstattungsvorzüge. Blieb die Anmeldezahl aber so weit darunter, daß nur eine Zweizügigkeit integrierter Klassen möglich wurde, dann konnte sich die Schule „Integrierte Haupt- und Realschule" nennen, wurde aber schlechter als eine Gesamtschule ausgestattet, jedoch besser als eine normale Haupt- und Realschule.

Die Hauptschule ist also nach Hamburger Schulbehördenvorstellungen im Widerspruch zu der eigentlich leitenden Gesamtschulideologie vorübergehend noch als „Billigschule" nötig, damit über die durch sie eingesparten Gelder die zuvor gegründeten Gesamtschulen finanziert werden können, die ja Numerus-clausus-Schulen sind, weil sie bei weitem nicht alle Schüler aufzunehmen vermögen, die von ihren Eltern auf sie gewünscht werden.

Darüber hinaus braucht die Hamburger Schulbehörde offensichtlich die Hauptschule auch noch als Rankenstab für die Förderschulen, die, um die Kosten ihrer Eigenständigkeit sparen und ab Klasse 5 eine Fortsetzung für Integrations- und Integrative Regelklassen anbieten zu können, mit den Hauptschulen zusammen in „Förderzentren", also in Integrierte Förder- und Hauptschulen, einmünden sollen.

Vier der fünf neuen Bundesländer haben von Anfang an gar keine Hauptschulen mehr vorgesehen, denn sie hatten ja auch zuvor in der DDR nur ein zweigliedriges Schulsystem mit der Polytechnischen Oberschule (POS) bis zur Klasse 10 und der Erweiterten Oberschule (EOS) bis zum Abitur am Ende der Klasse 12:

– Nur Mecklenburg-Vorpommern hat sich am bayerischen Vorbild des dreigliedrigen Schulsystems mit Hauptschule, Realschule und Gymnasium bei gleichzeitiger Ablehnung der Gesamtschule orientiert, läßt aber jetzt auch Gesamtschulgründungen in Städten zu.

– Brandenburg bietet im wesentlichen Gymnasien und Gesamtschulen an, daneben aber auch noch einige wenige Realschulen, jedoch keine Hauptschulen.

- Sachsen kennt neben dem Gymnasium nur eine Differenzierte Mittelschule.
- Thüringen hat bloß Gymnasien und Regelschulen.
- Und Sachsen-Anhalt besitzt ein zweigliedriges Schulsystem mit Gymnasien und Sekundarschulen.

Zwischen Sonder- und Privatschulen brauchen wir im nächsten Jahrtausend nur noch die beiden Wege des Gymnasiums und der Gesamtschule, die dann wohl wegen des emotional mißlich vorbelasteten Begriffs der Gesamtschule Sekundarschule heißen wird. Wir hätten dann wieder ein viergliedriges Schulsystem, im Kern aber ein zweigliedriges. Die Sekundarschule wird in der Tradition von Volksschule, Hauptschule und Gesamtschule stehen, und zwar als eine erzieherisch starke Schule, die Bildung in Erziehung einbettet, die Verliererschicksale und Reststigmatisierung vermeidet und die den Weg zur Hochschulreife länger offenhält; sie ist, was Bewertung und Erfolg anbelangt, der bisherigen Hauptschule weit überlegen. Die Hauptschule ist damit tot.

33. Sieg und Niederlage der Realschule

Als die Schule der „Mittleren Reife" hat die Realschule überwiegend „pflegeleichte" Schüler und auch Eltern. Die schwierigen, aber durchaus intelligenten Jungen landen eher in der Hauptschule, und die vom Ehrgeiz ihrer Eltern in Richtung Hochschulreife und hohe Sozialprestige-, Karriere- und Lebensstandarderwartungen getriebenen Jungen eher im Gymnasium, so daß die Realschule diejenige ist, in der wesentlich mehr Mädchen sitzen. Als Gelenkstelle zwischen Hauptschule und Gymnasium, als Rückläuferschule für gescheiterte Gymnasiasten und als Institution, die sich von Schülern, die sich ihren Erwartungen nicht anpassen, in Richtung Hauptschule entledigen kann, hat sie gute Karten, zumal da sie besser als die Hauptschule ausgestattet wird, da ihre Lehrer eine Stunde weniger pro Woche als die Hauptschullehrer unterrichten müssen und zugleich besser besoldet werden und da ihre Absolventen bessere Ausbildungschancen als diejenigen der Hauptschule haben, oft auch als diejenigen des Gymnasiums und der Gesamtschule, die so mancher Personalchef, Ausbildungsleiter oder Meister für zu kritisch, für zu unanpaßbar hält.

Die Realschullehrer und ihr Verband haben große Angst davor, daß sie es künftig mit mehr „Schmuddelkindern" und stärker belastenden erzieherischen Herausforderungen zu tun bekommen könnten, wenn die Integrationstendenzen in Richtung Hauptschule weiter zunehmen. Während Hauptschullehrer mehrheitlich für das Einmünden von Haupt- und Realschule in eine Sekundarschule sind, weil sie das graduell vor dem Burn-out-Syndrom schützt, weil die Realschüler mitreißende Effekte in ihre Klassen bringen, weil sich die Hauptschüler dann nicht infolge eines ungünstigen Selbstkonzepts so früh wie bisher als Versager aufgeben, sondern mit dem längeren Offenhalten des Weges zum Realschulabschluß wesentlich motivierter sind, und weil sie selbst dann weniger unterrichten müssen, und ihre Schule mehr Mittel bekommt, kämpfen die Realschullehrer für den Erhalt des Biotops ihrer Schulform, über die eigentlich gar nicht diskutiert wird. Grund-, Haupt-, Gesamt-, Sonder-, Berufsschulen und Gymnasien sind seit langem im Blickfeld einer kritischen pädagogischen und bildungspolitischen Diskussion; ihre Effektivität wird immer wieder in Frage gestellt und mit neuen Reformideen konfrontiert. Die Realschule hingegen lebt im Zentrum der Stille, umgeben von rauhen Stürmen. Mit ihren Bildungsresultaten ist man zufrieden, aber nicht mit denen von Hauptschule und Gymnasium. Ihre 10. Klasse ist unumstritten, ihr Fächerkanon ebenfalls, und nur wo Schule insgesamt mit dem Mangel an Innovativem (CD-ROM- und Online-Lernen, Schlüsselqualifikationen) kritisiert wird, ist auch sie betroffen, aber da auch wieder weniger als die anderen Schulformen.

Ihr Sieg ist ihre Selbstverständlichkeit im Rahmen eines dreigliedrigen Schulsystems. Das Gymnasium muß sich mit Niveauverlustvermutungen, mit dem Problem der Vermassung bei einer Übergangsquote von etwa 40 Prozent eines Grundschuljahrgangs in Großstädten und Ballungsgebieten (in Darmstadt gehen gar 55 Prozent zum Gymnasium) und der Produktion einer „Abiturientenschwemme" sowie mit dem Vorwurf, es würde zu wenig Pädagogik oder gar eine „Schwarze Pädagogik" betreiben, herumschlagen – ganz zu schweigen von der Tatsache, daß vor allem seine Schüler zum Drogenkonsum neigen – und die Hauptschule mit der „Restkonzentration" schwierigster und ewig zuschlagender und zerstörender Schüler, die angeblich kaum noch Lesen, Schreiben und Rechnen beherrschen und dramatisch häufig schwänzen.

Bei dem Mangel an realschulspezifischen Problemen fiel es der Kultusministerkonferenz im Mai 1995 leicht, verbindliche Standards für den Realschulabschluß im Länderübergriff zu formulieren. Die Anforderungen in den Fächern Deutsch, Mathematik und Erste Fremdsprache sollen vereinheitlicht werden, und Ähnlichkeiten soll es in bezug auf naturwissenschaftliche und politisch-historische Anteile geben.

Der schulpädagogische Sieg der Realschule in der Systementwicklung der Nachkriegszeit birgt aber zugleich ihre baldige Niederlage in sich:

– Da vor allem die Hauptschule auf der Strecke geblieben ist, kann sich die Gesellschaft nicht mehr länger den Luxus leisten, nur um die Realschüler von schwierigen Mitschülern zu entlasten, eine schrumpfende Schulform am Leben zu erhalten, in der die Schüler „keinerlei Bock" mehr auf Lernen haben, weil sie zweimal als Verlierer übrigblieben, als zunächst ein Teil ihrer Mitschüler zum Gymnasium wechselte und dann ein zweiter zur Realschule. Verhaltensschwierigkeiten und -störungen potenzieren sich in der Restkonzentration der Hauptschule per Modellernen; sie stecken an und schaffen eine Fülle von kaum noch bezahlbaren, unnötigen gesellschaftlichen Folgekosten in Form von berufsaufbauenden und berufsfördernden Maßnahmen, Umschulungen, Arbeitslosengeld, Sozialhilfe, Kranken- und Therapiekosten und Gerichts- sowie Strafvollzugskosten.

– Hauptschüler lernen motivierter, effektiver und mit weit geringerem kräfte- und zeitraubenden Störpotential, wenn die Perspektive auf den Realschulabschluß länger offenbleibt, weil sie nicht in der Schublade mit der Aufschrift „Hauptschüler" liegen. In Integrierten Haupt- und Realschulen, Differenzierten Mittelschulen, Sekundarschulen, Regionalen Schulen und Integrierten Gesamtschulen weiß bis zur Mitte der Klasse 9 in der Regel keiner, ob er Haupt- oder Realschüler ist. Die dadurch erzielten motivierenden Effekte sprechen gegen das Festhalten an der Hauptschule.

– Bei einer Übergangsquote von oft nur noch zehn Prozent der Grundschüler oder der Orientierungsstufenschüler in die Hauptschule ergibt die Hauptschule keinen Sinn mehr. Ohne Hauptschule verliert aber auch die Realschule ihre Daseinsberechtigung.

— Hauptschulen und Realschulen in Kleinstädten bekommen mittlerweile oft weder für die eine Schulform noch für die andere genug Schüler zusammen, da immer mehr Kinder auf Gymnasien und Gesamtschulen geschickt werden. Um die Schule „im Dorf" zu behalten, um weite Schulwege und die mißlichen Effekte des Schulbusfahrens zu vermeiden, möchten immer mehr Kommunen aus ganz unideologischen Gründen, also schlichtweg aus Sachzwängen heraus, die Hauptschule und die Realschule zu einem integrierten System, also zu einer Erweiterten Realschule, zu einer Sekundar-, Regionalen oder Differenzierten Real- bzw. Mittelschule zusammenlegen. Ein solcher Sachzwang führt aber zugleich auch in die wesentlich bessere pädagogische Lösung, als sie die jetzt noch bundesweit vorherrschende gegliederte darstellt.

34. Sehnsuchtsvoll erstrebt und hoffnungslos überholt: Gymnasium und Abitur

Nur noch wenige Eltern und Schüler sind an so etwas wie einer humanistischen Bildung mit Griechisch und Latein interessiert, sie schielen aber begehrlich auf die Möglichkeiten, die die Hochschulreife als Abschlußqualifikation des Gymnasiums, verknüpft mit dem hohen Sozialprestige, mit Karriere und Lebensstandard, bietet. Etwa 55 Prozent der deutschen Eltern wollen eigentlich das Abitur für ihr Kind, und deshalb nimmt die Zahl der Jungen und Mädchen zu, die auch gegen die Empfehlung der Grundschule auf ein Gymnasium oder zu Gesamtschulen, Orientierungsstufen und Privatschulen geschickt werden, die die Chance zum Erwerb der Hochschulreife länger offenhalten.

Das Gymnasium ist zur eigentlichen Hauptschule der Nation geworden; alle Schichten und alle Begabungen finden sich mittlerweile in ihm, so daß Spötter sagen, was die Gesamtschulanhänger sich nach 1968 für ihre Schulform erträumten, ist inzwischen Wirklichkeit geworden, aber nicht in der Gesamtschule, die als De-facto-Haupt- und Realschule eher in der Tradition der alten Volksschule steht, sondern im Gymnasium.

Wer wirklich noch humanistische bzw. altsprachliche Bildung mitsamt Goethe, Schiller, Mozart und griechischer sowie römischer Geschichte will, schickt sein Kind auf eine Gelehrtenschule oder in ein Internat, wer nur das hochqualifizierende Abitur für seinen Nachwuchs will, schickt ihn aber auf ein normales Gymnasium, ein Wirtschafts- oder Technisches Gymnasium, ein Aufbau- oder Abendgymnasium, in ein Landerziehungsheim oder mit aller Gewalt in den Zweiten Bildungsweg mit seinen Kollegs, zumindest aber auf den Weg Realschulabschluß, Fachoberschule und Fachhochschulreife nach Klasse 12.

Die Gymnasiallehrer sind jedoch für die große Verhaltensbandbreite ihrer Schülerschaft gar nicht ausgebildet, und ihr Arbeitsplatz läßt eine umfassende kompensatorische pädagogische Förderung sämtlicher Schüler nicht zu. Sie sind zu sehr als Fachlehrer in ein überstarkes Kurssystem eingebunden, so daß sie viel zu viele verschiedene Schüler pro Woche zu unterrichten haben, deren Biographie und Milieu, deren individuelle Persönlichkeitsmerkmale und deren Teilleistungsstörungen, Ausfälle und Defizite sie überhaupt nicht angemessen wahrzunehmen, zu verstehen und mit angemessenem erzieherischen Handeln zu begleiten vermögen. Oft lehnen sie darüber hinaus einen zusätzlichen Erziehungsauftrag, nachmittägliches Engagement für einzelne schwierige Schüler, Hausbesuche, Elternarbeit und die Prinzipien, zwei Klassenlehrer pro Klasse anzubieten und vier bis fünf Fächer in der eigenen Klasse zu geben, entschieden als Zumutung ab.

Gelegentlich arbeiten sie sogar unter dem Motto „Wer an unserer Schule zum Abitur kommt, muß wirklich gut sein, und würden wir noch mehr Pädagogik machen, würden ja noch mehr Schüler die Hochschulreife erwerben und wir hätten dann eine noch größere Studentenschwemme in diesem Lande".

Die Schulnot ist daher am Gymnasium am größten. Viele Schüler werden dort zwischen den überhöhten Erwartungen ihrer Eltern und dem Mangel an pädagogischer Zuwendung ihrer Lehrer zerrieben, so daß das Nachhilfeunwesen boomt. Psychosomatische Erkrankungen, Tablettensucht und Drogenkonsum sowie Depressionen, Todessehnsucht, Ausstiegs- und Rauschsehnsüchte sind besonders typisch für Gymnasiasten, die oft als verplante Wesen zwischen Überforderungen, täglichen kleinen Verliererlebnissen und den ständig enttäuschten Gesichtern ihrer Eltern aufwachsen, ergänzt durch Nachhilfeunterricht und Erwartungen in bezug auf Hockey und Tennisspielen, Reiten, Klavier- oder Geigenunterricht und Aufbesserungsbemühungen gegenüber der Englischnote, indem sie die Sommerferien in England und das Lebensjahr zwischen 16 und 17 als Gastschüler in den USA verbringen müssen.

Die Gymnasien produzieren die meisten der jährlich etwa 250 000 Sitzenbleiber in Deutschland und der Rückläufer, die durchweg nicht an ihrer Intelligenz, sondern an ihrem Verhalten, wozu ja auch ihr Lernverhalten gehört, scheitern. Die Pädagogik des Gymnasiums ist größtenteils noch immer „schwarze Pädagogik". Völlig unnötig verfolgt man Schüler jahrelang mit roter Tinte, bestraft sie für Fehler, obwohl sie über Fehler am besten lernen, läßt sie Klassen wiederholen, obwohl das Umtopfen in eine Parallelklasse oder in dieselbe Stufe einer anderen Schule für bessere Wellenlängenübereinstimmungen zwischen Schüler und Lehrern bzw. für einen unbelasteten Neuanfang ohne gravierende Versagenserlebnisse zu sorgen vermag, wie zahlreiche Untersuchungen belegen. Für Lernerfolge ist der Faktor Lehrerpersönlichkeit bedeutsamer als das zufällige Schulsystemelement, in dem man gerade sitzt; und das hat weniger etwas mit Schuld beim Schüler oder Lehrer zu tun als vielmehr mit der Zufälligkeit der Gegebenheiten eines pädagogischen Bezugs. Es gibt Schüler, die mit einem an sich guten Lehrer nicht zurechtkommen, aber mit einem an sich schlechten Lehrer wesentlich besser. Der Lehrer wird also eher zum Schicksal für den Schüler als die Schulform, in der er sich befindet.

Das Gymnasium als Belehrungsschule läßt viele Schülerhirne verkommen; eine als Lernwerkstatt eingerichtete Schule begünstigt dagegen die Lerneffektivität und minimalisiert den Zufallsfaktor Lehrer deutlich.

Das Gymnasium pflegt die unzeitgemäßesten Lernformen (frontal, lehrerzentriert, belehrend), hat wegen seiner Fachlehrer- und Kursorganisation den höchsten Anteil an Störanfälligkeit, Reibungsverlust und Zeitverschwendung und durchweg die pädagogisch gesehen am schlechtesten ausgebildeten und motivierten Lehrer. Etwa 60 Prozent seiner Unterrichtszeit ist bloße Material- und Zeitverschwendung in bezug auf die eigentlich von ihm angestrebten Lernziele.

Besonders schlimm sieht es in der Oberstufe aus. Ihre Reform wird von Andreas Flitner als „mißratener Fortschritt" bezeichnet, weil sie allzu viele Kunstfehler zugleich eingebaut hat:

- Das allgemeinbildende Fundamentum wurde von Klasse 13 auf Klasse 11 zurückgenommen, so daß zum Beispiel Abiturienten, die Lehrer werden wollen, viel zu wenig für ihren späteren Beruf mitbekommen.
- Die vier Semester der Klassenstufen 12 und 13 konkurrieren unnötig auf Leistungskursebene mit den Angeboten der Universitäten.
- Das Ersetzen des Klassenlehrers durch einen Tutor, der bei seinen ihm zugeordneten Schülern entweder gar keinen oder nur wenig Unterricht gibt, hat Umfassung, Kontrolle und Kontinuität als pädagogische Kategorien derart beeinträchtigt, daß viele Primaner einsam, orientierungslos und in ihrer Persönlichkeit völlig aufgeteilt durch die Schule irren.
- Das Kursprinzip führt zu einem enormen Reibungsverlust; die Störanfälligkeit durch Fachlehrer-, Wanderlehrer-, Spagatlehrer- und auf mehrere Schulen verteilte Schülerschicksale führt zu einem Übermaß an Vertretungs- und Freistunden, an Leerlauf, Wegeproblemen, Verspätungen und Ausfällen.
- Die reformierte Oberstufe atomisiert Schüler derart, daß sie zum gewerkschaftlichen Verhalten gezwungen werden. Sie minimalisieren ihren Aufwand, indem sie für sie leichte Leistungskurse oder Lehrer wählen, indem sie das zugestandene Maß von Fehlstunden bis zur Obergrenze „voll ausschöpfen" und indem sie ständig taktische Punkteberechnungsüberschläge durchführen, um zu wissen, wieviel bzw. wie wenig sie noch für ihre angestrebte Durchschnittsnote tun müssen.
- Die reformierte gymnasiale Oberstufe hat darüber hinaus die Einsichten über sinnvolle Größen in der Schule und über die Notwendigkeit der Gestaltung von Atmosphäre vernachlässigt. Klassenverbände und feste Klassenräume wurden oft ebenso wie die Bezugsperson des Klassenlehrers abgeschafft, Schulen gerieten als Betonklötze unüberschaubar groß, Schulstraßen, Klimaanlagen, Schließfächer, Innenräume ohne Fenster, der Mangel an Bildern, Pflanzen, gestalteten Wänden, gemütlichen Sitzordnungen und entlastendem Klassen- und Schulleben sowie die Ballung von viel zu vielen Jugendlichen in überzügigen Schulen (bis zur Neunzügigkeit) mißachteten die Grundbedürfnisse von Schülern und zwangen sie oft in die Rolle von Lernvagabunden.

142

Mittlerweile wird zum Glück vieles korrigiert. Klassenlehrer, Klassenverbände, feste Klassenräume, Bilder und Pflanzen werden wieder eingeführt, die Überzügigkeit wird reduziert, und zu große Schulen denken über eine Teilung in zwei Schulen nach. Es gibt Überlegungen, das allgemeinbildende Fundamententum nicht mehr mit der Klasse 11 zu beenden, sondern bis zum Ende der Klasse 12 auszudehnen, so daß auch die Klasse 13 ganz entbehrlich werden könnte.

Anfang der 60er Jahre gingen in Hamburg etwa zwölf Prozent der Grundschüler zum Gymnasium, 1985 waren es bereits 33 Prozent, 1995 41 Prozent, und für das Jahr 2003 werden mehr als 50 Prozent prognostiziert. Das Abitur ist zu einem Massenzeugnis geworden, so daß man es entweder durch verschärfte Anforderungen aufwerten muß oder mit einem „Abitur plus" Eignungsprüfung vor der Aufnahme in eine Hochschule außerhalb des Gymnasiums neue Maßstäbe bzw. Filter zwischen Gymnasium und Universität setzen muß.

Bayern wollte die Zahl der Pflichtfächer bis zum Abitur von zwei auf fünf erhöhen, Nordrhein-Westfalen von zwei auf drei; mittlerweile hat man sich in der Kultusministerkonferenz auf vier Pflichtfächer bis zum Abitur geeinigt, und zwar auf Deutsch, Mathematik, eine Fremdsprache und auf ein Bündel aus Geschichte und Politik.

In Sachsen, wo das Abitur am Ende der Klasse 12 abgelegt wird, will man das Kurssystem der gymnasialen Oberstufe gar ganz abschaffen und durch eine Aufgliederung in Pflichtfächer, Wahlpflichtfächer und Wahlfächer ersetzen; Deutsch, Mathematik und eine Fremdsprache sind dann Pflichtfächer mit je vier Wochenstunden; mit weniger Wochenstunden müssen die Pflichtfächer Geschichte, Religion oder Ethik, Sport, Erdkunde und Gemeinschaftskunde auskommen. Zu den Wahlfächern gehören Physik (vierstündig), Chemie und Biologie (je zweistündig), eine 2. Fremdsprache (vierstündig) und Musik oder Kunst (dreistündig). Und als Wahlfächer werden angeboten eine 3. Fremdsprache, Informatik, Astronomie und Philosophie.

Gymnasium ist mittlerweile nicht mehr gleich Gymnasium. All zu vieles verbirgt sich hinter diesem Namen. Es gibt eine Fülle von Schwerpunktsetzungen, von Profilen, mit denen Gymnasien um die Anmeldeschüler werben und mit denen sie sich auch für weit entfernt wohnende Schüler attraktiv machen wollen. Mit einer besonderen pädagogischen Prägung wollen sie sowohl bei den Lehrern als auch bei den Schülern und ihren Eltern für einen größeren Wertekonsens sorgen. So gibt es altsprachliche und konfessionelle Gymnasien, Wirtschafts- und Technische Gymnasien, musische, neusprachliche und mathematisch-naturwissenschaftliche, Aufbau- und Abendgymnasien, solche mit „D-Zug-Klassen" zum Abitur nach Klasse 12, mit „Z-Klassen", in denen mehrere Fächer in englischer oder französischer Sprache unterrichtet werden, mit einer „Profil-Oberstufe", in der sich jeder Schüler eine zu ihm passende Fächerkombination selbst wie einen Maßanzug zusammenschneidert, solche mit Schwerpunkten in fremdsprachlichen Angeboten wie Russisch, Türkisch, Spanisch, Italienisch oder Chinesisch, Hochbegabtenschulen, Landerziehungsheime und Internate, Waldorfschulen, Deutsch-Französische Schulen, Internationale Schulen, solche mit Doppelqualifizierung (Abitur plus Facharbeiterbrief), mit Schwerpunkten in Hockey, Tennis, Fußball, Skilaufen, Schwimmen, Chor, Orchester, Schach oder Informatik (CD-ROM- und Online-Lernen), solche in Ganztagsform oder mit nachmittäglichen Angeboten für Außerunterrichtliche Neigungskurse oder Hausaufgabenhilfe und daneben noch zahlreiche Fachoberschulen für die verschiedensten Berufsfelder, ganz zu schweigen von Gymnasien, die zwei Klassenlehrer pro Klasse anbieten und in denen jeder Lehrer in seiner eigenen Klasse vier bis fünf Fächer gibt, weil das Konzept „Nachbarschaftsschule" oder das der „Offenen Ganztagsschule" so etwas erfordert.

Das Gymnasium ist als Schulformangebot in seiner Existenz unbestritten, es muß sich aber wandeln, wenn es auch im nächsten Jahrtausend noch bestehen soll:

— Optimal ist es, wenn das Gymnasium nach der sechsjährigen Grundschule mit Klasse 7 beginnt, die allgemeinbildende Phase von Klasse 11 bis Klasse 12 ausdehnt und wenn es mit Klasse 12 endet.

— Auch Gymnasiasten brauchen das Klassenlehrerprinzip, also eine Bezugsperson, bei der sie mindestens zwölf Wochenstunden Unterricht haben, jedenfalls bis zum Ende der Klasse 10, danach genügen zehn Wochenstunden beim Klassenlehrer.

— Gymnasiallehrer müssen anders ausgebildet werden, sie brauchen heutzutage auch sozialpädagogische, lernpsychologische, devianzpädagogische, ernährungskundliche und kinderärztliche Kompetenzen.

— Die Fachlernziele müssen künftig hinter den Aufbau von Schlüsselqualifikationen (Erkundungs-, Handlungs-, Konfliktkompetenz, Teamfähigkeit, Kreativität, vernetzendes Denken) zurücktreten; Lernbereiche werden wichtiger als Fächer, das Tele- bzw. CD-ROM- und Online-Lernen macht Lernen effektiver und setzt den Lehrer als Lernberater für einzelne Schüler frei.

— Erzieherische Leistungen müssen über die Unterrichtsstundenverpflichtung hinaus in den Arbeitsplatzbeschreibungen der Lehrer berücksichtigt werden. Das Gymnasium wird immer mehr zu einer Schule, die unterrichtet und erzieht, wobei Erziehung ebensoviel Kraft und Zeit kostet wie Unterricht.

— Die Bedeutung von Noten und Punkten muß im Gymnasium heruntergespielt werden, und die der Beschreibung von Schlüsselqualifikationen in Form von Lernentwicklungsberichten und Profilabschlußbeschreibungen muß ausgebaut werden.

— Schüler sitzenbleiben oder rücklaufen zu lassen ist nicht mehr zeitgemäß. Wenn sie selbst einen Neubeginn brauchen oder eine Klasse von ihnen entlastet werden muß, sollte man sie — aber nur in seltenen Fällen — in eine Parallelklasse oder in die entsprechende Stufe einer Nachbarschule umtopfen.

— Gymnasiallehrer müssen ihren Unterricht eingebettet in Zusammenleben bzw. Beziehung sehen. Sie sind zuerst Lernhelfer und Erzieher ihrer Schüler und versuchen erst dann, dieses oder jenes Wissen in den Kopf der Schüler zu bekommen. Wenn die Beziehung zwischen dem Lehrer als „Coach" und dem Schüler stimmt, ereignet sich Lernen von selbst.

— Es ist sinnvoll, unterschiedlich profilierte Gymnasien anzubieten, weil die Schüler und die Elternerwartungen höchst unterschiedlich sind. Und da es künftig noch wichtiger sein wird, exemplarisch zu lernen, wie man lernt, ist es nicht mehr so bedeutsam, an welchem Schwerpunkt ein Schüler lernt, sei es nun ein musischer, ein technischer, ein sozialer, ein wirtschaftskundlicher oder ein sportlicher, ein altsprachlicher, ein neusprachlicher oder ein mathematisch-naturwissenschaftlicher.

Das künftige Gymnasium muß wegen der sich permanent mehr verändernden Kinder dafür Sorge tragen, daß seine Lehrer entspezialisierter, also umfassender eingesetzt werden, daß seine Lehrer

aber professionalisierter, also mit einem Mehr an Klassenlehrerpädagogik, an Sozial- und Devianzpädagogik, an Lernpsychologie und
allgemeiner Psychologie, an Kinderärztlichem, an Spiel- und Medienpädagogik und an Ernährungskundlichem ausgebildet werden,
weil Schule im nächsten Jahrtausend „neu gedacht" werden muß,
wie Hartmut von Hentig sagt.

35. Illusion voller Kunstfehler und Trost: Die Gesamtschule

Auf die Einheitsschulbewegung zu Beginn dieses Jahrhunderts
zurückgehend wurden Ende der 60er Jahre die ersten Gesamtschulen in den damals SPD-regierten Bundesländern gegründet.
Sie wurden vor allem von Gymnasiallehrern gestaltet und aufgebaut, und zwar mit den Illusionen der damaligen bildungseuphori-
schen Zeit.
Das Kind wurde für grundsätzlich bildungsmotiviert gehalten.
Wenn nur die Bedingungen stimmen, glaubte man, kann man fast
jeden Schüler auf den Weg in Richtung Abitur schicken. Mit der Gesamtschule sollten Begabungsreserven bei Arbeiterkindern, bei
Mädchen, bei der Landbevölkerung und bei Katholiken aufgetan
werden, mit ihr sollte Chancengleichheit beim Lernen hergestellt
werden, und die Fachkompetenzen der Lehrer und die Ausstattungen der Fachräume sollten besser genutzt werden.
So wurden die Gesamtschulen der ersten Generation als über-
große Betonklötze mit Kaufhausarchitektur, mit Schulstraßen, in
denen Schilder zu den einzelnen Fachräumen den Weg weisen, mit
Klimaanlagen, mit Sozialflächen, mit angegliederten Häusern der
Jugend, Sportstätten, Öffentlichen Bücherhallen, Elternschulen, Er-
ziehungs-, Drogen- und anderen Beratungsstellen sowie Altentages-
stätten und vorgeschalteten Grundschulen als eigenständigen Ab-
teilungen der jeweiligen Gesamtschule in Form von „Lernfabriken"
in die Landschaft gestellt, mit Einkaufszentren vernetzt und oft als
Lebensmittelpunkt von Neubaugebieten und Trabantenstädten
konzipiert. Sie bekamen die Struktur einer Ganztagsschule, und in
ihnen wurden schon Elfjährige auf einen Tutor, zahlreiche Fachlehrer und auf Spezialisten eines Beratungszentrums (Sozialpädagogen, Schulpsychologen, Beratungslehrer, Familienhelfer, De-

vianzpädagogen, Präventionslehrer und Schriftsprachberater) aufgeteilt; gleichzeitig wurden die Prinzipien eigener Klassenraum und feste Klassengemeinschaft durch flexible Lerngruppenrotationen unter dem Motto „man lernt in jeder Stunde in einem anderen Raum bei einem anderen Lehrer neben einem anderen Schüler in einem anderen Fach oder Kurs" ersetzt, um das Lernziel Mobilität zu begünstigen. Gesamtschulen wurden für bis zu 2400 Schüler bzw. als sechs- oder gar neunzügige Systeme mit einer ungeheuren Ballung von Schülern eines Jahrgangs und viel zu großen Lehrerkollegien mit bis zu 200 Pädagogen, die auf mehrere Lehrerzimmer aufgeteilt wurden und jeweils einen Schreibtischarbeitsplatz in der Schule erhielten, geplant. Sie entwurzelten durch wesentlich weitere Schulwege, durch Schulbusfahren und seltene Anwesenheit zu Hause das Kind von seiner Familie, wenn es dort nicht ohnehin schon entwurzelt war.

Soziales und Emotionales wurde in Flickschustermanier nachgereicht: „Budenbau" an der Bielefelder Laborschule, Musikmalen und Psychomotorik im Beratungszentrum, das auch schon einmal „Teilzeitschule" (Hamburg) hieß, Cafeteria, Kuschelecken, Spielesammlungen und Spielpädagogik, Tischtennisplatten, Teppichware in allen Gängen und auf der Sozialfläche, blau- und orangebemalte Türen, Treppengeländer und Fenster, weil Blau für ruhigstellende Rationalisierung und Orange für kreative Stimulierung sorgen. Die Tutoren wurden in Kursen der Institute für Lehrerfortbildung daraufhin geschult, wie man die Tutorenstunden überhaupt nutzen kann, wie man in ihnen sozialintegrativ spielt und wie man mit Eltern arbeitet.

Aber die von vornherein eingebauten Kunstfehler waren zu groß; mit ihnen wurde die doch so gute Idee der Integration in Mißkredit gebracht, die Gesamtschule mißriet, weil sie ideologisch in Verruf geriet, denn sie wurde zum Tummelplatz für Gewerkschaftsfunktionäre, Kommunisten, Autonome und linke Sozialdemokraten, die nicht so sehr am einzelnen Kind interessiert waren, sondern es lediglich verwalten wollten, die keine Kritik vertrugen und sich mit dem Rücken an der Wand stehend gegen alle Vorschläge zur pädagogischen Optimierung aggressiv wehrten. Der Entwicklungsstillstand tat der Gesamtschule nicht gut; er verprellte gerade die Eltern der eigentlich auch gewollten besonders leistungsstarken Schüler, so daß die Gesamtschule ihr Ziel, eine Schule für alle Begabungen und Schichten zu werden, verfehlte. Mit ihren pädagogischen Kunstfehlern begünstigte sie den Durchbruch des Gymnasiums zur eigentlichen Hauptschule, zur wirklichen Gesamtschule, was die Durchmischung ihrer Schülerschaft mit allen Begabungen und allen soziokulturellen Bedingungen anbelangt.

Von Anfang störte beim Bemühen um Akzeptanz auch, daß die Gesamtschule nicht wirklich horizontal zum dreigliedrigen System liegen durfte. Im Widerspruch zu ihren leitenden Prinzipien Integration, Differenzierung, Individualisierung und Soziales Lernen mußte sie am Ende die drei herkömmlichen Schulformabschlüsse vergeben, nämlich den Hauptschulabschluß, den Realschulabschluß und den Versetzungsvermerk in die gymnasiale Oberstufe – wenn auch etwas abgefedert durch ein neunstufiges Notensystem, das von B1 (beste Note) bis zu A6 (schlechteste Note) reicht, wobei eine B4 gleich einer A1 ist –, so daß sie nicht für Schüler gut sein konnte, die sowieso über das Gymnasium zum Abitur kommen, aber an Attraktivität für solche Schüler gewann, die mit einer Hauptschul- oder Realschulempfehlung über die Gesamtschule hoffen konnten, vielleicht doch noch zum Realschulabschluß, zur Fachhochschulreife oder zum Abitur zu gelangen, weil die Abschlußentscheidungen in der Gesamtschule länger offenbleiben als an Haupt- und Realschulen.

Die Gesamtschule bekam also diejenigen Schüler, für die sie attraktiver als die Haupt- und die Realschule war, ihr blieben aber diejenigen fern, die ohnehin zum Abitur kommen. Heute steht die Gesamtschule als Integrierte Haupt- und Realschule mit besserer Ausstattung, mit dem Erhalt der Perspektiven Fachoberschulreife und Abitur und ihren wenigen gymnasialempfohlenen Schülern in der Tradition der alten Volksschule als einer Schule, die erzieht und unterrichtet, über die man aber auch zum Abitur kommen kann, neben dem Gymnasium als einer Belehrungsschule, die eine Gesamtschülerschaft unterrichtet und zu wenig erzieht.

Würde die Gesamtschule am Ende der Klasse 10 „Profilabschlüsse" vergeben, die von Fach zu Fach beschreiben, was ein Schüler kann (das korrespondiert nämlich überhaupt nicht mit den bisherigen pauschalen Schulformabschlüssen für 16 oder 15 Fächer) und welche Schlüsselqualifikationen bei ihm aufgebaut werden konnten, wäre sie auch für einen großen Teil der Gymnasiasten attraktiv.

Mittlerweile hat sich zum Glück dort, wo die Gesamtschule aus ihren ursprünglichen Kunstfehlern gelernt und sie korrigiert hat, eine Entemotionalisierung der Diskussion um die jeweiligen Überlegenheiten eines integrierten und des dreigliedrigen Schulsystems eingestellt. Schon die Gesamtschulen zweiter Generation waren etwas kleiner, baulich günstiger, also kindgemäßer, entdeckten das Klassenlehrerprinzip und die Bedeutung von Klassenraum und Klassenverband wieder und erwuchsen durchweg aus pädagogisch bewährten Haupt- und Realschullehrerkollegien; sie haben zwar auch noch eine eigene Oberstufe und keine eigene Grundschule, gedeihen aber mit einem deutlichen Mehr an alten Volksschultugenden wesentlich besser.

Und die Gesamtschulen 3. Generation sind oft nur noch drei- bis vierzügig, haben eine eigene Grundschule, enden mit der Klasse 10, münden also in bereits vorhandene Oberstufen von Nachbarschulen ein, und sie pflegen vielfach das Prinzip der zwei Klassenlehrer pro Klasse, gelegentlich sogar mit einem Klassenlehrertag pro Woche.

Sie sind so gut ausgestattet, daß sie insbesondere den Haupt- und Realschulen unumstritten überlegen sind, aber mit den Gymnasien können sie an Attraktivität dennoch nicht konkurrieren, weil das Bewußtsein der Öffentlichkeit noch nicht die Notwendigkeit der Koexistenz zweier gleichwertiger, aber andersartiger Schulformen nebeneinander einsieht, sondern nach wie vor an einem Denken in höher- und minderwertigen Bildungsgängen festhält, bei dem der gymnasiale Weg für der höherwertige gehalten wird.

1995 haben in Nordrhein-Westfalen Gesamtschullehrer gegen ihre eigene Schulform mobil gemacht, und zwar nicht gegen die gute Idee der Gesamtschule als einer erziehenden und unterrichtenden Schule, die Integration, Differenzierung, Individualisierung und Soziales Lernen begünstigt, sondern gegen die vielen Kunstfehler der Verwirklichung, die Gesamtschulen so störanfällig und kräfteraubend für Schüler und Lehrer macht. Nordrhein-Westfalen ist nämlich im Vergleich mit anderen Bundesländern bislang am wenigsten bereit, die Kunstfehler der Anfangszeit zu korrigieren. Es vernachlässigt allzu sehr Schülerbedürfnisse, huldigt einem ökonomischen Bildungsverwaltungskult ohne Kind, mit dem Lehrer künftig sogar je nach Fach eine andere Wochenstundenverpflichtung erhalten sollen, versteht Gesamtschule also zu sehr als sozialdemokratischen Funktionärsbetrieb, der sich als Kampfarena gegen Gymnasien und Christdemokraten irgendwie auszahlen muß. So passiert es, daß dort, wo der Gymnasiast im Zeugnis eine Vier hat, der Gesamtschüler eine Zwei bekommt, und daß das Gesamtschulabitur bei Ausbildungsbetrieben weniger wert ist als das Gymnasialabitur und daß sich deshalb in den Oberstufen der Gesamtschulen allzu viele schwierige und nicht hochschulgeeignete Schüler einfinden, die die Gesamtschule erst recht vollends in Mißkredit bringen. Andere Bundesländer wie Hessen, Hamburg und Berlin vermeiden unterdessen solche Fehler schon längst. Denn so wie Nordrhein-Westfalen es mit der politischen Begünstigung der Gesamtschulen anstellt, sind die schwachen Schüler letztlich doch irgendwann, nur eben später, zum Scheitern verurteilt, während die guten permanent unterfordert sind.

Die Gesamtschuleuphorie ist bundesweit vorbei, die Existenz des Gymnasiums ist damit gesichert. Das Gute der Gesamtschule ist, daß sie die Hauptschule mit ihren mißlichen Stigmatisierungseffekten entbehrlich macht und deren Schülerschaft durch motivierende Effekten länger bei der Stange zu halten vermag, so daß sie am Ende wesentlich mehr gelernt haben. Die Chance der Gesamtschule in die Zukunft hinein besteht darin, eine erziehende und unterrichtende Schule zu sein, die pädagogisch besonders stark gerade für unerzogene, schlecht und inkonsequent erzogene Kinder sein kann, denen gegenüber die klassische Arbeitsteilung von Familie und Schule nicht mehr funktioniert. Das Gymnasium hingegen wird als Schule, die unterrichtet und erzieht, weiterhin für diejenigen Schüler gut sein, denen gegenüber die Arbeitsteilung von Eltern und Lehrern noch klappt. Gleichwertig stehen beide Schulformen dann nebeneinander, denn beide führen zum Abitur, beide kann man nach Klasse 10 in Richtung Ausbildung, Berufsschule oder Fachoberschule verlassen, beide sind dann nicht mehr minder- oder höherwertig, sondern andersartig, also jeweils entweder erzieherisch oder unterrichtlich etwas deutlicher profiliert. Man könnte auch sagen, im nächsten Jahrtausend brauchen wir zwischen Sonder- und Privatschulen eine Gesamtschule, die späterhin wahrscheinlich Sekundarschule heißen wird, die fördert, und ein Gymnasium, das fordert. Die Schüler sortieren sich dann sinnvoller auf die beiden Schulformen, weil gesamtschulspezifische Unterforderungen und gymnasialtypische Überforderungen in der jeweils anderen Schulform besser kompensiert werden können. Der Faktor höherwertiges Abitur, der als schulformsortierende Perspektive für den überstarken bisherigen Run auf das Gymnasium und die unendliche Schulnot der Schüler dort verantwortlich ist, entfällt dann, denn das Abitur läßt sich künftig über beide Schulformen gleichwertig erreichen.

36. Die Notwendigkeit der Sonderschulen

In Deutschland neigt man dazu, Schulreformen extrem zu konzipieren. Entweder sollen alle Behinderten segregiert oder alle integriert werden. Beides ist falsch, in der Mitte liegt der wahre Fortschritt. Schüler, die die sie entlastende Zuwendung in einer Sonderschule, die sie in besonderer Weise ihren Behinderungen entsprechend zu fördern vermag, akzeptieren oder gar genießen, sollten lieber dort beschult werden, solche aber, die die Integration ins Regelschulwesen bejahen und die auch dort angemessen kompensatorisch erreicht und gefördert werden können, sollte man nicht im Sonderschulwesen stigmatisieren.

So viele Schüler mit erhöhtem Förderbedarf wie möglich in Integrationsklassen, in Integrative Regelklassen, in Förderzentren und in normale Regelschulen aufzunehmen ist ein sinnvolles Unterfangen, vorausgesetzt, ihre Zahl pro Klasse übersteigt in den Klassenstufen 1 und 2 nicht zwei Schüler, in den Klassenstufen 3 und 4 nicht vier Schüler und späterhin nicht fünf, vorausgesetzt aber auch, ihre Weiterbeschulung im Regelschulwesen ist bis zu ihrem Abschluß gesichert – was bislang noch nicht gegeben ist – und die für sie nötigen Sonderpädagogen und Erzieher stehen ihnen immer zur Verfügung.

Gymnasien mit einigen körperbehinderten, blinden oder hörgeschädigten Schülern, Integrationsklassen mit zwei bis vier von Anfang an als behindert erkannten Schülern und Integrative Regelklassen mit wenigen Schülern, die sich erst nach ihrer Einschulung als besonders förderungsbedürftig herausstellen, haben dort, wo schon langjährige Erfahrungen, auch was die Kooperation von Lehrern, Sonderpädagogen und Erziehern oder Sozialpädagogen in einem Team anbelangt, vorliegen, eigentlich nur Positives an Effekten gezeigt.

Schlimm ist es, wenn Sonderschulen nur deshalb beeinträchtigt werden sollen, weil sie zu teuer sind, denn sie werden zur Zeit von etwa 380 000 Schülern in ganz Deutschland besucht. In Hamburg hat man ihnen mit einer anfänglichen Integrationseuphorie vor Jahren einmal vorübergehend das Selbstbewußtsein des Eigenwertes ihrer Arbeit, manchmal sogar das Rückgrat gebrochen, so daß im nachhinein ihre Auflösung erst recht angeraten erschien. Wenn behinderte Schüler und ihre Lehrer ins Regelschulwesen übernommen werden, kostet das zwar dort ein wenig mehr, was aber an Gebäuden, Ausstattung und Betriebskosten zugleich gespart wird, ist wesentlich mehr. So liegt vor allem in bezug auf die Förderschulen die Versuchung nahe, sie aufzulösen, denn in ihnen sitzen viele Schüler, die lediglich besonders verhaltensschwierig oder schlichtweg aufgrund von Kulturkollisionen und sprachlichen Benachteiligungen (Sinti- und Roma-Kinder, Aussiedler- und Ausländerkinder, Binnenschiffer- und Schaustellerkinder) in ihnen gelandet sind.

Ein großer Teil bisheriger Sonderschüler läßt sich besser im Regelschulwesen fördern, weil er, was Motivationen und Lernerfolge anbelangt, mitgerissen wird, weil Stigmatisierungseffekte und Versager- bzw. Außenseiterschicksale minimalisiert werden und weil darüber hinaus auch die nichtbehinderten Schüler von ihnen im Sinne von Sozialem Lernen, von Erziehung gegen Vorurteile und zu Toleranz sowie durch die Ausstrahlung der ganz anderen Kompetenz der Sonderschullehrer, der Erzieher und der Sozialpädagogen auch auf sie profitieren.

Die Vorteile eigenständiger Sonderschulen liegen dagegen in der Möglichkeit, sie den konkreten Behinderungen ihrer Schüler entsprechend gezielt auszustatten, Behinderte vor Überforderungen zu schützen und ihnen Muße, Entlastungen bzw. Zeit für Nachreife zu gewähren.

Deshalb werden wohl auch weiterhin Förderschulen nötig sein, denn sie betreuen viele Schüler, die sich trotz ihres körperlichen Älterseins noch seelisch in ganz kindlichen oder gar frühkindlichen Altersstufen befinden.

Sie müssen länger zur Schule gehen, weil sie mehr Zeit für ihre Reifungsprozesse brauchen; sie würden in Regelklassen ausgelacht, überfordert, mit täglichen Versagenserlebnissen entmutigt werden und müßten innerlich mit dem Bewahren ihrer Infantilität kompensieren. Viele Förderschüler brauchen auch mit 18 Jahren noch den Schonraum einer 8., 9. oder 10. Klassenstufe, nicht um in Warteschleifen geparkt zu werden, bis sie endlich arbeitswelt- oder auch ausbildungsfähig sind, sondern weil sie diese zusätzlichen Schuljahre dringend als pädagogisch effektive „Reifungsschleifen" benötigen, wie die Sonderschullehrerin Helwig Würtl sagt. Gerade zwischen dem 16. und 17. Lebensjahr machen viele Sonderschüler und insbesondere Förderschüler den größten Reifeschub. Ihre Chance auf einen Arbeitsplatz besteht vielfach nur darin, daß sie besonders anpassungsfähig, höflich, lieb, dankbar oder zuverlässig sind und zu einer langen Verweildauer in ihrem Beruf neigen, was sich für Betriebe durchaus rechnet, nicht aber so sehr in Form ihrer spezifischen Begabungskonstellation, Mobilität, Flexibilität oder Kreativität; aber genau diese Eigenschaften reifen vor allem in den Klassenstufen 9 und 10, aber nicht unbedingt im Rahmen eines Behauptungsstresses in integrierten Klassen im Regelschulwesen.

Sonderschulen brauchen wegen ihrer Reifungsschleifenfunktion, wegen der Sozialisationslangsamkeit und des hohen Entlastungsbedarfs ihrer Schüler gegenüber kognitiven und sozialen Herausforderungen und wegen ihres umfangreichen kompensatorischen Erziehungsprogramms dringend obligatorische 10. Klassen, wie überhaupt für sämtliche Schüler aller Schulformen die Vollzeitschulpflicht von neun auf zehn Jahre erhöht werden muß, damit die Kluft zwischen den zunehmenden Erziehungsdefiziten einerseits und den komplizierter gewordenen Ansprüchen der Arbeits- und Wirtschaftswelt und des sich alle zehn Jahre verdoppelnden Wissens unserer Gesellschaft andererseits wieder ein wenig verringert werden kann.

37. Berufliche Schulen ohne Pädagogik?

Die fehlende sozialpädagogische Qualifikation der meisten Berufsschullehrer können wir uns nicht länger leisten. Allenfalls bei den Handelsschullehrern mag das noch eine Zeitlang angehen. Nur dank ihrer starken Persönlichkeit und ihrer autodidaktischen Bemühungen vermögen sich einige Berufsschullehrer und sowieso recht viele Lehrwerkmeister noch in den Gewerbeschulen zu behaupten.

Berufliche Schulen sind zwar, was ihre Anforderungsprofile und die jeweils ihnen zugeordnete Schülerschaft anbelangt, höchst verschieden, so daß man in Berufsfachschulen für Uhrmacher, in Meisterschulen und im Rahmen eines die betriebliche Ausbildung begleitenden Blockunterrichts noch eher so weiterwursteln kann wie bisher; aber in Berufsvorbereitungsklassen, in Berufsausbildungsjahren und in Klassen für Jugendliche ohne Ausbildungsvertrag ist die geringe pädagogische Kompetenz ihrer Lehrer bereits am Ende angelangt.

Früher mußten Gewerbelehrerstudenten hier und da noch ein Integriertes Sozialpraktikum ableisten, dann hat man es aber zumeist durch Betriebspraktika ersetzt, so daß nur noch wenige angehende Berufsschullehrer freiwillig sozialpädagogische, psychologische oder gar verhaltensgestörten- und lernbehindertenpädagogische Seminare besuchen.

Am schlimmsten sieht die Arbeitsplatzbeschreibung der Berufsschullehrer aus. Sie sind zumeist Berufsfeldspezialisten, die in allzu vielen Klassen jeweils zu selten und über das Schuljahr hinweg infolge der Blockphasen oder des einzigen Berufsschultags pro Woche, den ihre Schüler betriebsbegleitend haben, mit allzu vielen jungen Menschen Unterricht haben, so daß sie oft nicht einmal deren Namen, geschweige denn ihre Probleme kennen, die sie aber wegen ihrer pädagogischen Studien- und Referendariatsdefizite, wenn sie sie überhaupt wahrnehmen, weder verstehen noch therapeutisch bewältigen können. Die Berufsschule vertraut nach wie vor auf die erzieherische Kraft der Familie, der Ausbildungsbetriebe, der Anlernverhältnisse und der Firmen, bei denen ihre Schüler jobben, und das funktioniert heutzutage eben nicht mehr bei der Mehrheit der jungen Menschen.

Die Ausbildung der Berufsschullehrer und ihre Arbeitsplatzbeschreibung müssen also sofort verändert werden, damit Berufsvorbereitungsklassen, Berufsförderungswerke, Gewerbeschulen, Handelsschulen, Berufsfachschulen, Fachschulen und Fachoberschulen pädagogisch präventiver, kompensatorischer und therapeutischer werden; denn was sie nicht mehr hinbekommen, müssen die Wirtschaftswelt, die Bundesanstalt für Arbeit, die Krankenkassen, die Sozialämter und die ganze Gesellschaft späterhin mehrfach und dann wesentlich kostenträchtiger wieder ausbaden.

Daraus ergeben sich für eine Reform der Beruflichen Schulen folgende Forderungen, damit sie auch im nächsten Jahrtausend noch mit ihrer internationalen Einmaligkeit und mit der auf Georg Kerschensteiner als dem Erfinder der Berufsschulen zurückgehenden Überlegenheit des deutschen Berufsschulsystems bestehen können:

— Berufsschullehrer müssen aus ihrem Fachidiotendasein, das ihnen das Leben im Berufsschulalltag so schwer macht, befreit werden, indem sie nicht nur vor allem mit fachdidaktischen Seminaren auf ihre Berufsfeldkompetenz hin geschult werden. Sie benötigen dringend verpflichtende sozialpädagogische, lernpsychologische, pädagogisch-psychologische, devianzpädagogische, medienpädagogische und präventionspädagogische (Gewalt- und Suchtprävention) Seminare in Studium und Referendariat. Im Studienseminar müssen sie zudem als Klassenlehrer ausgebildet werden.

— Mehr noch als andere Lehrer sollten sie verpflichtet werden, in den Schulferien Kurse der Institute für Lehrerfortbildung zu besuchen, damit ihre sozialpädagogische Kompetenz stetig aktualisiert werden kann, denn im Jugendalter haben wir es etwa alle drei Jahre mit einer völlig anderen Generation zu tun, die anderen Jugendkulttrends, anderen Ausstiegs- und Rauschbedürfnissen, einem anderen Sprachverhalten, Freizeitverhalten, Bekleidungs- und Konsumverhalten, einem anderen Musikgeschmack und gewandelten Partnerschafts-, Interaktions-, Rangordnungsaufstiegs- und Konfliktbewältigungs- bzw. -ausweichverhaltensweisen erliegt und jeweils andere Wertevorstellungen, Sinndeutungen und Religionsersatzformen bevorzugt.

— Berufsschullehrer müssen an ihrem Arbeitsplatz umfassender, also entspezialisierter eingesetzt werden. Auch die Berufsschulen brauchen künftig das Klassenlehrerprinzip, damit ein Mehr an Wahrnehmen, Verstehen und Handeln gegenüber Biographie, Milieu, Problemen und Verhaltensweisen der Berufsschüler und ihren familienersetzenden Gruppeneinbindungen möglich wird, wozu auch ein Mehr an Kontinuität, Kontrolle, Deutlichkeit, Grenzsetzungen und Bereitschaft, es mit den jungen Menschen auch über Krisen hinweg auszuhalten, gehört. Nur wenn Berufsschullehrer mehrere Fächer in ihren Klassen geben können, vermögen sie auch erzieherisch mit ihren Schülern zusammenzuleben, weil sie gleichzeitig in dem

Maße, in dem sie häufiger in ihren Klassen sind, weniger andere Schüler zu unterrichten haben. Wenn sie mehr Wochenstunden als bisher in ihren Klassen sind, wächst zugleich die Bereitschaft, sich auch mehr den Problemen derjenigen jungen Menschen zuzuwenden, für die sie als Klassenlehrer verantwortlich sind. Die ständig größer werdende Bedeutung von Zusammenleben, Umfassung, Kontinuität und erzieherischer Fortschrittskontrolle auch gegen die Trends und Sogeinwirkungen der mißlichen Formen der Jugendkultszenerie zwingt überdies letztlich dazu, für diejenigen Schüler, die in Ausbildungsverhältnissen sind, den Blockunterricht wieder abzuschaffen und durch einen allwöchentlich stattfindenden Berufsschultag zu ersetzen, der acht Zeitstunden währen muß, von denen eine Stunde unbedingt Sport- bzw. Bewegungserziehung sein muß (Hamburg will dagegen gerade den Sportunterricht an Berufsschulen abschaffen), damit pädagogisch auch etwas dabei herauskommt. Zwei jährliche Blockphasen von je etwa drei Wochen können dann ja zusätzlich in das Schuljahr eingebaut werden.

– Berufsschulen kommen im nächsten Jahrtausend nicht mehr ohne Sportpädagogen, Sonderschullehrer, Erzieher und Sozialpädagogen aus – so wie sie schon bislang Lehrwerksmeister brauchten –, nicht um ausschließlich mit einzelnen schwierigen Schülern zu arbeiten, sondern vor allem um die Berufsschullehrer zu beraten, wie sie es pädagogisch besser machen können.

38. Privatschulen mit großer Zukunft

Immer mehr Eltern mißtrauen den staatlichen Schulen. Sie sind mit fraktionierten Lehrerkollegien, mit zu großen Schulen, mit der Vermassung der Gymnasien bei einer Übergangsquote von fast 40 Prozent der Grundschüler, mit einem übertriebenen und deshalb höchst störanfälligen Fachlehrer- und Kurssystem, mit wenig engagierten Lehrern voller Beamtenmentalität, die unter dem Burn-out-Syndrom leiden und „vergreist" sind, mit dem Mangel an Werteerziehung, mit zu vielen „Schmuddelkindern", die negative Einflüsse auf ihre Jungen und Mädchen haben, mit so etwas wie „Niveauverlust" und damit unzufrieden, daß SPD-regierte Länder dazu neigen,

Schüler eher lieblos zu verwalten, und CDU/CSU-regierte, sich nur für leistungsstarke Kinder zu interessieren.

Sie suchen daher Schulen, die von den kindlichen Grundbedürfnissen ausgehen, die einen hohen Wertekonsens bieten, die für die Kinder überschaubar sind, die auf Atmosphäre, Stil, Ton, Takt, Bewegung, Spiel, Musisches und Emotionalität achten und an denen der Unterricht dank schülerzentrierten Vorgehens und hohen Lehrerengagements nicht so oft ausfällt. Dafür sind sie dann auch bereit, Geld auszugeben.

In Hamburg beispielsweise besuchen schon fast zehn Prozent aller Schüler Privatschulen, nämlich die Rudolf-Steiner-Schulen (Waldorfschulen), Katholische Schulen, evangelische Konfessionsschulen wie die Wichern-Schule, Freie Schulen, die Internationale Schule, die Deutsch-Französische Schule, die Japanische Schule, Landerziehungsheime, Internate, Hochbegabteneinrichtungen, Tagesinternate und genehmigte Ersatzschulen, die wie die Brecht-Schulen oder die Jenisch-Schule gescheiterte Schüler dennoch zum Abitur oder zum Realschulabschluß „pressen" sollen. Laut Statistischem Bundesamt sitzen mittlerweile schon zwölf Prozent aller Gymnasiasten Deutschlands in privaten Lehranstalten. Es wären wesentlich mehr, wenn nicht fast 60 Prozent aller Bewerber, meist Problemfälle, abgewiesen werden würden, weil es an Plätzen mangelt.

In den letzten 20 Jahren hat sich die Zahl der Privatschulen allein in den alten Bundesländern verdoppelt. Während die Gesamtzahl aller Schüler dort von etwa 9 Millionen auf ungefähr 7 Millionen zurückging, wuchs die Zahl der Schüler an den mehr als 2000 allgemeinbildenden Privatschulen zugleich von 283 000 auf 435 000 an. Allein die Zahl der Waldorfschulen ist in ganz Deutschland seit 1970 von 30 auf über 180 gestiegen, und in den neuen Bundesländern sind seit der Wende schon rund 100 Privatschulen gegründet worden.

Die Länder freuen sich einerseits, weil sie auf diese Weise etwas Geld sparen, andererseits schöpfen die Privatschulen vor allem die lernstarken Schüler ab, die dann im staatlichen Schulwesen als Zugpferde und als positive Modelle in Klassen fehlen.

Fragt man Eltern, warum sie ihr Kind auf eine Privatschule schicken, dann nennen sie folgende Motive in folgender Reihenfolge:

- An Privatschulen gibt es weniger Problemfälle unter den Mitschülern, die Zeit und Kraft der Lehrer beanspruchen und negative Modelle für die eigenen Kinder sind,
- Engagement der Lehrer und Qualität der Lehre sind größer,
- der Unterricht ist anspruchsvoller, die Schüler werden mehr und umfassender gefordert, langweilen sich weniger und lernen mehr, anders und anderes,
- die Schüler werden besser betreut, Unterricht ist in Ästhetik, Atmosphäre, Ordnung, Disziplin, Bewegung (Eurythmie), Musisches und Handwerkliches eingebettet,
- das soziale Engagement der Lehrer ist größer,
- die Schulgebäude sind ansehnlicher, schülergemäßer, gepflegter, heiler, funktionaler und gestalteter,
- Werteerziehung spielt eine größere Rolle,
- die jeweilige weltanschauliche Prägung (Konfession, Anthroposophie) wird bevorzugt.

Schon immer wollten Privatschulen einen Kontrast zu den staatlichen Schulen bieten, weil Kinder zu verschieden sind, als daß sie alle ihrer jeweiligen Persönlichkeit entsprechend in Belehrungsschulen, in städtischen Schulen, in Regelschulen, in überkonfessionellen Schulen, in deutschen Schulen, in Halbtagsschulen, in notengebenden Schulen oder in solchen, in denen sie vor allem stundenlang auf Stühlen sitzend zuhören müssen, auf ihre Kosten kommen:
- Die 20 Landerziehungsheime, die so etwas wie pädagogisch stärkere Internate sind und zu denen renommierte Anstalten wie die Stiftung Louisenlund und das Schloß Salem gehören, bieten seit Hermann Lietz eine Rund-um-die-Uhr-Betreuung bewußt stadtfern an, um jungen Menschen im Schonraum der Natur, unter einer Glasglocke, die mißliche Großstadtreize abschirmt, familienersetzend eine bessere Reifung, oft auch gegen den Familienstreß „besserer Kreise" anbieten zu können.
- Die Hibernia-Schule in Wanne-Eickel und die Odenwaldschule an der Bergstraße ermöglichen eine umfassendere Doppelqualifizierung (Abitur plus Facharbeiterbrief).
- Die Freien Schulen wie die in der Honigfabrik in Hamburg oder wie Produktionsschulen anderswo vertrauen im Sinne der Pädagogik Celestin Freinets auf Materialumgang, Bewegung, Spiel, Notenfreiheit und flexible, vom Schüler selbstbestimmte Lern-

phasen in Kooperation mit anderen (Partner- und Gruppenarbeit). Sie verzichten auf einen Schulleiter, einen Stundenplan, eine Klassengemeinschaft und auf starre 45-Minuten-Takte und vertrauen auf die lernfördernden Impulse des Zusammenlebens von Lehrern und Schülern sowie vor allem auf die Bedeutung von Muße, Entlastung und die Lust zum Lernen, die jedem Kind angeboren ist.

— Hochbegabtenschulen wie die Christophorus-Jugenddorf-Schulen in Braunschweig, Rostock und Königswinter gehen auf die gesellschaftlichen Schwierigkeiten ein, die junge Menschen mit einem IQ über 130 durch Unterforderung, Langeweile, geringes Schlafbedürfnis, einen enormen Wissensdurst und durch einen gewaltigen Erkundungs- und Handlungsbedarf haben. Sie bieten ihnen wesentlich mehr an Stoff, an Unterricht, an Beschäftigung, an Differenzierung und an Zuwendung bis hin zu Fächern wie Japanisch, Arabisch, Informatik und Betriebswirtschaft.

— Die Arbeitsgemeinschaft Evangelischer Schülbünde beschult an 650 allgemeinbildenden Schulen mehr als 70 000 Schüler. Darüber hinaus unterhält sie 251 berufsbildende Schulen.

— Zum Arbeitskreis Katholischer Schulen in Freier Trägerschaft gehören 1080 allgemeinbildende Schulen mit etwa 300 000 Schülern.

— Der Bund der freien Waldorfschulen hat an seinen etwa 180 Schulen, in denen es bis zur Klasse 12 keine Noten gibt, 61 000 Schüler; bei weitem werden aber nicht alle Kinder aufgenommen, deren Eltern das wollen, weil die Nachfrage wesentlich größer als das Platzangebot ist, und das, obgleich in den Klassen der Waldorfschulen in der Regel immer noch 40 Schüler sitzen.

— Der Bundesverband Deutscher Privatschulen, in dem nur nicht konfessionell oder weltanschaulich gebundene Schulen sind, hat an 50 allgemeinbildenden Schulen etwa 12 000 Schüler und an 274 berufsbildenden Schulen noch einmal mehr als 32 000 Schüler.

Die Privatschulgesetze der 16 Bundesländer unterscheiden bei den Schulen in Freier Trägerschaft zwischen genehmigten und anerkannten Ersatzschulen. Die genehmigten Schulen müssen sich ganz allein über die Beiträge der Eltern und über Spenden finanzieren, die anerkannten hingegen bekommen staatliche Zuschüsse, oft werden auch von den Ländern die Lehrergehälter und die Lehr- und Lernmittel entweder ganz oder anteilig bezahlt. Während ein Schüler einer staatlichen Schule etwa 12 000 Mark im Jahr kostet, zahlt Hamburg beispielsweise für jeden Rudolf-Steiner-Schüler nur 6000 Mark; 170 Millionen Mark jährlich sparen also die Bundesländer jährlich allein durch die Existenz der Waldorfschulen ein.

Was Eltern für Privatschulen zahlen müssen, schwankt sehr; kirchliche Schulen nehmen oft gar nichts oder monatlich etwa 50 Mark; das erste Kind an einer Waldorfschule kostet etwa 200 Mark monatlich, ein Internatsplatz im Schloß Plön kostet ungefähr 1000 Mark, im Alumnat Rohlstorf bei Bad Segeberg (die Kinder besuchen staatliche Schulen), etwa 1500 Mark, ein normales Landerziehungsheim wie die Schule Marienau bei Lüneburg nimmt 2400 Mark monatlich, und das Landerziehungsheim Schloß Salem am Bodensee verlangt pro Monat 3000 Mark.

Obwohl die Bundesländer zur Zeit bemüht sind, ihre Zuschüsse für die anerkannten Privatschulen zu kürzen, werden sie weiter boomen.

Im nächsten Jahrtausend, in dem die Profilierung und auch der Autonomiegrad der Schulen zunehmen werden, wird es ein viergliedriges Schulsystem im Groben und ein tausendgliedriges bei genauerem Hinsehen geben, weil jede Schule, ganz gleich ob staatlich oder privat, bemüht sein wird, irgend etwas Besonderes anzubieten, um sich selbst einen attraktiven Schwerpunkt zu verschaffen, der auch weit entfernt wohnende Schüler anlockt, und um in den immer mehr um sich greifenden „Schulhitlisten" mit ihrem Ranking bestehen zu können; denn der Ruf der einzelnen Schule mit einem besonders geprägten pädagogischen Profil, das zu Angeboten bis hin zu Ski-, Schwimm-, Fußball- und Tennis-Gymnasien führen wird, wird künftig ausschlaggebender sein als die Schulform, zu der sie gehört. Das übergeordnete viergliedrige Schulsystem der Zukunft wird aber wohl bestehen aus Sonderschulen (für etwa zwei Prozent aller Schüler), aus Gesamt- oder Sekundarschulen (für etwa 40 Prozent aller Schüler), aus Gymnasien (für etwa 42 Prozent aller Schüler) und aus Privatschulen (für etwa 16 Prozent aller Schüler).

160

39. Lehrermotivationen:
Die Persönlichkeit des Lehrers
als Schicksal des Schülers

Die Lehrerpersönlichkeit mit ihren Einstellungen zu Beruf und jungen Menschen ist für den Schüler bedeutsamer als die jeweilige Schulsystemlösung oder Unterrichtsmethode. Der Lehrer ist also Schicksal des Schülers, was Lernerfolge oder Selektion anbelangt.

Die Motive, Lehrer zu werden, und die Engagementbereitschaft vor Ort sind höchst unterschiedlich. Etwa zehn Prozent der Lehrer tun den Schüler so richtig gut; 40 Prozent sind weder besonders gut noch besonders schlecht, sie sind Durchschnitt, man lernt etwas bei ihnen, hat durch sie keine nennenswerten Nachteile, bleibt aber weitgehend auf sich allein gestellt oder ist von der häuslichen Unterstützung in seinen Erfolgen abhängig, weil dieser Typus Lehrer um Minimalisierung von Einsatz bemüht ist, um sich selbst vor Überforderungen zu schützen. Etwa 50 Prozent aller Lehrer sind eher schlecht für die Schüler, aber das ist eine Quote, die auch für andere Berufe wie Ärzte, Anwälte, Musiker, Fußballspieler oder Krankenschwestern gilt.

Wenn die Wellenlänge zwischen Schüler und Lehrer stimmt, wenn man sich gegenseitig mag, ist die Methode zwar auch wichtig, aber erst an zweiter Stelle. Wenn sie aber nicht stimmt, wenn es graduelle Antipathie gibt, können auch an sich gute Lehrer lernhemmend auf einzelne Schüler wirken, zum Beispiel weil sie zu erkennen geben, daß sie einzelne Schüler lieber mögen als andere. Auf ein und denselben Lehrer reagieren Schüler sehr unterschiedlich, weil sie selbst untereinander so verschieden sind, so unterschiedlich geborgen, gefördert oder defizitär aufgewachsen sind. Daher kommt es nicht selten vor, daß selbst ein für 20 Schüler seiner Klasse außergewöhnlich guter Lehrer für zwei Schüler nicht günstig ist oder daß eine für 20 Schüler ihrer Klasse mißliche Lehrerin für zwei Schülerinnen die optimale Lösung darstellt. Mit Schuld hat das weniger als mit Zufälligkeiten des Zusammentreffens von Persönlichkeitsmerkmalen zu tun.

Viele Lehrer sind empört darüber, daß sie der niedersächsische Ministerpräsident Gerhard Schröder pauschal als „faule Säcke" beschimpft hat und daß die schleswig-holsteinische Ministerpräsidentin Heide Simonis ihnen „masochistisches Gejammere" über das Burn-out-Syndrom vorgeworfen hat, denn das ohnehin schon allzu schlechte öffentliche Ansehen der Lehrerschaft ist damit noch weiter beeinträchtigt worden, so daß auch der sowieso schon geringe erzieherische Einfluß der Schulen noch mehr herabgesetzt wurde. Das Pauschale war das Schlimme an diesen Kritiken, aber auf allzu viele Lehrer treffen sie leider dennoch zu. Auch die Hamburger Schulsenatorin Rosemarie Raab greift mit Recht einen Teil ihrer Lehrer an, indem sie beklagt, „Klassenarbeiten, die erst nach Wochen zurückgegeben werden, sind für die Schüler ein Ärgernis" und „Es ist unerträglich, daß Schüler kurz vor dem Zeugnistermin mit schriftlichen und mündlichen Prüfungen überhäuft werden, weil ihre Lehrer – ohne jede Koordination – zuvor Versäumtes noch schnell nachholen müssen". Selbst die Schüler bezeichnen Vorschläge der Lehrergewerkschaft GEW, künftig auf einige Klassenarbeiten, auf die Halbjahreszeugnisse, auf Klassenbücher und auf einige Lehrerkonferenzen zu verzichten, als „unverschämt", weil diese Vorschläge, die zur Kompensation der zusätzlichen Unterrichtswochenstundenverpflichtung gemacht wurden, doch sehr den Geruch von Trägheit haben.

Es gibt zu viele Lehrer, die den immer wichtiger werdenden Erziehungsauftrag der Schule als Zumutung ablehnen, die eigentlich Medizin, Jura oder Betriebswirtschaft studieren wollten, dort aber am Numerus clausus gescheitert sind, die lediglich eine kleine Morgenstelle als Stundengeber mit guter Bezahlung und vielen Ferien anstreben, die nur am fachwissenschaftlichen Aspekt von Unterricht, sei es Chemie, sei es Französisch oder sonst etwas, interessiert sind, die Kontaktschwierigkeiten mit gleichaltrigen Erwachsenen haben und deshalb wenigstens Macht über Kinder ausüben wollen, die nur gesellschaftspolitische bzw. ideologische Ziele als Partei- oder Verbandsfunktionäre über junge Menschen besser umsetzen wollen und sich deshalb für Biographie, Milieu und Probleme der Schüler kaum interessieren, aber oft Schulleiter, Schulräte oder Parlamentarier werden, die sich kaum auf ihren Unterricht vorbereiten, die keine Lust haben, Klassenarbeiten bis zum nächsten Tag zu korrigieren, und Klassenfahrten, Wandertage, Hausbesuche oder Elternstammtische und gelegentlich sogar pädagogische Konferenzen und Fortbildungsveranstaltungen ablehnen; lieber trinken sie in der Hofpause Kaffee im Lehrerzimmer, als sich einem problembeladenen Schüler zuzuwenden. Nur wenige Menschen werden Lehrer, weil sie vor allem gern mit Kindern und Jugendlichen ein Stück deren Lebens zusammenleben wollen.

Über viele Dienstjahre hinweg zeitigt der Lehrerberuf oft mißliche Rückwirkungen auf die Lehrerpersönlichkeit; sie gewöhnt sich an die notengebende, selektionierende und strafende Macht, an frontale Sitzordnungen und lediglich lehrerzentriertes Vorgehen, an einsame Beschlüsse, die auf Dauer immer mehr kooperations- bzw. teamunfähig machen, an zu lautes Sprechen, so daß sie sogar in Urlaubssituation als Lehrer identifizierbar ist, sowie an Nörgeln, an zu kalte, zu strenge, zu überfordernde Interaktionen, an Ironie oder Sarkasmus und an sich selbst schützendes Weggucken, wenn Probleme offenbar werden. Solche Lehrer sind dann ungeliebt oder gar verhaßt, und sie verstehen letztlich als resignierte, verbitterte und ausgebrannte Menschen nicht mehr den Zusammenhang von pädagogischer Investition und eigener Berufszufriedenheit; sie halten von irgendeinem Zeitpunkt an Schüler für Monster, für undankbar, hinterhältig und sowieso für unverbesserlich.

Dabei gibt es reichlich Erfahrungen mit Lehrern, die sich als Freunde ihrer Schüler empfinden, die sich um die Sorgen und Nöte der ihnen anvertrauten Jungen und Mädchen und deren Eltern kümmern, die Hausbesuche machen, mit schwierigen Schülern nachmittags Kaffee trinken oder Eis essen, mit ihnen ins Kino gehen, balgen, kochen, basteln, Sport treiben, spielen, verreisen, sie zu sich nach Hause einladen und einmal im Monat mit deren Eltern in irgendeiner Gastwirtschaft über Erziehungsprobleme sprechen und die dann Freundschaft und Entlastung auch in der Form zurückbekommen, daß sie keineswegs fertiggemacht, sondern liebvoll getragen werden, wenn sie einmal krank sind, einen Autounfall hatten oder in Scheidung leben.

Das Lehrerdasein läßt sich eben nicht mit gewerkschaftlichen Arbeitszeitmodellen einfangen; es benötigt eine Rund-um-die-Uhr-Bereitschaft des Zusammenlebens, der freundschaftlichen Beziehung und der Krisenintervention.

Die Hamburger Gewerkschaft Erziehung und Wissenschaft bemüht sich um eine neue Arbeitsplatzbeschreibung für Lehrer, in der mit Recht der erzieherische Aufwand als gleichwertig neben den Unterrichtsaufwand gestellt werden soll. Wenn sie dabei aber vorschlägt, die Lehrerarbeit auf der Basis einer 38,5-Stunden-Woche und einem jährlichen Urlaubsanspruch von 30 Tagen neu zu berechnen, dann ist das als durchschnittliches Orientierungsmodell gewiß sinnvoll, weil nur darüber sämtliche Belastungsfaktoren von Lehrern gerecht eingefangen werden können, aber bezogen auf den einzelnen Lehrer und seine konkrete Klasse darf es nicht dazu führen, daß er exakt nach 38,5 Stunden Einsatz am Freitag mittag „die Kelle aus der Hand fallen" läßt. Arbeitszeitregelungen passen nämlich ebensowenig zu kindlichen Bedürfnissen, wie Jura und Pädagogik sich nicht vertragen.

Die Hamburger GEW möchte für Lehrer so etwas wie einen Tarifvertrag erkämpfen, der ausgehend von einer 38,5-Stunden-Woche, 30 Urlaubstagen und vergleichbaren anderen Berufen des öffentlichen Dienstes eine jährliche Arbeitszeit von 1694 Stunden an 220 Arbeitstagen vorsieht, und dabei sollen dann auch die außerunterrichtlichen pädagogischen Leistungen wie Vorbereitungen, Korrekturen, Lernentwicklungsberichte, Elternarbeit, Konferenzen, Klassenfahrten und Hausbesuche erfaßt werden, und zwar wird vorgeschlagen, 45 Prozent der Arbeitszeit für „Tätigkeiten zusammen mit den Schülern", 40 Prozent für Vorbereitung, Korrekturen, Zeugnisschreiben und Elternarbeit und 15 Prozent für Organisation, Weiterbildung und Fortentwicklung anzusetzen. So manches wird dabei in die Ferienzeit nach dänischem Vorbild verlagert; in Dänemark ist nämlich geregelt, daß Lehrer 20 Tage pro Jahr während der Schulferien zu arbeiten haben.

Ein derartiges Modell sollte jedoch immer nur ein Orientierungsmodell im allgemeinen sein, im konkreten Fall darf der Lehrer nie darauf schielen, sondern er muß sich bei seinem umfassenden Handeln stets vor allem von den Bedürfnissen seiner Schüler leiten lassen.

Die veränderten Kinder und Jugendlichen, die stärkere erzieherische Herausforderung der Schule und der Wandel von Familie und Gesellschaft erfordern im nächsten Jahrtausend einen ganz anderen Lehrertyp, den man erst mit einer völlig veränderten Lehrerbildung und einem ganz neu beschriebenen Arbeitsplatz bekommen wird.

In dem Maße, wie der Lehrer nicht mehr vor allem Beschuler oder Belehrer, sondern Lernberater in einer Lernwerkstatt, „Coach" oder Freund seiner Schüler sein wird, werden wohl nur noch Menschen in den Lehrerberuf drängen, die vor allem auch diese neue Rolle des Zusammenlebens mit Schülern leben wollen.

Der Stoffvermittler, der Stundengeber, der Selektionshelfer und der Fehler jagende Zensor werden hoffentlich bald aussterben. Es kommt dann aber auch deshalb mehr auf die Einstellung des Lehrers zu seinen Schülern an, weil im Rahmen des künftigen Computerlernens seine wissensvermittelnde Funktion weitgehend durch gut gemachte Software ersetzt werden kann, so daß methodische Qualitäten eine geringere Rolle spielen werden, beratende und animierende aber zunehmend eine größere. Der methodisch schlechte, aber freundschaftlich gute Lehrer wird dann zu einem rundum guten Lehrer werden können, während der lediglich fachwissenschaftlich, fachdidaktisch und methodisch gute Lehrer, der das Zusammensein mit Schülern als Last und einen hohen partner- oder gruppenarbeitsbedingten, aber produktiven Geräuschpegel als quälend empfindet, völlig entbehrlich wird oder nur noch als Lernsoftwaregestalter nützlich sein kann.

40. Biographie, Milieu und Nachbarschaft: Die unterschiedlichen Elternmotivationen

Es gibt nicht die Eltern an sich, sondern im wesentlichen vier Gruppen unter ihnen:

— Etwa 15 Prozent der Eltern haben unerwünschte Kinder, die sie eher als störend, nicht in ihren Lebenszusammenhang passend empfinden oder die sie schon vorzeitig resigniert aufgegeben haben. Solche Kinder haben entweder das nicht erhoffte Geschlecht, sind anders geraten als gewollt, weil sie zu nächtlichen Schreiattacken neigen oder sonst irgendwie stören, solche Kinder werden oft nur bejaht, weil die Mutter gern schwanger sein wollte, aber das Kind nach der Geburt nicht haben möchte, oder sie werden als Scheidungskinder zwar von der Mutter geliebt, aber nicht von ihrem neuen Partner, und als Jugendliche werden sie oft abgelehnt, weil sie nur in der Hauptschule gelandet sind, weil sie ein provozierendes Bekleidungsverhalten und einen nervenden Musikgeschmack haben oder sich in ihrer Jugendkultnische wohler fühlen als in ihrer Familie. Solche Eltern besuchen dann auch keine Elternabende mehr, sie hoffen, daß der junge Mensch früh von zu Hause wegzieht oder als Schlüssel- bzw. Straßenkind in völliger Selbständigkeit seine eigenen Wege geht, ohne Ansprüche zu stellen; sie sind wegen ihres Mangels an Interesse für ihren Jungen oder ihr Mädchen leider auch nur schwer mit erzieherischen Ratschlägen durch die Schule erreichbar. Appelle gegenüber derartigen Eltern, ihre pädagogische Verantwortung wieder stärker wahrzunehmen, bleiben daher meist fruchtlos, selbst wenn der Lehrer einen Hausbesuch bei ihnen durchsetzen kann.

— Am anderen Ende gibt es ebenfalls etwa 15 Prozent aller Eltern, die ihr Kind mögen, es aber restlos im Sinne von Schullaufbahn bis zum Abitur, Sozialprestige, Karriere, hohem Lebensstandard, Musikerziehung (Klavier, Geige) und angesehenen Sportarten (Reiten, Hockey, Tennis) verplanen. Mama führt den Terminkalender für das Kind und chauffiert es täglich quer durch die Region zum Training, zum Ballettunterricht, zum Kindergeburtstag und zum Nachhilfeunterricht, sie läßt überprüfen, ob es hochbegabt ist, kauft ihm schon früh einen Computer mit fremdsprachlicher Software und Eingreifprogrammen zur Verbesserung der Rechtschreibung und der Rechenfertigkeit, sie schickt das Kind, wenn es 15 Jahre alt ist, in den Sommerferien nach England zur Aufbesserung der Englischnote und, wenn es 17 ist, für ein Jahr als Gastschüler in die USA, zuvor schon in den Herbstferien auf einen Reiterhof und in den Frühjahrsferien in ein Ski-Camp in die Alpen; wenn es dann aber nicht so gut im Gymnasium klappt, weil das Kind auch gar keine Grundschulempfehlung dafür hatte und der Nachhilfeunterricht auch nicht fruchtet, dann wird das Kind mitsamt den hohen elterlichen Erwartungen in einem Internat oder in einem Landerziehungsheim abgegeben. Darüber hinaus wissen solche verplanenden Eltern voller Übererwartungen, die ihrem Kind tägliche kleine Versagenserlebnisse in Form von schlechten Noten und von stets enttäuschten Gesichtern bei Vater und Mutter verschaffen, aber auch alles besser als die Lehrer, so daß sie zwar ständig in der Schule nachfragen, ob es denn auch etwas mit dem Gymnasium und dem Abitur wird, und pausenlos den Lehrern und Schulleitern mitteilen, was in der Schule alles falsch läuft, jedoch gleichzeitig ebenfalls nicht mit pädagogischen Ratschlägen erreichbar sind; sie machen sowieso nur, was sie selbst für richtig halten, sie besuchen zwar die schulischen Elternabende, wollen dort aber eigentlich weniger zuhören als vielmehr kritisieren.

— Zwischen diesen beiden erzieherisch schwer erreichbaren Gruppen der Rabeneltern und der Übereltern gibt es eine große, etwa 60 Prozent ausmachende Elternschaft, die gekennzeichnet ist durch die beiden Merkmale starke Liebe zum Kind und völlige erzieherische Hilflosigkeit. Solche Eltern möchten gern alles richtig machen, machen aber letztendlich das meiste ganz und gar falsch. Sie verschlingen Erziehungsratgeber und die entsprechenden Ratgeberseiten in Zeitungen und Zeitschriften, in denen jedoch oft völlig Gegensätzliches empfohlen wird, so daß sie mit den vielen Alltagsherausforderungen wie Zubettgehzeiten, Nachhausekommzeiten, Fernsehkonsum, Kaufwünsche, Tischmanieren, Mithilfe im Haushalt, Taschengeld, Klauen, Lügen, Geheimniskrämerei, Schulaufgaben, Körperpflege und Ordnung sowie Grenzsetzungen und Strafen unsicher, inkonsequent und unangemessen umgehen. Sie erhoffen sich aber durchweg die pädagogische Unterstützung der Schule, besuchen gern die Elternabende und sind dankbar für Hausbesuche der Lehrer, für Elternstammtische und häufige Gespräche über Erziehungsthemen.

— Nur etwa zehn Prozent aller Eltern macht erzieherisch kaum etwas falsch.

Eltern stehen oft in erzieherischen Teufelskreisen, weil sie vor allem dasjenige mit ihrem Kind tun, was ihnen selbst in ihrer Jugend widerfahren ist. Sind sie geschlagen, verwöhnt oder jeden Tag anders erzogen worden, dann neigen sie dazu, ihr Kind auch so zu führen. Sie gucken sich in der Nachbarschaft ab, wie man es denn mit der Erziehung macht, und insofern neigen Eltern in Villenvororten untereinander zu ähnlichen Führungsstilen, aber auch die in Trabantenstädten oder in soziokulturell benachteiligten Stadtteilen und Regionen. Biographie und Milieu der eigenen Sozialisation tradieren und multiplizieren sich demnach allzuoft auf Biographie und Milieu der Kinder, so daß viele meinen, man müßte einmal eine ganze Generation junger Menschen mit einem Schulfach Erziehungslehre versorgen, damit sie eine Chance erhält, aus den Teufelskreisen von falscher, hilfloser, inkonsequenter, überfordernder und undeutlicher Erziehung herauszukommen und es mit ihrem eigenen Nachwuchs einmal ganz anders, stimmiger und erfolgreicher zu wagen.

Lehrer versuchen immer wieder, sich allen Eltern und Kindern gegenüber gleich zu verhalten. Das ist aber nicht sinnvoll. Erzieherisch hilflosen Eltern gegenüber muß das häufige Beratungsgespräch gesucht werden, und ihren Kindern helfen am besten deutliche und konsequente Grenzsetzungen, die weder zu eng, weil der junge Mensch dann neurotisch gestört wird, noch zu weit, weil er dann verwahrlost gerät, gesetzt werden dürfen, sowie einsehbare Begründungen für die Erwartungen bzw. Forderungen. Bei Kindern erzieherisch uninteressierter und resignierter Eltern und bei solchen, die restlos mit Überfürsorge und Verplanung überfordert werden, hilft oft nur, da deren Eltern für Ratschläge kaum zugänglich sind, sie selbst gegen ihre mißlichen Eltern zu stärken, damit sie sich nicht mitschuldig am Leiden von Vater oder Mutter fühlen, vor allem aber, damit sie lernen, an ihre eigenen Kräfte zu glauben, damit sie mit sich selbst besser umgehen und damit sie aus sich selbst heraus erfolgreich werden können.

Eltern, die mit sich selbst schlecht umgehen, können meist auch mit ihren Kindern nicht gut umgehen; das Tragische daran ist, daß Kinder von Eltern, die zu sich selbst und damit auch zu ihrem Kind schlecht sind, immer gleichzeitig ein negatives Selbstbild und ein stets schlechtes Gewissen haben.

41. Schule und Eltern:
Erwartungen und kooperative Möglichkeiten

Es gibt Schulen, die sich an ihre klassischen Funktionen Qualifizierung, Reproduktion der Werte der Gesellschaft und Selektion klammern, einen verstärkten Erziehungsauftrag als Zumutung zurückweisen und auf die herkömmliche Arbeitsteilung der erziehenden Familie und der belehrenden Schule vertrauen. Andere Schulen haben längst verstanden, daß sie wesentlich mehr Erziehung übernehmen müssen, weil die Eltern erzieherisch versagen und weil sie in Stadtteilen oder Regionen liegen, in denen sie allein mit Unterricht nicht mehr klar kommen.

Aber auch Eltern erwarten von Schule höchst Unterschiedliches:
– Es gibt Eltern, die die Erziehung auf jeden Fall selbst durchführen wollen, und dieses Recht ist ihnen ja auch mit dem Artikel 6 des Grundgesetzes garantiert. Sie lehnen einen Eingriff

der Lehrer in ihre werteerzieherische, religiöse oder sexualpäd-
agogische Verantwortung ab, und sie empfinden die obligatorische Volle Halbtagsgrundschule von 8 bis 13 Uhr als schwer-
wiegenden Eingriff in ihr Familienleben, das ja dort, wo die
häusliche Erziehung noch funktioniert, bisher bereits beginnt,
wenn die Erst- und Zweitkläßler bereits um 10 oder 11 Uhr zu
Hause sind. In Hamburg wollen deshalb mehrere Eltern durch
alle Instanzen hindurch bis zum Bundesverfassungsgericht
gegen die verbindliche „Verläßliche Halbtagsgrundschule" klagen.

— Daneben gibt es viele Eltern, oft sind es alleinerziehende berufs-
tätige oder erzieherisch völlig überforderte, aber auch solche,
die ihre Kinder als störend oder schlecht in ihren Lebenszusammenhang passend betrachten oder resigniert aufgegeben
haben, die von der Schule als staatlicher Erziehungsinstitution
geradezu erwarten, daß sie ihnen weitgehend ihre Kinder abnimmt und sie familienersetzend oder in Übermaßen familienergänzend führt.

— Eine dritte Gruppe von Eltern möchte erzieherisch mit der
Schule zusammenarbeiten, will eine pädagogische Lösung aus
einem Guß für ihre Kinder finden, in der Lehrer und Familie ver-
zahnt zusammenwirken. An diese Eltern vor allem ist gedacht,
wenn die Kultusministerien mehrerer Bundesländer die Mitwir-
kungsrechte der Eltern stärken wollen, indem sie paritätisch aus
Lehrern, Eltern und Schülern besetzte Schulkonferenzen vorsehen, in denen – wie in Hamburg – jeweils ein Drittel Lehrer,
Eltern und Schüler über Strafmaßnahmen entscheiden oder
Schulleiter wählen oder in denen – wie in Schleswig-Holstein –
50 Prozent Lehrer sitzen und jeweils 25 Prozent Eltern und
Schüler.

Die Hamburger Schulsenatorin Rosemarie Raab will mit einem
reformierten Schulgesetz dafür Sorge tragen, daß Schule für Eltern und Schüler demokratisch wird, daß sie mehr Informations-
rechte erhalten und daß die schulischen Entscheidungsprozesse
transparenter werden. So soll die Schulkonferenz mit ihren Befug-
nissen über der Lehrerkonferenz stehen, Klassensprecher und El-
ternräte sollen an Klassen- und Notenkonferenzen teilnehmen
dürfen, und die Schulkonferenz soll mit einer Zweidrittelmehr-
heit über das „Schulprogramm" befinden dürfen, mit dem die

einzelne Schule die Möglichkeit erhält, sich pädagogische Schwerpunkte zu setzen, die besser zur Nachbarschaft und zu den Elternerwartungen passen, mit dem sie sich aber auch ein besonderes Profil oder einen größeren Autonomiegrad zu geben vermag. Die Schulkonferenz entscheidet dann aber auch über die Verwendung der Haushaltsmittel (eigene „Budgetierung"), über Patenschaften mit Betrieben („Sponsoring") und über die Einrichtung von fächerübergreifenden Lernbereichen, über Abweichungen von der Stundentafel oder über die Einführung des Computerlernens (CD-ROM- und Online-Lernen, Tele-Lernen) oder über die Bevorzugung von Schlüsselqualifikationen gegenüber bisherigen Fachlernzielen. Den Lehrern bleibt dabei nur noch ein „Beanstandungsrecht", damit sie nicht so ohne weiteres in zentralen pädagogischen Fragen überstimmt werden können. Damit die Schule auf diese Weise nicht zum Spielball zufälliger und kurzfristiger Kräftekonstellationen in der Schulkonferenz wird, soll aber gleichzeitig die Stellung des Schulleiters gestärkt werden; er soll im Konfliktfall als verlängerter Arm der Schulbehörde die Handlungsfähigkeit der Schule gewährleisten und nicht mehr nur wie bislang in Hamburg vor allem „primus inter pares" sein.

Erfahrungsgemäß bereichern Eltern erheblich das Schulleben, wenn sie kooperativ und mit einigen Rechten eingebunden werden. Schule wird dann wirklich eine kommunale Einrichtung, eine Stadtteil-, Nachbarschafts- oder Regionalschule, eine Anstalt mit Tradition und unverwechselbarem Profil und Ruf, wenn Eltern Mitverantwortung tragen, und das gilt auch für ihr finanzielles Engagement, ohne das die Schule im nächsten Jahrtausend nicht mehr bezahlbar sein wird. Am Ende wird mit diesen Kooperationstendenzen auch herauskommen, daß die einzelne Schule ein Mehr an Personalhoheit erhalten wird, daß sie also ihre Lehrer, Sozialpädagogen, Erzieher, Lehrbeauftragten und Schulassistenten selbst einstellen darf, wie das Hessen jetzt schon im Ansatz praktiziert.

Eine derart neue kommunale und kooperative Konstruktion von Schule setzt jedoch voraus, daß Lehrer und Schulleiter fortan nicht mehr verbeamtet, sondern angestellt sind. Mit der Personalhoheit der autonomen Schule, ergänzt durch ein modernes Schulmanagement vor Ort, läßt sich die mißliche Fraktionierung von Lehrerkollegien minimalisieren, weil über die eigene Einstellung und Entlassung von Pädagogen ein höheres Maß an Wertekonsens und Profilbildung möglich sein wird, Schule aber auch durch mehr Wettbewerb sowohl erzieherisch als auch in bezug auf Lernerfolge produktiver werden kann.

42. Schullaufbahnprognosen und -entscheidungen

Die Grundschulempfehlungen nach Klasse 4, überwiegend nur von einer Person, nämlich der Grundschullehrerin erstellt, erweisen sich in einem Drittel aller Fälle im nachhinein als falsch; hauptschulempfohlene Schüler kommen dennoch zum Realschulabschluß, gymnasialempfohlene nur zum Realschulabschluß, realschulempfohlene und manchmal auch hauptschulempfohlene gelangen zum Abitur usw. Spätentwickler kommen ohnehin gelegentlich über den Qualifizierenden Hauptschulabschluß nach Klasse 10 (Niedersachsen), der zum Übergang in die gymnasiale Oberstufe berechtigt, oder über den Weg Realschulabschluß und Aufbaugymnasium, über Wirtschafts-, Abend- und Technisches Gymnasium oder über den Zweiten Bildungsweg (Hansa-Kolleg) zur Hochschulreife bzw. über die Fachoberschule zur Fachhochschulreife.

Nach Klasse 6 ist jedoch nur noch jede sechste Prognose langfristig gesehen falsch, wie wir aus schulformunabhängigen Orientierungs- und Förderstufen und aus den Bundesländern mit sechsjähriger Grundschule (Brandenburg, Berlin) wissen.

Mit der Verankerung des Elternrechts bei der Wahl der weiterführenden Schullaufbahn in den Schulgesetzen (beispielsweise in Hamburg) entscheiden die Eltern vielfach gegen die Grundschulempfehlung und melden ihr Kind zur nächst „höheren" Schulform oder halten über die Anmeldung zu einer Integrierten Haupt- und Realschule (Sekundar-, Regelschule, Differenzierte Mittelschule, Erweiterte Realschule, Regionale Schule) oder einer Gesamtschule den Weg zu einem höherqualifizierenden Abschluß länger offen.

In Hamburg ist beispielsweise nur gut jedes dritte Kind gymnasialempfohlen, aber 41 Prozent aller Eltern melden ihren Jungen oder ihr Mädchen dennoch bei einem Gymnasium an und weitere 35 Prozent bei einer Gesamtschule. Sie tun gut daran, denn am Ende erreicht jeder dritte Schüler einen anderen Schulabschluß als prognostiziert.

Früher gab es ja am Ende der Klasse 4 noch Intelligenztests; zum Glück hat man die abgeschafft, denn sie korrespondieren kaum mit Schullaufbahnen. Weniger der IQ oder so etwas wie ein „Begabungstyp" (früher unterschied man zu Unrecht praktische, technische und wissenschaftliche Begabungen) entscheiden über Schulerfolg und -versagen, sondern vor allem Verhaltensweisen, wozu auch das Lernverhalten gehört und wozu häusliche Förderungsmöglichkeiten, die Primärsozialisation bzw. die erzieherische Biographie, die Nachbarschaftsbedingungen (Milieu, soziokulturelle Faktoren), Bildschirm- und Jugendtrendeinflüsse und die Lehrerpersönlichkeitenkonstellation beitragen.

Wenn Eltern über eine Schullaufbahn entscheiden, indem sie ihr Kind an einer bestimmten Schule anmelden, dann wollen sie die Abschlußentscheidung, die ja auch etwas mit Sozialprestige, Karriere, Lebensstandard und Berechtigungen zu tun hat, hinausschieben oder unter dem Motto „Wir wollen nur das Beste für unser Kind" oder „Unser Kind soll es einmal besser haben als wir" mitbeeinflussen. Sie können dabei auch auf mitreißende oder stigmatisierende Effekte vertrauen, denn wenn man einem Schüler mehr zutraut, wird er auch durchweg besser, traut man ihm aber wenig zu, dann gibt er sich im Sinne der Theorie von „self-fulfilling-prophecy" auch früher auf. Überdies sind Schüler in günstigeren Lernmilieus, in denen nur wenige sie negativ beeinflussende „Schmuddelkinder" sitzen, motivierter, in ungünstigen aber in der Tendenz – vom „Restbewußtsein" angesteckt – resignierter.

Vor Erfahrungen im Umgang mit einer Fremdsprache und vor Beginn der Pubertät sind Schullaufbahnprognosen sehr unzuverlässig. Würde vor allem der Intelligenzquotient über den Abschlußerfolg entscheiden, dann dürfte man durchaus schon Zehnjährige auf Gymnasien, Realschulen und Hauptschulen sortieren. Da aber fast jeder Schüler intellektuell in der Schule unterfordert bleibt, da kein Mensch seine Hirnkapazitäten ausschöpft (im Schnitt nur 25 Prozent) und da Lernerfolge von Lehrerpersönlichkeiten, von Methoden, von Lernorganisationsformen und von Mitschülern abhängen, vor allem aber davon, ob man für seine Schulaufgaben einen guten Arbeitsplatz zu Hause hat, ob man seine Hausaufgaben überhaupt macht, für Arbeiten lernt und seine Bücher und Hefte in der Schule bei sich hat, ob man im Unterricht ausdauernd konzentriert zu sein vermag, zuhören kann, richtig ernährt ist und von den Eltern zu Hause beim Lernen unterstützt wird – und sei es über bezahlten Nachhilfeunterricht –, taugt der IQ als Maßstab für die Zuordnung zu weiterführenden Schulen überhaupt nicht. Theoretisch könnte man sogar viele Hauptschüler zum Abitur bringen, wenn man nur die für sie richtigen Lernorganisationsformen und Methoden finden würde.

Wenn es zwischen Sonder- und Privatschulen nur noch ein zweigliedriges Schulsystem ohne höher- und minderwertige, sondern mit zwei andersartigen Bildungsgängen geben würden, die beide zum Abitur und zur Berufsausbildungsreife nach Klasse 10 führen, die aber im Sinne von Klaus Hurrelmanns Zwei-Wege-Modell nur noch zwischen Schülern, die erzogen und unterrichtet, und Schülern, die unterrichtet und erzogen werden müssen, unterscheiden, dann wäre die momentane Schullaufbahnprognosen- und -entscheidungsproblematik weitgehend gelöst, denn ob Schüler einen erhöhten Erziehungsbedarf haben oder nicht, läßt sich schon recht treffsicher mit zehn oder zwölf Jahren ausmachen.

43. Das dreigliedrige Abschlußsystem und die Überlegenheit von Profilabschlüssen

Schon in den 70er Jahren lagen in den Kultusministerien Konzeptionspapiere vor, um das bisherige dreigliedrige Abschlußsystem mit Hauptschulabschluß, Realschulabschluß und Hochschulreife durch Profilabschlußbeschreibungen zu ersetzen, die von Fach zu Fach angeben, was ein junger Mensch kann. Nur Profilabschlüsse passen zur Gesamtschulkonzeption, und deshalb waren die SPD-regierten Länder für sie, während die CDU/CSU-regierten an den bisherigen pauschalen Schulformabschlüssen festhalten wollten. Mittlerweile hätten die SPD-regierten Bundesländer in der Kultusministerkonferenz die Mehrheit für die Umsetzung von Profilabschlußbeschreibungen wie auch für ihre Idee, die zur Gesamtschule passende Stufenlehrerausbildung einzuführen; aber die Angst vor den mißlichen Folgen einer öffentlichen Diskussion darüber, die ideologisch und emotionsreich geführt werden würde und die zum Verlust von Wählerstimmen beitragen könnte, lähmt zur Zeit eine diesbezügliche Initiative.

Kein Schüler ist in allen 16 Fächern Realschüler oder Haupt-

schüler, nur wenige sind über alle Fächer hinweg auf Gymnasialniveau. Es entscheidet sich von Fach zu Fach, was einer wie gut
kann; jeder Mensch hat ein individuell einmaliges Leistungsprofil,
und so ist es normal, daß ein Hauptschüler in den Naturwissenschaften Realschulniveau zu erreichen vermag und daß eine an sich
gute Gymnasiastin in Chemie nur Hauptschulleistungen zustande
bringt. Schon die bisherigen Gesamtschulen mit ihren A- (Haupt-
und Realschulniveau) und B-Noten (Gymnasialniveau) beweisen,
daß fast alle Schüler sowohl A- als auch B-Noten erreichen, und es
muß dann festgesetzt werden, daß so und so viele B-Noten für den
Übergang in die gymnasiale Oberstufe erforderlich sind und so und
so viele für den Erwerb der Realschulabschlußqualifikation.

Heutzutage ist es nicht mehr nötig, in Abschlußzeugnissen aus-
zuwerfen, was ein Schüler nicht kann; es reicht, wenn darin steht,
was er kann. Und da fachbezogene Noten künftig eine geringere
Rolle spielen werden als die Beschreibung von Schlüsselqualifikationen wie Erkundungs-, Handlungs- und Konfliktkompetenz, Teamfähigkeit, Kreativität, Sozialkompetenz und vernetzendes Denken,
braucht die Schule der Zukunft Profilabschlüsse, die einfach besser
zu den Lernentwicklungsberichten der Grundschule, zu profilierten Schulen, die teilweise wie die Hamburger Max-Brauer-Schule
schon eine „Profil-Oberstufe" haben, zu autonomeren Schulen, zur
Entwicklung der Schule von einer Belehrungsanstalt zu einer Lernwerkstatt, zur Konzeption Lehrer als „Coach" bzw. Lernberater,
zum Offenen Unterricht, zur Projektmethode, zu integrierten Schulformen, zum Computerlernen und zu den neuen Schlüsselqualifikationen, auf die besonders Großbetriebe zunehmend Wert legen,
passen.

In Ansätzen gibt es schon jetzt so etwas wie versteckte Profilabschlüsse mit alter Begrifflichkeit, wenn man an den Hauptschulab-
gang, an den Hauptschulabschluß nach Klasse 9, an den Erweiterten Hauptschulabschluß nach Klasse 10, an den Qualifizierten
Hauptschulabschluß nach Klasse 10, der der Fachoberschulreife
entspricht, an den Qualifizierenden Hauptschulabschluß nach
Klasse 10, der zum Übergang in die gymnasiale Oberstufe berechtigt, an die Fachoberschulreife, den Realschulabgang, den Realschulabschluß, die Versetzung in die gymnasiale Oberstufe, die Zu-
erkennung höherwertiger Teilqualifikationen in geringerwertigen
Abschlußzeugnissen (also beispielsweise den Vermerk des Real-

174

schulniveaus für Physik und Chemie in einem Hauptschulabschluß-
zeugnis) und an die Differenzierung von Fachhochschulreife nach
Klasse 12 und allgemeiner Hochschulreife nach Klasse 12 oder 13
denkt.

Profilabschlüsse ermöglichen einem fremdsprachlich starken,
aber naturwissenschaftlich schwachen Mädchen, das bislang nicht
den pauschalen Realschulabschluß erwerben kann, den Übergang
in Fremdsprachen- oder Höhere Handelsschulen, die jetzt noch die
Fachoberschulreife voraussetzen. Und warum sollte nicht ein für
Biologie und Mathematik besonders begabter Schüler Biologie und
Mathematik studieren dürfen, wenn er in anderen Fächern so
schwach ist, daß er nicht zum herkömmlichen Abitur kommt?

Das dreigliedrige Abschlußsystem gehört historisch gesehen zu
ziemlich homogenen Lerngruppen, wie es sie noch mit Realschulen
und Gymnasien gab, denen strenge Auslese- bzw. Aufnahmeprüfungen vorausgingen. Seitdem die Eltern in mehreren Bundesländern das Recht haben, über die weitere Schullaufbahn zu entscheiden, seitdem es Gesamtschulen gibt und seitdem Realschul-
und Gymnasialklassen höchst heterogen zusammengesetzt sind, so
daß so mancher Hauptschüler begabter und leistungsfähiger als so
mancher Gymnasiast ist, geben die auf die preußische Dreiklassengesellschaft zurückführbaren drei pauschalen Schulformabschlüsse
jedoch keinen Sinn mehr, zumal in Ausbildungsberufe, die eigentlich den Hauptschulabschluß voraussetzen, zunehmend Realschulabsolventen und Abiturienten gelangen, zumal es aber auch viele
Hauptschüler heutzutage schaffen, über Berufsfachschulen, Fachoberschulen, den Zweiten Bildungsweg, Fremdenprüfungen und
Abendgymnasien dennoch zur Fachhochschulreife oder zur Allgemeinen Hochschulreife zu gelangen.

44. Leistungsbewertungsmodelle:
Noten, Berichte und Zeugnisse

Unsere heutigen Zeugnisse gehen auf das 16. Jahrhundert zurück. Im höheren Schulwesen gab es seitdem vier Grundformen,
nämlich das Benefizien- bzw. Stipendiatenzeugnis, das im Sinne
einer Sittentafel Aussagen über Fleiß, Ordnung und Verhalten des
Schülers traf, das Reifezeugnis, das auf der Grundlage von Prü-

fungen Kenntnisse und Fähigkeiten mit Hinblick auf den Universitätsbesuch vermerkte, das Abgangszeugnis, das bei vorzeitigem Abbruch des Schulbesuchs oder bei einem Schulwechsel erteilt wurde, und das periodische Zeugnis, mit dem die Schullaufbahn in Etappen gegliedert wurde und das wir heute als Halbjahres- und Versetzungszeugnis kennen.

Über Zeugnisnoten wird die selektionierende Funktion von Schule deutlich; sie werfen Schüler in Rangordnungen, lesen sie aus und weisen ihnen Berechtigungen zu. Allen Zeugnissen gemeinsam waren von Anfang an drei Aufgaben:

— Erstens liefern sie dem Lehrer einem Maßstab für das in Lernprozessen Erreichte; der „Klassendurchschnitt" ist dabei so etwas wie eine Orientierungsmarge, so daß gelegentlich auch festgelegt ist, daß eine Klassenarbeit wiederholt werden muß, wenn mehr als die Hälfte der Schüler mangelhafte oder ungenügende Leistungen zeigt.

— Zweitens soll der Schüler mit Noten, mit Versetzungsverwarnungen oder mit Versetzungs- und Abschlußvermerken bestraft, ermuntert oder gelobt werden, sich aber auch in der Leistungsrangordnung einer Klasse selbst einstufen können.

— Drittens sind Zeugnisse auch für „Dritte" bestimmt, also für Eltern, für kontrollierende Schulleiter und Schulräte und für die Abnehmer von Schule, nämlich für Ausbildungsbetriebe, Personalchefs, berufliche Schulen und Hochschulen.

Entwickelt haben sich die Ziffernzeugnisse wahrscheinlich aus dem „Rangieren", auch „Lokation" genannt, heraus, das heißt, daß Schüler früher ihre Sitzplätze in der Klasse nicht nur nach Alter, sondern auch nach der jeweils aktuellen Leistungsfähigkeit erhielten; wenn sie gut waren, durften sie „aufrücken", wenn sie einen Leistungsabfall zeigten, wurden sie „zurückversetzt". Aus dieser Wurzel stammt dann auch unser heutiges Wort „Versetzung". Erst 1927 wurde an deutschen Schulen das Rangieren untersagt.

Die Stufung der Noten entspricht mehr oder weniger zufälligen Vereinbarungen:

— Bei Universitätsprüfungen gab es lange nur „summa cum laude", „cum laude" und „rite" neben „durchgefallen", und so ist es noch heute bei Promotionen.

— Noch in den 50er Jahren hatten einige Bundesländer nur die

176

Noten 1 bis 5, in der DDR war das bis zur Wende 1990 so, heute gibt es in allen 16 Ländern die Noten 1 bis 6.

- Die 6 ist in der Schweiz die beste und die 1 die schlechteste Note, so war es auch lange in Bayern.
- Die Gesamtschulen haben ein neunstufiges Notensystem von der B1 als bester Note bis zur A6, wobei eine B4 gleich einer A1 ist.
- die letzten vier Semester der gymnasialen Oberstufe haben ein sechzehnstufiges Notenmodell mit Punkten von 0 bis 15.
- In manchen Bundesländern gibt es im Fach Religion nur die Vermerke „teilgenommen" und „nicht teilgenommen" und in anderen Kursen Abstufungen wie „mit großem Erfolg teilgenommen", „mit Erfolg teilgenommen" und „teilgenommen".
- Manche Lehrer erweitern die Notenstufendifferenzierungen mit Nuancen wie 2 –, 3 + oder 2–3.

In Dänemark gibt es schon seit 1976 keine Noten mehr bis zum Ende der Klasse 7; die Notenzeugnisse sind dort durch Berichtszeugnisse ersetzt worden, und kaum jemand wünscht sie zurück. Die Waldorfschulen geben schon immer Berichtszeugnisse bis zur Klasse 12, und in der 13. Klasse müssen sie aus Gründen der staatlichen Anerkennung ihrer Abschlüsse mit Noten bzw. Punkten arbeiten. In den meisten Bundesländern sind mittlerweile in den Klassen 1 und 2 die Notenzeugnisse durch Berichtszeugnisse abgelöst worden, und in den Klassen 3 und manchmal auch 4 können die Eltern einer Klasse abstimmen, ob sie lieber Noten oder Berichte haben wollen (z.B. in Hamburg). An den Hamburger Gesamtschulen kann die Erweiterte Schulkonferenz, die zu je einem Drittel aus Lehrern, Eltern und Schülern sowie aus Vertretern des Hauspersonals besteht, darüber befinden, ob bis zur Klassenstufe 8 keine Noten mehr gegeben werden, und sowieso gibt es an den Gesamtschulen die Regelung, jede Note gleichzeitig mit einem kurzen Text zu erläutern.

Das neue Hamburger Schulgesetz sieht vor, bis zur Klasse 6 anstelle der bisherigen Notenzeugnisse nur noch „Lernentwicklungsberichte" zu geben und eventuell sogar die Halbjahreszeugnisse ganz abzuschaffen.

Die dänische Schule hat ab Klasse 8 eine Notenskala von 0 bis 13, die in drei Zonen untergliedert ist, wobei 0 bis 6 „unsicher", 7 bis 9 „mittel" und 10 bis 13 „ausgezeichnet" bedeutet. Die seit mehr als 20 Jahren notenfreie Volksschule, die für alle Kinder bis zur Klasse 7 reicht und Berichtszeugnisse erteilt, hat dort eigentlich nur positive Effekte:

- Das Arbeitsklima ist ruhiger und optimistischer als bei uns.
- Die „Lernarbeit" hat in größerem Maße Lernwerkstattcharakter. Der Aspekt der längerfristigen Fähigkeitsentwicklung dominiert vor dem Wissenserwerb.
- Die Schule hat Zeit, offener und experimentierfreudiger auf Neuerungen in der Umwelt zu reagieren.
- Die Schulzeit ist für die Schüler vom unmittelbaren Leistungsdruck der Zensur entlastet: Es gibt kein Sitzenbleiberproblem. Besonders schwächere Schüler arbeiten unbelasteter.
- Die Schüler erleben sich untereinander nicht in einer leistungsmäßigen Rangordnung; Mitschüler werden nicht als Versager stigmatisiert.
- Das Verhältnis zwischen Lehrer und Schüler, zwischen Schüler und Eltern, zwischen Eltern und Lehrer ist nicht durch das Phänomen Zensur belastet.

Kinder lernen besser, wenn sie Fehler machen dürfen, wenn sie nicht über ihre ganze Schulzeit hinweg mit roter Tinte verfolgt werden, wenn sie nicht als Verlierer bestraft werden. Lernentwicklungsberichte können Mut machen, Noten führen aber oft dazu, daß man sich aufgibt und daß man noch schlechter wird. Die einzige Note, die den Schülern gut tut, ist die 1. Die notenfreie Schule funktioniert optimal, wenn von Anfang an keine Noten gegeben werden; beginnt man aber erst später mit der Notenfreiheit, dann bringt sie kaum noch gute Resultate, weil so mancher Schüler längst mit der Waffe der Note sozialisiert, eingeschüchtert und kaputtgemacht wurde.

Schwierig ist es, Eltern und Ausbildungsleitern den Vorteil von Lernentwicklungsberichten einsichtig zu machen, weil sie sich Schule ohne Noten überhaupt nicht vorstellen können. Unsinnig war es deshalb auch, die Viertkläßler in Schleswig-Holstein zu befragen, ob sie lieber Noten oder Berichtszeugnisse hätten; selbstverständlich haben sie sich mehrheitlich für Noten entschieden, denn man kann sich nur schwerlich zu einer Alternative bekennen, unter der man sich gar nichts vorzustellen vermag.

Viele Menschen verknüpfen ganz zu Unrecht die Note mit der Notwendigkeit von Leistung. Schüler müssen etwas leisten, und sie sollen leistungsstark werden; das geht aber auch ohne Noten, wie Erfahrungen mit dem Offenen Unterricht und mit der Reichen-Methode (Lernen über Fehler, „Lob des Fehlers" nennt Reinhard Kahl das) belegen.

Merkwürdigerweise fehlt im neuen Hamburger Schulgesetz der Leistungsbegriff. Viele Jahre lang glaubten vermeintlich fortschrittliche Menschen, Bezugspersonen, Autoritäten, Grenzen und Leistungserwartungen würden Kinder knebeln, ihnen Gewalt antun, ihre Entwicklung blockieren. Unsinn war das, denn Kinder begehren, weil man ihre Grundbedürfnisse nicht einfach austauschen kann, unbedingt Bezugspersonen für ihre Geborgenheit, Autoritäten für ihre Orientierung und Grenzerfahrungen für ihren Weltbildaufbau, und etwas leisten zu können ist für sie ungemein wichtig, ist ihnen eine sehr große Lust, weil sie nur dann ihren Wert, ihre Möglichkeiten und ihre Entwicklungschancen erkennen, weil sie nur dann Selbstbewußtsein und Identität aufbauen können. Eine Schule, die jedwede auch noch so geringe Leistung für ausreichend hält, „ist sicher keine gute Schule", sagt daher der schulpolitische Sprecher der Hamburger Grünen, Kurt Edler.

Noten geben vor, objektiver als Texte zu sein. Man traut ihnen wie einem Fußballergebnis, dabei sind sie höchst ungerecht, sie sagen allenfalls etwas über den Bezugsrahmen eines Lernverbandes aus, aber keineswegs etwas darüber, ob der Lehrer der Parallelklasse mit gleichem Maßstab vorgeht, geschweige denn die Nachbarschule oder die Schule eines anderen Bundeslandes. Noten müssen ungerechter sein als liebevoll erstellte Texte, die die Individualität eines Schülers stimmig zu erfassen versuchen. Und Lehrer wissen selbst, daß die meisten ihrer Notenentscheidungen auf wakkeligen Beinen stehen, also etwas mit dem vielbelachten „Würfeln von Noten" zu tun haben, und ihnen bleibt durchweg vollständig verborgen, wie der Kollege auf der Zeugniskonferenz zu seiner 3,4 oder 5 gekommen ist, die er einem Schüler als Fachlehrer zuordnet. Deshalb können auch Schulleiter meist nur mit den Achseln zucken, wenn sie von Eltern wegen einer Note zur Rede gestellt werden, oder sich auf Klassenarbeitslisten oder die merkwürdige Behauptung zurückziehen, „das Mündliche gibt doch den Ausschlag".

Wenn es um die Kontroverse Noten- oder Berichtszeugnisse und die Schule der Zukunft geht, muß folgendes festgestellt werden:

- Lieblos mit im Computer vorhandenen Floskeln zusammenge-
schusterte Berichtszeugnisse sind herkömmlichen Notenzeug-
nissen unterlegen.

- Wenn sich der Lehrer für jeden einzelnen Lernentwicklungsbe-
richt genügend Zeit nimmt und bemüht ist, wie ein Schriftstel-
ler den jeweiligen Schüler in seinen Verhaltens- und Lernent-
wicklungstendenzen stimmig und fördernd zu erfassen, dann
ist das Berichtszeugnis einem Notenzeugnis überlegen.

- Lernentwicklungsberichte müssen halbjährlich gegeben werden, weil Schüler den Zeitraum eines ganzen Schuljahres oft
noch nicht selbstverantwortlich und perspektivisch klar über-
blicken können. Ein nur einmal im Jahr erstelltes Berichtszeugnis zeitigt zu geringe positive Rückwirkungseffekte, die sich
dann zudem meist auch zu spät ereignen würden.

- Kinder müssen sich von der ersten Klasse an an Lernentwicklungsberichte gewöhnen können; wenn sie erst in späteren
Jahren nach der Gewöhnung an Noten eingeführt werden, ver-
wirren sie vor allem nur.

- Eltern müssen auf Elternabenden auf die Vorteile von Berichts-
zeugnissen vorbereitet werden; sie müssen lernen, Abschied
von der Vorstellung zu nehmen, daß Schule und Noten unzer-
trennlich zusammengehören. Lernentwicklungsberichte setzen
eine enge Kooperation von Lehrern und Eltern voraus; sie
passen nur zur Schule, wenn Eltern stärkere Informations- und
Mitgestaltungsrechte haben. Wenn Schüler an Schule uninteres-
sierte oder resignierte Eltern haben, muß der Klassenlehrer die
Lernentwicklungsberichte gründlich mit den Schülern selbst erläutern und auswerten, also die Elternrolle ein Stück weit übernehmen.

- Nur Berichtszeugnisse können den immer wichtiger werdenden
Aufbau von Schlüsselqualifikationen gleichwertig zu Fachlei-
stungen widerspiegeln.

- Übergangsweise sollten die Fachnoten mit Kurzberichten, die
neben jeder Note stehen, erläutert werden, so wie es jetzt schon
die Gesamtschulen handhaben. Erst danach kann man dann
ganz auf Noten verzichten.

- Neben den Eltern müssen auch Ausbildungsleiter, Personalchefs, Berufsschulen und Hochschulen langsam an Berichtszeugnisse gewöhnt werden. Der Wandel des öffentlichen Be-

wußtseins in Richtung Akzeptanz von Lernentwicklungsberichten erfordert etwa zehn Jahre.

– Lernentwicklungsberichte sollten zumindest bis zum Schluß der 6. Klasse gegeben werden, besser wäre noch bis zur 8. Klasse.

– Lernentwicklungsberichte bis zur 6. Klasse, wie sie Hamburg mit dem neuen Schulgesetz plant, erfordern die Verknüpfung mit der sechsjährigen Grundschule, wie sie sich bereits in Berlin und Brandenburg bewährt hat.

45. Offener Unterricht und Projektmethode zur Begünstigung von Schlüsselqualifikationen

So wie die bisherige Belehrungsschule mit ihrem lehrerzentrierten Frontalunterricht, ihrer fachbezogenen Stundengeberei und ihren selektionierenden Noten und Zeugnissen zur ausklingenden Industriegesellschaft mit ihren Bedürfnissen nach „funktionierenden Rädchen", nach Unterordnung, Anpassung und Hierarchie paßte, braucht die mobile Informationsgesellschaft des nächsten Jahrtausends die Lernwerkstatt mit dem Lernberater, der als schülerzentriert vorgehender „Coach" Lernprozesse über akzeptiertes Fehlermachen und Verhaltensentwicklungen über Konfliktbewältigungsstrategien fördert.

Schlüsselqualifikationen wie Erkundungs-, Handlungs- und Krisenfähigkeit, Problembewältigungskompetenz, Partnerarbeitsfähigkeit, Teamkompetenz, Kreativität, Sozialkompetenz, Solidarität und vernetzendes Denken werden immer wichtiger werden als die herkömmlichen Fachlernziele.

Dabei wird die Leistungsfähigkeit des Schülers als Ziel überhaupt nicht in Frage gestellt, im Gegenteil, in der künftigen Arbeits- und Freizeitwelt wird es auf mehr Autonomiekompetenzen, auf mehr Eigenständigkeit, Flexibilität und Verantwortung des einzelnen ankommen, der wissen muß, wie man Informationen erhält, wie man sie vernetzt, wie man lernt, wie man sich zwischen rivalisierenden Werten zu entscheiden hat und wie man sich wehrt, behauptet und durchsetzt.

Die Grundschule im nächsten Jahrhundert muß sechsjährig sein, sie muß den Offenen Unterricht mit seinen Elementen gesprächsbegünstigender Stuhlkreis, Freie Wochenplanarbeit, reicher Materialumgang, Angebot von Karteikartensystemen, Lexika, Sachbüchern, Arbeitsbögen und Lerncomputer mit Selbstlernen begünstigender Software, die Abschaffung der 45-Minuten-Takte und das Einbetten des Lernens in Bewegungs-, Muße- und Spielphasen sowie Partner- und Gruppenarbeit fördern.

Ab Klasse 5 muß der Offene Unterricht dann mit dem Projektunterricht als Gegenstück zum deduktiven Lehrgangsunterricht fortgesetzt werden. Zu ihm gehören klassenbezogene, klassen-, stufen- und schulformübergreifende, innerfachliche, fächerübergreifende und überfachliche Vorhaben mit den drei Stufen Vorbereitung, Durchführung und Auswertung des Projektes, induktive, handlungsorientierte, kleingruppenbezogene und zielorientierte Vorgehensweisen, Arbeitsteilung, der Gang aus der Schule heraus („Vor-Ort-Prinzip" des Lernens), Praktika, die Möglichkeit, Fehler zu machen, und die Einmündung in eine Ausstellung, eine Vorführung, eine Pressekonferenz oder in den Verkauf der selbstgefertigten Produkte sowie Projekte, die von zwei (Co-Teaching) oder mehreren Lehrern (Team-Teaching) betreut werden. Sie können zwei Stunden, einen Tag, aber auch mehrere Wochen oder Monate umfassen, manchmal auch Jahre.

Offener Unterricht und Projektunterricht sind übrigens nur dann effektiver als herkömmlicher Lehrgangsunterricht, wenn sie gut gemacht werden; wenn sie schlecht gemacht werden und der Lehrer nicht hochengagiert und mit einem völlig anderen Führungsstil von diesen zeitgemäßen Methoden überzeugt ist, sind sie dem frontalen lehrerzentrierten und wissensvermittelnden Stundengeben unterlegen.

Wenn Schule zeitgemäß werden soll, muß sie sich von alten „Hochwertigkeiten" verabschieden. Völlig unnötig konkurriert sie immer noch mit den Hochschulen. Höhere Mathematik im Gymnasium zu pflegen, obwohl sie im Mathematikstudium erneut aufgelegt wird, ist nicht besonders produktiv, wenn Schule gleichzeitig so etwas wie Studierfähigkeit überhaupt nicht mehr zustande bringt. So beklagt der Mathematiker Hans Werner Heymann aus Bielefeld, daß alles, was lebenstüchtige Menschen heutzutage an mathematischen Fähigkeiten und Fertigkeiten benötigen, etwa bis zur 7. Klasse entwickelt ist, daß aber die über den Dreisatz, die Prozentrechnung und die Zinsrechnung hinausgehende Trigonometrie, Integralrechnung und Arbeit mit Logarithmen nur noch von denjenigen Menschen gebraucht werde, die ohnehin Mathematik studieren würden. Er meint, man solle alles, was in Mathe ab Klasse 8 gemacht werde, abschaffen und durch so etwas wie Schätzen, Überschlagsrechnen, Umgang mit Taschenrechnern und Computern sowie Interpretieren von Statistiken, Daten und graphischen Darstellungen ersetzen. Informatik für alle sei eben künftig wichtiger als Differentialrechnung für alle, denn im Jahre 2000 werden nur noch 35 Prozent aller Arbeitsplätze in Deutschland ohne Computer ausgestattet sein.

Nur mit den neuen Schlüsselqualifikationen wird sich das Ziel des mündigen demokratischen Staatsbürgers unserer Verfassung wirklich umsetzen lassen, nur mit dem Offenem Unterricht und der Projektmethode werden junge Menschen selbständig, handlungskompetent und konfliktfähig, so daß sie nicht mehr länger so massenhaft mit Hyperaktivität, Aggressionen, Krankheit, Rauschbedürfnissen, Süchten und Singularisierung („Cocooning") ausweichen müssen, und nur mit der Ablösung der Belehrungsschule durch die Lernwerkstattschule werden der Wirtschaftsstandort Deutschland und seine Betriebe auch weiterhin international konkurrenzfähig bleiben. Der ökonomische Konkurrenzdruck wirkt auf die kleinen Länder, die an Deutschland angrenzen, schon längst viel stärker, so daß Dänemark, die Niederlande, Belgien und die Schweiz mittlerweile, was die Entwicklung zu einer zeitgemäßen Schule anbelangt, schon sehr viel weiter sind als wir.

Der große Chemieunfall 1986 in Basel war für das ganze kleine Land Schweiz ein derart großer Schock, daß man sofort begann, übertrieben zerteilten Verantwortlichkeiten in Großbetrieben, die dazu führten, daß sich im Alltag niemand mehr für das Ganze zuständig fühlte, durch Enthierarchisierungsprozesse, durch Unterschriftsberechtigungen für jedermann und durch eine Vernetzung von Verantwortungsstrukturen entgegenzuwirken. Und gleichzeitig wurde aus demselben Anlaß heraus eine grundlegende Reform der Schulen eingeleitet, mit der das Fehlermachen der Schüler als Voraussetzung für späteres Fehlervermeiden nicht nur akzeptiert, sondern als lernbereichernd bejaht wurde.

46. Volle Halbtags- und Ganztagsschulen als Ergänzung von Familie und Eingriff in sie

„Zwangsbeglückung" nennen einige Eltern die obligatorische Lösung der „Verläßlichen Halbtagsgrundschule" von 8 bis 13 Uhr in Hamburg, und sie wollen bis vor das Bundesverfassungsgericht gegen den damit verbundenen Eingriff in das Recht der häuslichen Erziehung, das der Artikel 6 des Grundgesetzes garantiert, klagen. Erst- und Zweitkläßler kamen nämlich bislang um 10 oder 11 Uhr nach Hause, künftig aber erst um 13 Uhr oder 13.30 Uhr, so daß Elternteile, die ganztägig zu Hause für das Familienleben zur Verfügung stehen, in der Tat eines Teils der bisherigen Erziehungszeit beraubt werden.

Allerdings ist bereits am Beispiel der Sexualerziehung in Karlsruhe entschieden worden, daß Elternhaus und Staat gleichwertige Erziehungsrechte haben, und die Volle oder Verläßliche Halbtagsgrundschule erzieht ja schließlich auch.

Kinder wachsen mit höchst unterschiedlichen Erziehungsbedingungen zu Hause auf, sie brauchen also auch jeweils andersartige erzieherische Kompensations- und Zuwendungsdosen in der Schule. Einig sind sich alle darüber, daß viele Kinder Ganztagsschulen benötigen, weil sie nur in ihnen einigermaßen ausgleichend aufgefangen werden können, wenn die Eltern ihnen gar nicht, zu wenig oder völlig unangemessen zur Verfügung stehen. Wenn Eltern ihr Erziehungsrecht nur ungenügend nutzen oder pädagogisch fast alles falsch machen, muß der Staat zum Schutz von Kind und Gesellschaft einen Teil davon mitübernehmen. Viele Eltern sind froh darüber und versuchen sogar, die Erziehung ganz an die Schule und an Kindertagesstätten abzutreten. Manchmal ist ihnen sogar ein Job lieber als das Wohl der Kinder, manchmal müssen sie sich aber auch für ihren Beruf und partiell gegen ihr Kind entscheiden, weil sie sonst finanziell nicht klarkommen.

Ganztagsschulen und billigere Zwischenlösungen wie die Vollen Halbtagsschulen müssen zumindest in jedem Stadtteil oder in jeder Region neben den üblichen Halbtagsschulen angeboten werden, damit sie für jedes Kind, das ein derartiges schulisches Angebot braucht, erreichbar sind, ohne daß man alle Kinder in sie hineinzwingt.

Wenn aber die Volle Halbtagsgrundschule nicht nur eine bloße zeitliche Verlängerung von Schule ist, sondern mit ihr ein ganz anderes Verständnis von Schule, eine neue Konzeption, die zeitgemäßere Qualifikationen aufbauen will, einhergeht, dann müßten auch alle Kinder von diesem besseren Modell profitieren können, dann müssen sie auch gegen ihre Eltern damit „zwangsbeglückt" werden können. Und bei der Hamburger Verläßlichen Halbtagsgrundschule geht es eindeutig nicht vorrangig darum, den noch „heilen" Elternhäusern ein Stück Erziehungszeit zu rauben, sondern eine effektive Art von Schule besser umsetzen zu können, denn wenn Lernen in kindgemäßere Lebensformen, also in Bewegung, Spiel, Musisches und Entlastendes eingebettet werden soll, wenn zugleich der Sprachunterricht auch aus Gründen des europaweiten Zusammenwachsens verschiedener Nationen ausgebaut werden soll und darüber hinaus neben die herkömmlichen Fachlernziele noch Schlüsselqualifikation wie Selbständigkeit, Kreativität, Teamfähigkeit, vernetzendes Denken und Konfliktfähigkeit entwickelt werden sollen, dann ist dafür einfach mehr Zeit erforderlich.

Mit der Verläßlichen Halbtagsgrundschule Hamburgs – in anderen Bundesländern spricht man von der Vollen Halbtagsgrundschule – sollen nämlich folgende Reformgedanken verwirklicht werden:

— Von 8 bis 8.30 Uhr gibt es eine Anlaufzeit, während der die Schüler eintreffen, und zwischen 12.30 Uhr und 13 Uhr eine Ausklangzeit; in diesen beiden halben Stunden können sich die Lehrer einzelnen Schülern, ihren Problemen, ihren Sorgen und ihren Defiziten zuwenden, können sich aber auch die Schüler ihren Lehrern zuwenden und unverarbeitete Erlebnisse vom Wochenende, vom Vortag, aus den Ferien oder des Bildschirmkonsums loswerden, und auch die Schüler untereinander können in diesen Freiräumen kommunizieren.

— In Anbetracht der zunehmenden Sprachentwicklungsdefizite soll der Deutschunterricht um den Umfang einer Wochenstunde erweitert werden.

— Englisch (im Saarland Französisch) soll nicht mehr länger erst mit der Klasse 5 beginnen, sondern schon mit Klasse 3, und zwar auf zunächst spielerische Weise; Achtjährige lernen eine Fremdsprache schneller als Zehnjährige.

— In der 1. Klasse wird die Zeit, die die Kinder in der Schule verbringen, um acht Stunden pro Woche auf 27 Stunden erhöht, in der zweiten Klasse um sieben auf ebenfalls 27 Stunden, die Dritt- und Viertkläßler erhalten ein Plus von je vier Stunden, und zwar bei einer 5-Tage-Woche. Man muß diese Zahlen vor dem Hintergrund sehen, daß Hamburg bislang Schlußlicht in Deutschland mit der Zahl der Unterrichtsstunden in der Grundschule war. Die 45-Minuten-Takte werden abgeschafft, statt dessen soll Lernen im Sinne von Offenem Unterricht und von der Idee der Schule als Lernwerkstatt eingebettet sein in Phasen von Bewegung, Spiel, Musik, Kunst, Muße, Freie Gestaltung und Übung.

– In der Verläßlichen Halbtagsgrundschule kann den immer wichtiger werdenden familienergänzenden, präventiven, kompensatorischen, integrativen, innovativen (Schlüsselqualifikationen, Computerlernen), medienpädagogischen, diagnostischen und therapeutischen sowie den leiblich versorgenden Funktionen (Psychomotorik, Schulfrühstück, Pädagogischer Mittagstisch) und dem Einbeziehen der Forderung nach bisherigen Hausaufgaben, mit denen dann die Familie nicht mehr belastet wird, besser entsprochen werden.

– Bislang wechselten immer mehr Kinder mit immer unzureichenderen Fähigkeiten und Fertigkeiten von der Grundschule auf die weiterführenden Schulen, so daß Überforderungen, Streß, Verdruß und Verlierergefühle nicht nur in der Grundschule zunehmend um sich griffen, sondern erst recht in den an sie anschließenden Schulformen. Mit der Verläßlichen Halbtagsgrundschule muß also nicht mehr länger im Eilverfahren Lesen, Schreiben und Rechnen beigebracht werden, sondern die Kulturtechniken können sich mit mehr Muße, mehr Spaß, mehr Entlastung und mit mehr Freiraum für akzeptiertes Fehlermachen, über das Kinder viel besser lernen, also mit mehr Leichtigkeit ergiebiger entwickeln, so daß für den Weg durch die weiterführenden Schulen mehr Startgerechtigkeit hergestellt wird und weniger mit Versagenserlebnissen und Stigmatisierungseffekten vorbelastete junge Menschen in die Gymnasien, Gesamtschulen sowie Haupt- und Realschulen gelangen, die deshalb mit einem durchweg höheren Motivationspotential ihre Arbeit beginnen bzw. diejenige der Grundschulen fortsetzen können.

Die Volle oder Verläßliche Halbtagsgrundschule kann aber nur dann zu einem wirklichen pädagogischen Zugewinn geraten, wenn sie auch angemessen finanziert wird, wenn die Lehrer für das neue Konzept anders ausgebildet bzw. fortgebildet worden sind und wenn sie dann auch engagiert hinter ihm stehen, wenn die Klassenfrequenzen wesentlich kleiner als bisher sind, wenn jede Klasse zwei Räume bzw. einen großen Raum plus Gruppenraum hat und wenn das Personal an sich aufgestockt und überdies mit einer Vertretungsreserve angereichert wird. Wenn diese Reform jedoch zugleich zu Einsparungen beitragen soll, wenn die Lehrer nicht hinter dem Konzept stehen, wenn man mit Spagat- und Wanderlehrern von Gymnasien den Englisch-Unterricht ab Klasse 3 bezahlen will, obwohl diese „Fachleute" gar nicht für die Altersstufen der Grundschule ausgebildet sind, und wenn man nicht die für Bewegung, Spiel, Psychomotorik, Schulfrühstück, Pädagogischen Mittagstisch, Schularbeitenhilfe, Offenen Unterricht, Freie Gestaltung, Computer, Sitzbälle, verstellbare Tischplatten, Musisches, Künstlerisches und Mußevolles (Kuschel- und Entlastungsecken) erforderlichen Mittel, Erzieher, Sozialpädagogen und Schulassistenten sowie Sonderpädagogen für die gleichzeitig forcierte Integration von Behinderten in Integrationsklassen und Integrativen Regelklassen zur Verfügung stellt, dann bringt Halbherzigkeit eher mißliche Resultate als Fortschritt, dann nützt die Volle Halbtagsgrundschule mehr der Profilierung von Politikern als den Kindern, ihren Eltern und der Zukunft unserer Gesellschaft, dann weinen Erstkläßler bereits um 10 Uhr, und dann wollen sie lieber nach Hause zu ihrer Mama.

47. Nachbarschafts-, Stadtteil- und Regionalschulen zwischen erzieherischer Anpassung und Förderung von Schulpluralismus

Lehrer reagieren auf das Phänomen der veränderten Kinder in vier Stufen:
— In der ersten Stufe stellen sie fest, daß sie immer mehr Schüler in ihren Klassen haben, die ihre Zeit und Kraft binden, jammern sie und hoffen sie auf mehr Fürsorge von oben.
— In der zweiten Stufe stellen sie einen Versetzungsantrag zu einer

Schule bzw. in eine Region, in denen es noch nicht so schlimm ist.

— In der dritten Stufe flüchten sie in Krankheit und Frühpensionierung.

— Und erst in der vierten Stufe, wenn sich der warme Regen von oben nicht eingestellt hat, wenn es mit der Versetzung nicht geklappt hat und wenn sie nicht krank werden wollten, beginnen sie, vor Ort etwas zu ändern.

Alle pädagogischen Reformen der Schulgeschichte und alle bedeutenden Erzieherpersönlichkeiten sind in Zeiten größter Not, in Regionen größten Elends und in Schulformen mit besonderen Schwierigkeiten, also im wesentlichen in Grund-, Haupt- und Sonderschulen, entstanden und strahlten dann auf andere Zeiten, Regionen und Schulformen aus. So war es mit dem Projektunterricht, mit dem Offenen Unterricht, mit den 10. Hauptschulklassen, mit der Integrierten Haupt- und Realschule, mit der Gesamtschule, mit Hausbesuchen, Elternstammtischen, mit den Formen des Schullebens, den Gruppentischsitzordnungen, dem schülerzentrierten Vorgehen, dem Betriebspraktikum, der Arbeitslehre, dem psychomotorischen Extraturnen, dem Schulfrühstück, dem Pädagogische Mittagstisch, der Schulaufgabenhilfe, den Außerunterrichtlichen Neigungskursen, den Produktionsschulen, den Klassenfahrten, dem Klassenlehrertag, dem Co- und dem Team-Teaching, der Ganztagsschule, der Vollen Halbtagsgrundschule, mit der Wandlung der Belehrungsschule zur Lernwerkstatt und des Stundengebers zum Lernberater.

Hinter den Konzepten Nachbarschafts-, Stadtteil- oder Regionalschule steht das Bemühen, sich vor Ort der Biographie und dem Milieu der Schüler anzupassen, sie dort abzuholen, wo sie sich befinden, und sich auf das einzustellen, was sie an Sozialisationsresultaten und an Defiziten in die Schule mitbringen. Oft ist es dabei nötig, gar nicht mehr in die Lehrpläne zu gucken, sondern pädagogische Lösungen zu finden, die mit anderen Zugangsweisen zum Schüler seine ganz spezifische Motivationskonstellation einfangen, so daß Lernen anders wird, aber zugleich auch effektiver. Indem man die Lehrpläne nicht mehr liest, können sie in der Folge aber dennoch graduell besser erfüllt werden; hält man sich jedoch streng an sie, können sie nur in geringerer Weise als mit den Alternativen umgesetzt werden. Vor allem aber verstehen die Lehrer in Problemstadtteilen und benachteiligten Regionen, daß sie mit einem völlig anderen Engagement, mit stärkerer Umfassung ihrer Schüler im Sinne von familienersetzenden oder -ergänzenden Formen des Zusammenlebens mit ihnen und mit der Rolle „Lehrer als Freund des Schülers" auch sich selbst vor dem Ausgebranntwerden, vor der erzieherischen Erfolglosigkeit und vor Resignation schützen, weil sie über ein Mehr an zeitlicher und kräftemäßiger Investition auch ein Mehr an Entlastung, an Freundschaft und an erzieherischen Erfolgen von ihren Schülern zurückbekommen.

Indem sich Schulen pädagogisch regionalisieren, sich also auf die besonderen Bedingungen ihrer Schüler, deren Elternhäuser und deren Nachbarschaften einstellen, entwickeln sie sich auch gleichzeitig auseinander. Soziokulturelle Unterschiede zwischen Stadtteilen und Regionen zwingen zu einem größeren Schulpluralismus, zu Schwerpunktsetzungen, zu jeweils andersartigen Schulprofilen. So gibt es in Rendsburg in Schleswig-Holstein die Grund- und Hauptschule Altstadt mit dem Konzept „Betreute Grundschule" von 7.30 bis 13 Uhr, mit dem Konzept „Betreute Schule" von 12 bis 17 Uhr, mit einem zusätzlichen Deutschunterricht für Aussiedler- und für Ausländerkinder, mit einem Elterncafé, mit einer „Pädagogischen Insel am Vormittag für Grundschüler", mit einer „Insel für Heimkinder aus der Hauptschule" und zusätzlich noch mit einer „Tagesgruppe" von 12 bis 17 Uhr.

Und die Schule Hegholt in Hamburg-Bramfeld ist eine Grundschule mit Vorschule und Hort, mit Integrationsklassen, mit Integrativen Regelklassen, eine Integrierte Haupt- und Realschule, eine Offene Ganztagsschule, eine Schule mit Pädagogischem Mittagstisch, mit schulischer Hausaufgabenhilfe und vielen Außerunterrichtlichen Neigungskursen, mit dem Prinzip zwei Klassenlehrer pro Klasse, mit dem Donnerstag als Klassenlehrertag, mit Offenem Unterricht, mit Lernen über die Reichen-Methode („Lob des Fehlers"), und sie bezeichnet sich selbst als eine Einrichtung, die dem Konzept „Schule im Stadtteil" folgt, das heißt, sie kooperiert eng mit Betrieben, Sportvereinen, Polizei, Feuerwehr und Eltern. Bei alledem möchte sie überschaubar bleiben, also die Lehre von den sinnvollen Größen in der Pädagogik beachten, so daß sie nur zweizügig sein will, also nicht Gesamtschule werden möchte. Ein Resultat dieser starken pädagogischen Prägung ist, daß viele Eltern ihr Kind wegen des guten Rufes an diese Schule, die in einem soziokulturell nicht so günstigen Stadtteil liegt, melden, und zwar auch dann, wenn das Kind eigentlich eine Gymnasialempfehlung hat oder direkt neben einer Gesamtschule wohnt.

Das pädagogische Profil einer Schule, die „nur" Integrierte Haupt- und Realschule ist, und das Engagement ihrer Lehrerschaft können also für Eltern bedeutsamer werden als der Schulformname Gymnasium oder die Chance, über eine Gesamtschule ohne Verlust eines Jahres das Abitur zu erreichen. Denn auch über eine hervorragende Integrierte Haupt- und Realschule läßt sich letztlich die Hochschulreife erwerben, wenn man bereit ist, unter Verlust eines Jahres, das ja aber auch ein Jahr der Nachreife im Sinne von „Reifungsschleife" ist, auf ein Aufbaugymnasium zu wechseln.

48. Schulfrühstück, Pädagogischer Mittagstisch, Psychomotorik und Außerunterrichtliche Neigungskurse als Elemente von Schulleben

Sehr langsam hat sich die übliche Halbtagsschule, die ja im internationalen Vergleich gar nicht so selbstverständlich ist, in den Nachmittag hinein erweitert. In vielen Ländern der Erde geht die Schule ohnehin bis 16 oder 17 Uhr, und in totalitären Systemen ist man schon immer geneigt gewesen, die erzieherische Unwägbarkeit der Familie als Einflußfaktor zu reduzieren. Am umfassendsten lassen sich junge Menschen ideologisch prägen, wenn man sie ganztätig beschult und sie auch noch am Wochenende und in den Ferien einfängt, durch Parteijugendorganisationen, „Kulturpaläste", Ferienlager und anderes. Am besten läßt sich Erziehung in Internaten kontrollieren, und das nutzen auch so manche Eltern, wenn sie sich selbst die starke Führung ihrer Jungen und Mädchen nicht zutrauen oder wenn sie keine Zeit dafür haben. Auch die Kirchen und die Landerziehungsheime wollten stets mit einer geschlossenen Konzeption und einer Rund-um-die-Uhr-Betreuung andere erzieherische Einflußfaktoren minimalisieren.

In Frankreich, in England, in den USA, in Japan und in China gibt man seine Kinder in ganztägigen Einrichtungen ab, in Deutschland wollen aber auch immer mehr Eltern Internate, Tagesinternate, Ganztagsschulen und Volle Halbtagsschulen, weil sie mit der bisherigen erzieherischen und bildenden Arbeitsteilung von Familie und Schule überfordert sind.

Als Schulen das erkannten, begannen sie in den 60er Jahren mit nachmittäglichen Zusatzangeboten, Außerunterrichtliche Neigungskurse genannt. Über Lehraufträge wurden Lehrer, Eltern und andere Personen gewonnen, um musische, künstlerische, darstellende, technische, hauswirtschaftliche oder sportliche Kurse anzubieten. Töpfern, Volleyball, Schach, Theatergruppen, Square dances, Schattenspiele, Rudern, Hockey und manchmal auch schon Hausaufgabenhilfe und Förderunterricht in Mathematik und Englisch gehörten dazu, und viele Schüler nutzen dieses nachmittägliche Schulleben, um etwas um die Ohren zu haben, um mit Freunden öfter zusammensein zu können, um sich austoben zu können, um ihren Interessen nachzugehen oder um eine Leistungsschwäche zu überwinden.

Weil die Zahl der Schlüsselkinder und auch die der Scheidungskinder dramatisch anwuchs, war bei immer mehr Schülern die leibliche Versorgung nicht mehr ausreichend garantiert, so daß in der nächsten Stufe Pädagogische Mittagstische eingerichtet wurden; und als gleichzeitig die Zahl der Schüler anwuchs, die, ohne gefrühstückt zu haben, in die Schule kamen oder die zu Hause völlig falsch ernährt wurden – und das insbesondere am Wochenende – begannen immer mehr Schulen den Unterrichtstag mit einem Schulfrühstück, und zwar nicht nur, weil Lernen nach einem Morgenmahl besser gelingt, sondern auch weil man den Schülern auf diese Weise an Vitaminen und Spurenelementen das nachreichen kann, was ihnen in ihrem Stoffwechsel fehlt, so daß gelegentlich jeder Schüler etwas anderes zu essen bekommt. Hyperaktivität und Müdigkeit lassen sich damit reduzieren, Wahrnehmungsfähigkeit, Motivation, Konzentrationsvermögen und Ausdauer aber zugleich steigern.

In manchen Regionen sehen sich Schulen mittlerweile gezwungen, immer mehr Funktionen zu übernehmen, die früher noch zum Familienleben gehörten. So muß Schule in manchen Stadtteilen und Kommunen schon künstlich in der Turnhalle Laufen, Springen, Rückwärtsgehen, Hüpfen, Klettern, Schaukeln, Rutschen, Balancieren, Matschen und Drücken der tieferliegenden Muskelschichten, also psychomotorisches Extraturnen, neben Spiel nachreichen, weil ihre Schüler mit einem Mangel an derartigen Erfahrungen aufgewachsen und deshalb sinnesschwach sind, weil sie nicht mehr rückwärts gehen und deshalb auch nicht mehr rückwärts zählen können, weil sie nicht mehr in der Lage sind, Kräfte, Bewegungen, Entfernungen und Geschwindigkeiten richtig einzuschätzen, weil sie auch nicht mehr, wie der Deutsche Verkehrssicherheitsrat beklagt, ohne weiteres Fahrradfahren und Rollschuhlaufen lernen können und weil sie wegen des Mangels an Väterlichkeit, an Geschwisterlichkeit und an Spielkameraden in ihrem Leben zu selten angefaßt, gedrückt und zärtlich berührt wurden.

Einige Kinder, die in „heilen" Familien noch „gut" erzogen werden, brauchen so etwas nicht, weil die klassische Arbeitsteilung zwischen Eltern und Lehrern bei ihnen noch funktioniert. In Hamburg-Horn benötigen aber schon 50 Prozent der Grundschüler „psychomotorisches Extraturnen", das von Therapeuten des „Zentrums für Kindesentwicklung" der Kinderärztin Inge Flehmig angeboten wird, und was das kostet, wird über Krankenschein abgerechnet. Etwa 1000 Hamburger Kinder werden auf diese Weise schon von fast 100 Spezialisten kompensatorisch nachversorgt, wesentlich mehr stehen aber auf der Warteliste, und die Zahlen wachsen permanent an. In dem Maße, wie Schule psychomotorische Erziehung nachreicht, wird Lernen effektiver; allerdings braucht man einen vielfach größeren Aufwand, als wäre das Kind von Anfang an seinen sensiblen Entwicklungsphasen für die Sinnesstärkung entsprechend gefördert worden, und es wird auch nie mehr das Ganze, sondern allenfalls eine graduelle Verbesserung. Bei allzu vielen Kindern sind heutzutage sowohl die Nahsinne, also der Hautsinn, die Muskelsinne, der Gleichgewichtssinn und der Koordinationssinn, geschwächt, weil sie zu wenig angeregt wurden, als auch die Fernsinne Hören und Sehen, weil sie ständig mit Überdosen von lauter Musik und Bildschirmberieselung strapaziert und in ihren Wahrnehmungsschwellen „versaut" wurden.

Deutsche Schüler beherrschten um die Jahrhundertwende etwa 100 verschiedene Spiele draußen, heute sind das gerade noch fünf, und die werden viel seltener und mit viel weniger Kameraden gespielt.

In dem Maße aber, wie Kinder mit einem Mangel an Bezugspersonen, an Bewegung, Spiel, Väterlichkeit, Geschwisterlichkeit und Anlässen zur Sprachentwicklung aufwachsen, in dem Maße, wie ihre Sinne durch Über- oder Unterforderungen geschwächt sind, in dem Maße, wie ihre Wahrnehmungsfähigkeit, ihr Konzentrationsvermögen, ihre Ausdauer und ihre gesamtkörperliche Versorgungsbilanz, wozu auch ihr Ernährungszustand gehört, beeinträchtigt sind, ihre Reizschwellen also verändert sind und ihre Reizbilanz nicht mehr stimmt, sind sie zu Hyperaktivität, zu Aggressionen, zu Autoaggressionen, zu Lern- und Verhaltensstörungen sowie Krankheiten gezwungen. Will Schule zeitgemäß sein, muß sie demnach für viele Kinder eine Reihe von erzieherischen bzw. kompensatorischen Funktionen übernehmen, wenn sie sich nicht in ihrer Lern- und Leistungseffektivität vollends in Frage gestellt sehen will und die Probleme einfach nur an Polizei, Jugendamt, Bundesanstalt für Arbeit, Krankenkassen und Strafanstalten weiterreichen will.

49. Hausaufgaben und Nachhilfe als Symptome schulischer Schwachstellen

An sich können Hausaufgaben als eine Form von „Homelearning" sehr sinnvoll sein, weil der Schüler mit ihnen selbst sein Lerntempo bestimmen kann, weil er über sie lernt, sich selbst Informationen zu besorgen, weil sie zuvor Verstandenes vertiefen und einüben, weil mit ihnen Transferleistungen gegenüber verwandten Aspekten und damit Vernetzungen begünstigt werden und weil sie dafür sorgen, daß noch nicht ganz Durchschautes in einem zweiten Durchgang klar wird. Hausaufgaben erweitern also das schulische Lernen, und besonders sinnvoll sind sie beim Vokabellernen.

Die Hausaufgabeneffektivität hängt entscheidend davon ab, welche Aufträge wie gestellt werden, und dabei sind Lehrer oft sehr einfallslos bzw. selbst ungeschult. Sie müssen in den Studienseminaren lernen, wie sie mit Hausaufgaben optimal umzugehen vermögen, denn vielfach mißraten sie zu enormen Familienbelastungen, zu Streß, Verdruß und Mißerfolg, manchmal werden sie vom Schüler auch schlichtweg als Strafe empfunden, wenn sie nicht sogar in der Variante der Strafarbeiten direkt so gemeint sind. Mit dem, was Schüler an sich gern tun sollen, darf man sie jedoch keineswegs bestrafen. Hausaufgaben wirken auch selektionierend, weil zu ihrem Erfolg oder Mißerfolg die häuslichen Bedingungen erheblich beitragen.

Wenn kein geeigneter Arbeitsplatz in der Wohnung zur Verfügung steht, wenn der Schüler zwischen Kindergeschrei, Butterbrotpapier auf dem Küchentisch, laufendem Fernseher oder streitenden

Eltern Schulaufgaben erledigen muß, wenn die Eltern ihm überhaupt nicht helfen können und ein mußevolles Lernen nicht zu animieren bzw. sinnvoll zu begleiten vermögen, wenn sie ihn gar mit Arbeitseinsätzen im eigenen Betrieb davon abhalten, dann hat er schlechtere Karten als ein Freund, der von seinen Eltern gezielt bei den Hausaufgaben unterstützt, gefördert und notfalls auch mit Nachhilfeunterricht versorgt wird.

Um den selektionierenden und damit Schulabschlußerfolge mitbedingenden Charakter von Hausaufgaben herunterzuorganisieren, bieten Schulen immer häufiger eine nachmittägliche Hausaufgabenhilfe an, oder sie integrieren sogar die Hausaufgaben in die Wochenplanarbeit des Offenen Unterrichts, in die Freie Gestaltung der Vollen Halbtagsgrundschule oder in die Ganztagsschule. Denn wenn Hausaufgaben den Schüler überfordern, weil Schulbücher schlecht sind und Arbeitszettel einen zu geringen Bezug zur im Unterricht durchgenommenen Thematik haben, und damit zur Belastung des Familienlebens werden, wenn sie als Strafe oder als Ausgleich für dasjenige empfunden werden, was Schule am Vormittag hätte leisten müssen, aber wegen vieler schwieriger Schüler, wegen kranker Lehrer, wegen Stundenausfalls oder wegen der Störanfälligkeit übergroßer Systeme mit einem übertriebenen Fachlehrer- und Kursprinzip nicht zustande gebracht hat, dann sind sie Indiz für eine nicht zeitgemäße Schule. Dazu gehört auch, daß Lehrer sich zu selten abstimmen, wenn sie alle gleichzeitig Hausaufgaben stellen, und daß sie dazu neigen, direkt vor den beiden Zeugnisterminen des Schuljahres massenhaft Klausuren schreiben zu lassen, denn das Lernen für Klassenarbeiten gehört ja ebenfalls zu den Hausaufgaben.

Dort, wo Schule versagt, boomt der Nachhilfeunterricht; er steht im Grunde mit seinen Leistungen direkt für den Leistungsmangel einer unzeitgemäßen Schule, aber auch für unangemessene elterliche Erwartungen, die allzuoft und allzufrüh auf das Abitur für ihr Kind schielen, um ihm die günstigste Startposition Richtung Studium und Berufslaufbahn zu erhalten. In den alten Bundesländern bekommt mittlerweile schon jeder fünfte Schüler zwischen elf und 17 Jahren, also 750 000 der in Frage kommenden 3,7 Millionen Schüler dieser Altersstufen, Nachhilfeunterricht durch andere Schüler, durch Studenten, durch Lehrer oder durch kommerzielle Nachhilfeinstitute, die auch als „private Schattenschulen" bezeichnet werden. Je besser die Familie gestellt ist, desto mehr investiert sie für Nachhilfe, im Schnitt 150 bis 200 Mark im Monat bei einem durchschnittlichen Stundenpreis von 20 Mark. Das macht allein in Westdeutschland 30 Millionen Mark wöchentlich (in den neuen Bundesländern sind es nur 800 000 Mark), und was die Eltern selbst an Nachhilfe leisten, ist dabei natürlich nicht eingerechnet. „Heimliches Schulgeld" nennen Kritiker das Nachhilfeunwesen, das durchaus für ein Stück Privatisierung des Bildungssystems steht. Wenn Nachhilfelehrer so etwas Ähnliches wie Repetitoren im Jura-Studium werden, dann sind sie die Antwort auf Schwachstellen der Schulgestaltung.

Der Nachhilfeboom wird aber auch von einem Bewußtseinswandel begleitet. Während es in den 50er Jahren noch als Stigma, als peinlich galt, Nachhilfe nötig zu haben, wird sie heute als eine „Extra-Ration" Bildung verstanden, die sich nur privilegierte Elternhäuser leisten können; wenn der Sohn oder die Tochter Nachhilfe bekommen, beweist man sein hohes Bildungsinteresse, denn nur zwölf Prozent der Nachhilfeschüler kommen aus unteren sozialen Schichten. Manche Eltern sind eben stolz darauf, daß sie ihrem Kind einen Cocktail aus Klavierunterricht, Ballettstunden, Hockey- und Tennistraining, Reitunterricht, altsprachlichem Gymnasium, einjährigem Gastschülerdasein in den USA, PC und Nachhilfeunterricht zu bieten vermögen. Kein Wunder ist also, daß der Anteil der Studenten aus sozial schwachen Familien von 23 Prozent im Jahre 1982 auf 13 Prozent im Jahr 1995 gesunken ist.

Die Schule der Zukunft muß sich von einer Belehrungsanstalt zu einer Lernwerkstatt wandeln, in der der Lehrer nicht mehr ein notengebender und selektionierender Stundengeber, sondern ein Lernentwicklungsberichte erstellender und integrierender Lernberater ist, damit Schule nicht weiterhin mit den Waffen Hausaufgaben, Nachhilfebedürfnisse, Klausuren, rote Tinte, Versetzungsentscheidungen und Abschlußberechtigungen Fehler jagt, Schüler entmutigt, Eltern belastet und Lebenschancen zuteilt, statt von sich aus sämtliche Schüler ihren Möglichkeiten entsprechend zu selbständigem Lernen und zu einem Höchstmaß an Leistungsfähigkeit zu motivieren, zu entwickeln und zu fördern. Das Nachhilfeunwesen wird dann eingehen.

50. Differenzierung und Individualisierung als Konzessionen an die Verschiedenheit von Schülern und die Vielfalt der Gesellschaft

Kinder bringen genetisch und sozialisationsbedingt höchst unterschiedliche Voraussetzungen und Motivationen in die Schule mit; und auch Eltern wünschen jeweils ganz andere Schulprofile. Politiker sind also gut beraten, eine Vielfalt von Schulprofilen anzubieten, weil sie es sich dann mit möglichst wenigen Wählern verderben.

Hätte die Hamburger Schulsenatorin Rosemarie Raab die Verläßliche Halbtagsgrundschule nicht obligatorisch für alle eingeführt, sondern nur denjenigen Eltern ermöglicht, die so etwas für ihr Kind wollen, hätte man ihr Reformmodell gelobt. Mit seinem verpflichtenden Charakter hat sie sich jedoch eine Fülle von Ärger eingehandelt, denn 200 Eltern klagen gegen die „zwangsweise Aufbewahrung" in der neuen von 8 bis 13 Uhr währenden Grundschule, weil sie sie lediglich für einen „möglichst billigen Weg" halten, „Unterbringungs- und Betreuungsmöglichkeiten" im Sinne der Kindertagesstättengarantie zu schaffen, und weil sie ihr vom Artikel 6 des Grundgesetzes garantiertes Erziehungsrecht beeinträchtigt wähnen. Sie sprechen sogar bösartig von der „Käfighaltung" ihrer Kinder.

Einige Eltern sind mit der Vollen Halbtagsgrundschule glücklicher als zuvor, andere fühlen sich durch sie beeinträchtigt. Einige begrüßen die von Jürgen Reichen eingeführte Methode zum Lesen- und Schreibenlernen über die Bejahung des Fehlermachens, andere befürchten, daß ihre Kinder damit falsches Deutsch lernen. Einige wollen herkömmliche stark leistungsorientierte Grundschulen mit Noten, andere favorisieren den Offenen Unterricht mit seinen Lernentwicklungsberichten, weil er mehr innere Differenzierung, Individualisierung, mehr Soziales Lernen und mehr Entlastung ermöglicht. Einige wollen möglichst früh beginnende humanistische Gymnasien mit Griechisch und Latein, damit ihre Kinder nicht ständig durch schwache Schüler gebremst werden, andere wollen mit der sechsjährigen Grundschule oder gar mit der Gesamtschule eine möglichst späte, Nachreifungsprozesse begünstigende Schullaufbahn- und Abschlußentscheidung, denn bis zur Klasse 6 oder 10 bleibt der Weg zum Abitur noch länger offen.

Einige Eltern wollen lieber ein reines Mädchengymnasium oder eine getrenntgeschlechtliche Beschulung von Jungen und Mädchen im Sport, in Informatik und in Chemie und Physik, weil Mädchen dann entspannter und ohne das Unterbuttern durch Jungen Fortschritte machen können, andere sind aber für die totale Koedukation. Die beste Lösung liegt wohl in der Mitte, also bei grundsätzlicher Koedukation den Mädchen überall dort nur für sie offene Lerngruppen anzubieten, wo sie es selbst begehren, also beispielsweise im Sportunterricht; „begrenzte" oder „partielle Koedukation" heißt dann das Modell.

Einige Eltern von behinderten Kindern sehen Vorteile im gemeinsamen Lernen von Nichtbehinderten und Behinderten im Rahmen von Integrations- und Integrativen Regelklassen, andere wünschen aber die separate Förderung ihrer Kinder im Sonderschulwesen, weil dort spezieller auf die jeweiligen Behinderungen eingegangen werden kann und Versagenserlebnisse, die beim ständigen Vergleich mit nichtbehinderten Schülern verstärkt werden können, vermieden werden.

Kinder mit einem Intelligenzquotienten von 130 an aufwärts, fühlen sich in den Regelschulen oft derart unterfordert, daß sie sich langweilen und schließlich schwierig werden. Um besser auf das Begabungsprofil dieser jungen Menschen eingehen zu können, deren Zahl bundesweit auf 350 000 geschätzt wird, gibt es drei Christophorus-Jugenddorfschulen als Internate für sie in Braunschweig, Rostock und Königswinter, „D-Zug-Klassen", die von Klasse 5 bis zum Abitur in Klasse 12 reichen, in Rheinland-Pfalz, Hessen und Baden-Württemberg, „Express-Abi-Züge" zum Abitur in Klasse 12 an drei Berliner Gymnasien und die Möglichkeit des Überspringens einer Klassenstufe am Ende der Klasse 5 und in der Mitte der Klasse 10 in Hamburg.

Die Schulform für „pflegeleichte" Schüler war bislang vor allem die Realschule, in der Mädchen deshalb stets überrepräsentiert waren, während die Schulform für verhaltensschwierige Jungen und Ausländerkinder vornehmlich die Hauptschule war. Jungen besonders ehrgeiziger, auf Sozialprestige und Karriere bedachter Eltern sorgten früher dafür, daß die Zahl der Mädchen in Gymnasien relativ gering blieb. Das hat sich mittlerweile geändert. Mädchen passen sich eher an, sind durchweg bemühter, den Lehrererwartungen zu entsprechen, vertragen rote Tinte und Noten demütiger und reagieren bei Frustrationen vor allem regressiv bzw. autoaggressiv, so daß sie ihre Lehrer nicht so direkt stören, wie es Jungen mit ihrer Neigung zu Hyperaktivität und Aggressionen tun. Viele Mädchen reduzieren also de facto die Klassenfrequenzen, weil sie kaum auffallen, weil sie aber ihre Hausaufgaben machen und für Klausuren lernen; sie werden oft mit dem Urteil der Zeugniskonferenz versetzt: „Sie ist zwar keine Leuchte, aber sie bemüht sich und stört nicht". Mädchen werden heutzutage nicht mehr in so großer Zahl wie früher mit dem Argument „Für eine spätere Mutter und Hausfrau reicht der mittlere Bildungsabschluß" vom Weg zum Abitur ferngehalten, so daß sie inzwischen an den bundesdeutschen Gymnasien in der Überzahl sind. Paßt das Programm des nicht mehr pädagogisch zeitgemäßen Gymnasiums vor allem zu Mädchen, in deren Kindheit und Jugend der Computer noch eine ebenso geringe Rolle spielt wie im Gymnasium? Jedenfalls sind 54 Prozent der Gymnasiasten Mädchen und nur 46 Prozent Jungen, während umgekehrt 56 Prozent der Hauptschüler Jungen und 44 Prozent Mädchen sind und 64 Prozent der Sonderschüler Jungen, aber nur 36 Prozent Mädchen sind. Und die deutschen Abiturienten sind überwiegend weiblich.

1995 besuchten 380 000 Schüler in Deutschland Sonderschulen, 1,11 Millionen Hauptschulen, 1,14 Millionen Realschulen, 495 000 Gesamtschulen (das ist ein Anstieg von 5,2 Prozent in nur einem Jahr), 2,15 Millionen Gymnasien und 435 000 Privatschulen. Dazu kommen noch etwa 45 000 Erwachsene an Schulen des Zweiten Bildungsweges. In den Grundschulen der 16 Bundesländer sitzen übrigens 3,6 Millionen Kinder; deren Zahl steigt aber im Moment deutlich, jedenfalls in den alten Bundesländern, während sie in den neuen dramatisch sinkt.

Wenn die schülerstärkste Schule ab Klasse 5 oder 7 das Gymnasium ist, dann verbergen sich hinter dem gemeinsamen Schulformnamen doch höchst unterschiedliche Individualisierung und Profilbildung sowie Entlastung um ungeliebte Fächer ermöglichende Akzente. Es gibt unter der Überschrift Gymnasium eine Fülle von Varianten, die Eltern und Schülern Wahlfreiheit und den verantwortlichen Politikern Schulfrieden verschaffen, denn es wird fast alles angeboten, was nachgefragt wird: Privatschulen und staatliche Schulen mit waldorfpädagogischer Prägung stehen neben Fachoberschulen und den schon erwähnten „D-Zug-Klassen" und

„Express-Abi-Zügen", die zum Abitur in Klasse 12 führen, den „Z-Klassen" mit englischer oder französischer Unterrichtssprache in mehreren Fächern, den altsprachlichen, Technischen und Wirtschaftsgymnasien, den Aufbau- und Abendgymnasien, den Höheren Handels- und Fremdsprachenschulen, den Gymnasien mit Doppelqualifizierung (Abitur plus Facharbeiterbrief), den Schwimm-, Ski-, Fußball- und Tennisgymnasien, den Schulen mit Schwerpunkten in Schach, Hockey, Chor oder Orchester, denen mit musischen, mathematisch-naturwissenschaftlichen und neusprachlichen Zügen, denen mit einer „Profil-Oberstufe", in der sich jeder Schüler seine Leistungskurskonstellation selbst gestaltet, denen in ganztägiger Form oder als Internat, denen mit nachmittäglicher Hausaufgabenhilfe, Außerunterrichtlichen Neigungskursen und Pädagogischem Mittagstisch sowie denen mit Integration von Blinden oder Hörgeschädigten; daneben gibt es Deutsch-Französische Schulen, Internationale Schulen, solche mit Schwerpunkten in Dänisch, Sorbisch, Friesisch, Niederdeutsch, Türkisch, Russisch, Spanisch, Italienisch, Chinesisch oder Japanisch sowie in Informatik bzw. mit dem Akzent CD-ROM- und Online-Lernen („Tele-Lernen"); es gibt aber auch noch reine Mädchengymnasien, beispielsweise in München und Bonn. Nimmt man dann noch die Kooperativen Gesamtschulen mit ihren Gymnasialklassen und die Integrierten Gesamtschulen, die ja auch zur Fachhochschulreife und zur Allgemeinen Hochschulreife führen, hinzu, dann kann man für Deutschland eine außergewöhnlich bunte, pluralistische, differenzierte Schullandschaft beschreiben, die jedem Schüler irgendwo ein zu ihm passendes Programm zur Verfügung stellt, das ihm Individualisierung und Profilbildung in bezug auf Begabungsstruktur, Leistungsvermögen, Neigung und werteerzieherische oder weltanschauliche Elternerwartungen zur Verfügung stellt. Schule hat damit längst den Weg von Autonomisierung, Kommunalisierung, Regionalisierung und Privatisierung beschritten, der im nächsten Jahrtausend noch um die Aspekte Ranking in Form von Schulhitlisten, eigene Budgetierung, Sponsoring, Schulmanagement und eigene Personalhoheit ausgebaut werden wird.

51. Fachlehrer- und Kurssystem, Tutoren und die Wiederentdeckung des Klassenlehrerprinzips

Es ist erschreckend, wie wenig Kultusminister und die Spitzen ihrer Ministerien und Behörden von kindlichen Grundbedürfnissen verstehen, und es ist zu hoffen, daß künftige Schulmanager, wie sie als Leiter von Schulverbünden in Nordrhein-Westfalen geplant sind, mit ihren Ausbildungsphasen Pädagogikstudium, Referendariat und Betriebswirtschaft nicht mehr solche Kunstfehler machen, wie sie in Zeiten der Bildungseuphorie nach 1968 geschehen sind:

– Damals wollte man Fachkompetenzen und Fachräume besser ausnutzen, indem man größere Schulen als Schulzentren, Mittelpunktschulen und Gesamtschulen mit völlig unkindgemäßer Betonarchitektur, mit beschilderten Schulstraßen in den gewaltigen Gebäudekomplexen, mit fensterlosen Räumen und Klimaanlagen und mit der Heimat eines Schließfaches an einer „Sozialfläche" anstelle der bisherigen Klassenräume und Klassengemeinschaften verwirklichte.

– Klassenlehrer wurden durch Tutoren ersetzt, die oft nur wenig oder sogar keinen Unterricht bei den ihnen anvertrauten Schülern über eine oder zwei Tutorenstunden pro Woche hinaus hatten.

– Schon Elfjährige wurden auf viel zu viele Spezialisten aufgeteilt, und zwar auf einen Tutor, zehn Fachlehrer und – wenn es ihr Verhalten erforderte – noch auf Schulpsychologen, Sozialpädagogen, Präventionslehrer, Beratungslehrer, Familienhelfer und Schriftsprachberater in einem „Beratungszentrum", das manchmal auch „Teilzeitschule" hieß, sowie auf Erzieher im angegliederten Haus der Jugend, in dem es eine Cafeteria und einen Pädagogischen Mittagstisch gab. Sie mußten in jeder Stunde in einem anderen Raum neben einem anderen Schüler bei einem anderen Lehrer in einem anderen Fach sitzen, weil mit der Planung derart unübersichtlicher Schulen insbesondere Gymnasiallehrer, nicht aber die pädagogisch tüchtigen Volksschullehrer beauftragt wurden.

Im Alltag dieser großen Schulen lernten die Lehrer schnell, daß das Fachlehrer-, Kurs- und Tutorensystem die Grundbedürfnisse der Schüler vernachlässigte, daß es sich als überaus störanfällig erwies, daß es Schüler verhaltensschwierig werden ließ und daß sie selbst mit ihm schnell verschlissen, also ausgebrannt wurden. Sie stellten also zuhauf Versetzungsanträge zu kleineren Schulen und begannen, nachdem sie die Kunstfehler noch viele Jahre aus ideologischen Gründen zu rechtfertigen versucht hatten, schließlich mit ihrer Korrektur:

— Sie überlegten, ihre großen Schulen zu teilen und daraus jeweils zwei Einrichtungen zu machen.

— Sie ließen den grauen Beton bemalen, oft durch Schüler, oft aber auch mit den von Psychologen für günstig erklärten Farben Blau und Orange.

— Sie führten die festen Klassenverbände und die Klassenräume für einen Teil des Unterrichts wieder ein.

— Sie sprachen vielfach nicht mehr vom Tutor, sondern bewußt wieder vom Klassenlehrer.

— Sie bemühten sich um Reduktion des Fachlehrer- und Kursprinzips und versuchten, die Ballung von viel zu vielen pubertierenden Gleichaltrigen durch Reduktion der Neun- oder Sechszügigkeit ihrer Schule auf eine Vierzügigkeit zu entschärfen, wobei ihnen geburtenschwache Jahrgänge und das Herauswachsen junger Menschen aus den älterwerdenden Familien in Neubaugebieten, Trabantenstädten und anderen Ghettos des sozialen Wohnungsbaus behilflich waren.

Aber die Schulfunktionäre in den Behörden, Ministerien und Parlamenten, die häufig mit einem rein gesellschaftspolitischen Motiv oder als ehrgeizige Menschen mit hohem Karrieretrieb Lehrer wurden, um sich über die Verbands- oder Parteiarbeit besser nach oben dienen zu können, und die durchweg viel zu wenig am Kind interessiert sind, neigen nach wie vor zu Gestaltungslösungen nach dem Prinzip „Pädagogik ohne Kind". Sie glauben, man könne Reformen mit Sparmaßnahmen so verbinden, daß Schüler dabei auch noch effektiver lernen, sie halten Schüler für austauschbar, für Verrechnungsfaktoren in Stundentafeln, Lehrerstundenzuweisungen an Schulen und in übergreifenden Schuletats, und sie halten es für möglich, daß zahlreiche Lehrerpersönlichkeiten im Neben- und im Nacheinander zu einem Ganzen für den einzelnen Schüler addierbar sind. Und dabei kommen dann schlimme Planspiele mit verheerenden Konsequenzen heraus, die man als Puzzle-, Mosaik-, Flickschuster- oder Verschiebebahnhofsmodelle bezeichnen könnte und die die Schule vor allem als System struktureller Gewalt gegen Schüler ausbauen:

- Da werden „Lehrerfeuerwehren" eingerichtet, die meist als junge, unerfahrene Pädagogen von Schule zu Schule geschickt werden, um bei Erkrankungen von Kollegen oder Schwangerschaftspausen einzuspringen.
- Da gibt es „Wanderlehrer", die an Schulen, denen Fachlehrer für bestimmte Fächer fehlen, aushelfen.
- Da gibt es „Pendel"- oder „Spagatlehrer", die mit dem Begriff „Teilabordnungen" an zwei Schulen zugleich wirken, beispielsweise um als Gymnasiallehrer den neueingeführten Englischunterricht an Grundschulen zu gewährleisten.
- Da spricht die Hamburger Schulsenatorin Rosemarie Raab von der Notwendigkeit von „Lehrerrotation" und von der „Kultur des Wechsels", um mißliches Hin- und Herschieben von Lehrern zu beschönigen; wenn Lehrer unter sich lästern, nennen sie hingegen Kollegen, die an andere Schulen weggelobt werden, weil sie an den vorherigen als schwache Pädagogen mehr als entbehrlich waren, „Wanderpokale", und die Idee ihrer Senatorin, Lehrer von Beamten zu Angestellten zu wandeln und mit Nachqualifizierungen flexibler zu machen, schimpfen sie als „Mob und Qual"-Aktion.
- Da überlegt man in Bremen und in Nordrhein-Westfalen, die Wochenunterrichtsstundenverpflichtung von Sport-, Musik-, Politik- und Techniklehrern zu erhöhen, weil sie eine geringere „Korrekturenbelastung" haben.

Wenn Schulbehörden zu Verschiebebahnhöfen von Lehrern verkümmern, treiben sie die Schulen immer mehr in den pädagogischen Bankrott, weil mit Abordnungsstrategien zwar Stellenplanrechenaufgaben gelöst werden können, nicht aber Motivationsprobleme von Schülern und Lehrern. Schon auf den ersten Blick bemerkt man doch, daß Gymnasiallehrer, die noch nie etwas mit Grundschülern zu tun gehabt haben, außer daß sie selbst einmal vor Jahrzehnten Grundschüler waren, nicht ohne weiteres Englischunterricht bei Achtjährigen geben können, zumal da das Prinzip „Englisch ab Klasse 3" auch noch die spielerische Einführung in die Erste Fremdsprache vorsieht.

Wenn Kultusministerien mit einer derart hilflosen Personalpolitik versuchen, Sparmaßnahmen an Reformen zu koppeln, und wenn sie doch ohnehin schon über das gesamte Jahrhundert hinweg bewiesen haben, daß sie außerstande sind, eine sinnvolle langfristige Einstellungspolitik zu betreiben, die endlich einmal von dem unseligen Rhythmus Lehrerarbeitslosigkeit und Lehrermangel im Wechsel mit den Effekten, entweder nur alte, ausgebrannte und für Kinder anderer Zeiten ausgebildete Lehrer zu haben und die guten in andere Berufe zu treiben, oder massenhaft aus anderen Berufen angeworbene und in Kurzlehrgängen pädagogisch nachgeschulte, aber oft sehr schwache Kräfte, wegführen könnte, dann wäre als Alternative allemal besser, man würde die Personalhoheit der einzelnen Schule übertragen, die dann jeweils diejenigen Pädagogen selbst einstellen könnte, die am ehesten zu ihrer Konzeption, zu ihrem Profil und zu ihrem vorhandenen Kollegium passen, und zwar im Sinne einer guten Mischung aus Jung und Alt sowie Männlich und Weiblich.

Schüler brauchen die Bündelung möglichst vieler pädagogischer Kompetenzen in möglichst wenigen Bezugspersonen; sie brauchen also eine Entspezialisierung der Lehrer an ihrem Arbeitsplatz, aber eine Professionalisierung in ihrer Ausbildung. So schwierig und ungeborgen, wie junge Menschen heute massenhaft sind, benötigen sie vor allem die Wiederentdeckung des Klassenlehrerprinzips, und am besten ist dabei, wenn sie zwei Klassenlehrer haben, einen Mann und eine Frau, die möglichst viele Fächer in ihrer Klasse oder in ihren beiden Klassen zu geben vermögen. Dabei ist ein totales Klassenlehrerprinzip, wie wir es aus der einklassigen Landschule kennen, nicht optimal. Klassenlehrerprinzip in unserer Zeit muß bedeuten, daß jeder Schüler seinen Klassenlehrer in etwa der Hälfte seiner Wochenstunden hat; wenn er zwei Klassenlehrer hat, müssen sie beide zusammen etwa zwei Drittel seines wöchentlichen Unterrichtsvolumens mit ihm zusammenleben, während die restlichen Stunden schon deshalb von anderen Lehrern gegeben werden sollten, damit er auch ganz andere Lehrerpersönlichkeiten erlebt.

52. Die Lehre von den sinnvollen Größen

Alles, was man in der Erziehung zu viel oder zu wenig macht, bedeutet einen Rückschritt. Nur mit mittleren Dosierungen lassen sich Fortschritte erzielen. Eine Bezugsperson kann zu wenig sein, zehn Lehrer sind aber zu viele. Jahrelang wurde die Lehre von den sinnvollen Größen in der Pädagogik vernachlässigt; sie muß heute wiederentdeckt werden. Schüler ertragen keine Schulen mit über 800 Schülern und keine Zügigkeiten mit mehr als vier Parallelklassen; so schwierig, wie viele von ihnen heute sind, darf man keine Kindergartengruppen von mehr als 15 Jungen und Mädchen einrichten und eigentlich keine Schulklassen mit mehr als 18 Schülern. Werden diese Frequenzen unterschritten, ereignet sich eine zu geringe gegenseitige Bereicherung und sind die Effekte des Sozialen Lernens deshalb zu niedrig, weil zu kleine Gruppen den Charakter von Intimgemeinschaften gewinnen. Andererseits neigen Klassen, die mehr als 18 Schüler haben, dazu, sich in Kleingruppen zu fraktionieren, es wachsen dann Untergruppenmentalitäten und Ausgrenzungstendenzen, die so manchen Jungen und so manches Mädchen in das Schicksal drängen, ein nur noch schwer zu integrierender Außenseiter zu werden.

Je mehr Schüler ein Lehrer in seiner Klasse hat, desto mehr Anteile seiner Kraft und Zeit werden durch störende oder gestörte Schüler gebunden, desto weniger bekommen also die „pflegeleichteren" von ihm an Zuwendung und Förderung ab. Man kann zwar Schulklassen mit mehr als 18 Schülern einrichten, man muß dann aber zugleich wissen, daß die erzieherische und die bildende Effektivität in dem Maße für alle Schüler gemindert wird, wie die optimale Frequenz überschritten wird, so daß Versuche, Haushaltslöcher mit einer Erhöhung der Orientierungsfrequenzen zu stopfen, gesamtgesellschaftlich und im Sinne von Zukunftsinvestition „Milchmädchenrechnungen" gleichen. Was an pädagogischer Versorgung von Kindern und Jugendlichen gespart wird, holt die Gesellschaft immer irgendwie wieder ein, und sei es in Form von Arbeitslosengeld, Sozialhilfe, Krankenkosten und Folgen von Kriminalität bzw. in Form von viel zu gering qualifizierten Arbeitskräften, die die internationale Wettbewerbsfähigkeit des Wirtschaftsstandortes Deutschland beeinträchtigen.

Bestandteil der Lehre von den sinnvollen Größen in der Pädagogik ist aber auch, daß sensibel austariert werden muß, wieviel Differenzierung, wie viele Ausländer, wie viele Behinderte, wie viele Fachlehrer Schüler ertragen und wieviel Klassenlehrerzuwendung, wieviel Klassengemeinschaft und wieviel festen Klassenraum sie benötigen, wieviel Bewegung, Spiel und Muße zur Kompensation von sitzender Lebensweise und von Belehrung sie brauchen, wieviel Herausforderung ihrer Kräfte auf wieviel Entlastung und leibliche Versorgung treffen muß, wieviel bloßes Zuhörenmüssen und wieviel frontales und lehrerzentriertes Lernen sie ertragen und wieviel man ihnen zuhören muß, wie viele Überforderungen und Versagenserlebnisse sie aushalten, wie viele Klassenarbeiten sie pro Woche ertragen, wieviel Tele-Lernen am Computer ihnen zugemutet werden darf und wie viele Stunden eines Schultages Lehrgangsunterricht sein und wie viele dem Prinzip des Offenen Unterrichts gewidmet sein sollten.

Erfahrungen mit diesen und ähnlichen schulischen Elementen verdichten sich zu folgenden optimalen Lösungen:

— Nur ein Drittel des Unterrichts bis zur Klasse 10 sollte in Form von Leistungs- und Neigungskursen differenziert sein, aber erst ab Klasse 5.

— Bis zur Klasse 4 lassen sich mit Vorteilen für beide Seiten fünf Ausländerkinder integrieren, ab Klasse 5 sieben bis acht.

— In den Klassen 1 und 2 sind zwei Behinderte gut integrierbar, ab Klasse 3 vier.

— Etwa die Hälfte der Wochenstunden sollte der Klassenlehrer geben, in der Grundschule müssen es noch mehr Stunden sein, ab Klasse 11 können es weniger sein; wenn die Klasse zwei Klassenlehrer hat, sollten diese in den Klassenstufen 5 bis 10 etwa zwei Drittel des Unterrichts in ihrer Klasse bzw. in ihren beiden Klassen abdecken.

— Mindestens die Hälfte des Unterrichts muß im Klassenverband und im festen Raum der Klasse erteilt werden.

— Lernphasen müssen je nach Altersstufe flexibel in Bewegungs-, Spiel-, Entlastungs- und leibliche Versorgungsphasen eingebettet werden; die 45-Minuten-Takte passen dazu nicht mehr, weil am Montag weniger Unterricht als an anderen Tagen möglich ist und weil Schule bei schlechtem Wetter im November anders vorgehen muß als bei gutem im Mai.

— Schüler sollten nicht nur auf Stühlen, aber auch nicht nur auf

Sitzbällen hocken; sie müssen jederzeit zwischen beidem wählen können.

- Kreis- und U-förmige sowie Gruppentisch-Sitzordnungen sind für den Erwerb von Schlüsselqualifikationen und für das Konzept der Schule als Lernwerkstatt günstiger als frontale Sitzordnungen.
- Totaler Offener Unterricht ist ebenso wenig ergiebig wie totaler lehrerzentrierter Lehrgangsunterricht. Eine gute Mischung ergibt sich aus zwei bis vier täglichen Stunden in Lehrgangsform und zwei bis drei täglichen Stunden in den Weisen des Offenen Unterrichts und der Projektmethode.
- Heutige Schüler müssen dringend das Zuhören über häufiges Erzählen und Vorlesen und das freie Gespräch im Stuhlkreis des Offenen Unterrichts sowie über Werteentscheidungen begünstigende Diskussionen aus Anlaß von Dilemmata lernen; sie brauchen es aber auch, daß Mitschüler und Lehrer ihnen längere Zeit zuhören; dafür muß Muße da sein.
- Schule muß auch und vor allem Leistung fordern und dazu die Kräfte des Kindes herausfordern. Am besten gelingt das, wenn Fehler akzeptiert und nicht permanent bestraft werden, wenn Erwartungen deutlich umgesetzt und Grenzen konsequent aufgezeigt werden. Kinder brauchen Grenzerfahrungen, um ein stimmiges Weltbild mit Normen und Werten aufbauen zu können. Sie wollen alle selbst so gern gut und leistungsstark sein, so daß man sie eigentlich nicht andauernd mit roter Tinte und Noten verfolgen und zu Versagenserlebnissen bringen muß.
- Kinder wollen gefordert, aber nicht überfordert sein, also muß man auch nach Bewährungsfeldern Ausschau halten, in denen sie Erfolge haben können, wenn sie in anderen Leistungsbereichen schwach sind oder ganz versagen, weil sie dort Ausfälle haben.
- Klassenarbeiten sollten als Lernerfolgskontrollen gleichmäßig über das Schuljahr verteilt werden und sich nicht vor den Zeugnisterminen häufen; mehr als zwei Klausuren pro Woche schreiben zu lassen ist nicht sinnvoll.
- Da das Lernen am Computer wesentlich ergiebiger ist, sollte es als Tele-Lernen oder CD-ROM- und Online-Lernen im Umfang von zwei Wochentagen Eingang in die Schulwoche finden. Der

Umfang der drei anderen Wochentage muß dann für soziale Lernformen, für Spiel, Bewegung, leibliche Versorgung, Musisches, Muße, Künstlerisches und für das Schulleben mit der Pflege von Freundschaften, Partnerschaften, Nachbarschaften und der Lehrer-Schüler-Beziehungen im Sinne von erziehendem Zusammenleben genutzt werden.

53. Veränderte Kindheit und Jugend, schwierige Schüler und Verhaltensstörungen

2,3 Millionen der 15,6 Millionen deutschen Kinder und Jugendlichen sind Scheidungswaisen, und jährlich kommen 300 000 Fälle hinzu. Sie leiden oft ihr halbes Leben darunter. Jeder dritte 13jährige junge Mensch in Deutschland lebt nur mit einem Elternteil, zu 85 Prozent ist das die Mutter, zu 15 Prozent der Vater; nimmt man alle Altersstufen von 0 bis 18 Jahren, dann ist jeder dritte junge Mensch ein „alleinerzogener", 75 Prozent von ihnen sind gleichzeitig Einzelkinder, die also weder mit Geschwistern noch mit einem zweiten Elternteil aufwachsen und demnach in ihrer Sozialisation einen Mangel an Sprachentwicklung, an Spiel- und Bewegungserfahrungen sowie an Körperkontakt bis hin zum Drücken der tieferen Muskelschichten haben.

Untersuchungen haben ergeben, daß Scheidungskinder – besonders die Mädchen unter ihnen – meist in der Schule absacken und auch später im Studium und im Beruf nicht so erfolgreich sind wie junge Menschen aus halbwegs intakten Ehen. Sie fühlen sich immer mitschuldig am Zerfall oder am Nichtzustandekommen eines geordneten Familienlebens, auch wenn sie nie Schuld haben, und sie haben deshalb ein auffallend geringes Selbstwertgefühl. Wenn die Eltern sich zwar trennen, aber gleichzeitig einem gemeinsamen Sorgerecht für das Kind zustimmen, ist die Wirkung übrigens bei weitem nicht so verheerend.

2,2 Millionen Kinder in Deutschland leben an der Grenze zur „Neuen Armut" oder darunter, etwa 4 Millionen wachsen in zu kleinen Wohnungen auf, 500 000 leben in Notunterkünften, und allein 1994 sind 51 635 Kinder im Straßenverkehr verunglückt, das ist europäische Spitze. Der Deutsche Kinderschutzbund hat die Armutsgrenze bei 1250 Mark verfügbarem Monatseinkommen für eine alleinerziehende Mutter mit einem Kind und bei 2380 Mark für ein Ehepaar mit einem Kind gezogen. Es gibt aber auch 50 000 Straßenkinder in Deutschland, die nur das zur Verfügung haben, was sie selbst verdienen, klauen oder zu Geld machen.

Jährlich werden nach Auskunft des Deutschen Kinderschutzbundes mehr als eine Million Kinder in Deutschland mit Gegenständen mißhandelt, 150 000 werden sexuell mißbraucht, und etwa 1000 Kinder werden totgeschlagen; Klaus Hurrelmann behauptet sogar, daß 15 Prozent aller Kinder in der Bundesrepublik in ihren Familien extremer Gewalt ausgesetzt sind, das wären rund 2,2 Millionen.

In den 33 Frauenhäusern Nordrhein-Westfalens gelten 54 Prozent der in ihnen mit ihren Müttern lebenden Kinder als seelisch und körperlich mißhandelt, vernachlässigt oder sexuell mißbraucht. Jede zweite der dort lebenden Frauen gibt an, ihr Kind aus Erziehungsgründen zu schlagen. Umgekehrt haben 80 Prozent dieser Kinder direkt miterlebt, wie ihre Mutter mißhandelt oder gedemütigt wurde.

Die saarländische Bildungsministerin Marianne Granz vermutet, daß jeder dritte Schüler in Deutschland verhaltensgestört ist; der Ehrenpräsident des Deutschen Kinderschutzbundes, Walter Bärsch, sprach sogar von über 70 Prozent, wenn man die vielen psychosomatischen Störungen wie Migräne, ständige Bauchschmerzen, Asthma, Tablettenabhängigkeit, Hyperaktivität, nervöse Tics, panische Ängste, Nägelkauen und Bettnässen einrechnet. Allein 34 Prozent aller Kinder leiden an Allergien, und dieser Anteil wächst von Jahr zu Jahr.

Nach Angaben des Fachberaters für Suchtprävention und Drogenfragen der Stadt Frankfurt am Main konsumiert in den Klassenstufen 8 bis 10 etwa jeder 5. Schüler Drogen, meist Haschisch, aber auch Ecstasy, Crack, Heroin, Kokain und Amphetamine. Demnächst wird wahrscheinlich noch die Hypnosedroge Burunganda aus Kolumbien hinzukommen. Und in Schleswig-Holstein spricht man von einer „dramatischen Entwicklung"; 1991 nahmen 5 Prozent der Schüler Hasch, 1995 schon 15 Prozent, wie das Institut für Praxis und Theorie der Schule beklagt. Aber solche offiziellen Angaben liegen immer weit unter der Realität. In der Kreisstadt Heide in Dithmarschen nehmen schon 40 Prozent der Jugendlichen Drogen, nimmt man aber als Bezugsgröße die Definiton „Wer in den letzten sechs Monate sechsmal Drogen genommen hat, ist Drogen-konsument", dann muß man heute etwa 70 Prozent der deutschen Jugendlichen dazuzählen. Die Koordinierungsstelle Schulische Suchtvorbeugung in Kiel behauptet, das Einstiegsalter in den Hasch-Konsum liege zur Zeit etwa bei 16 Jahren, in Wirklichkeit liegt es aber bei ungefähr 13 Jahren. Man erkennt an diesen Zahlen-divergenzen vor allem, daß die meisten Eltern, Lehrer und son-stigen Spezialisten überhaupt nicht in der Lage sind, wahrzu-nehmen, ob ein junger Mensch Drogen nimmt oder nicht.

Die Folgen der von unserem Grundgesetz garantierten Werteplura-lismusentwicklung sind erzieherische Hilflosigkeit der Eltern und die Unfähigkeit der jungen Menschen, mit Konflikten umzugehen. Sie reagieren mit Aggressionen, Autoaggressionen, Hyperaktivität und Rauschbedürfnissen, mit der Suche nach neuen Geborgenheiten und Sinnhaftigkeiten in Jugendkultnischen wie den Skinheads, Hooli-gans, Crash-Kids, Satanskultgruppen, Stadtteilbanden, Jugendsek-ten, Grufties, S-Bahn-Surfern, Inline-Skatern, Skydivern und Graf-fiti-Sprayern und mit dem Sich-Klammern an Trends, an Materialis-mus und Konsum auf ihre Orientierungslosigkeit. Da ihnen so wenig Grenzen gesetzt werden und sie mit einem Mangel an Vorbil-dern, Deutlichkeit, Konsequenz und Vorleben von Krisenmanage-ment aufwachsen, suchen sie sich selbst Grenzerfahrungen, um ihre Möglichkeiten, ihre Kräfte, ihren Selbstwert auszutesten. Abenteuer-lust, Reiz des Prickelnden, Reiz, das Verbotene zu tun, nennen wir diese Phänomene, die wir auch von innerlich schwachen Erwachse-nen kennen, wenn sie über Bungee-Springen, Freeclimbing, Wasser-rafting, Cruising, Antarktisdurchquerungen, Himalaya-Gipfelbestei-gungen und Floßfahrten über den Atlantik sich ausprobieren. Wer keinen inneren Halt hat, ist verhaltensgestört, er sucht dann um so mehr nach einem äußeren Halt, den er durch festes Drücken in den Armen, wie Roswitha Defersdorf es als Therapie bei haltlosen Kin-dern einsetzt, durch eine Jugendgruppeneinbindung, durch Fitneß-training, durch Kampfsportarten, durch das Betrachten von Action-Filmen, von Wrestling-Shows und dadurch, daß er den Sogwir-kungen der Gleichaltrigkeitsszenerie erliegt, ersatzweise zu erhalten vermag. Um dieser gewandelten, dieser „Erlebnisgeneration" besser entsprechen zu können, hat die Erziehungswissenschaft die „Er-lebnis-" oder „Abenteuerpädagogik" entwickelt, die letztlich aber schon auf die Pfadfinderbewegung Baden Powells zurückgeht.

Verhaltensstörungen sind hilflose Reaktionen von Seele und Körper der jungen Menschen, irgendwie mit unstimmigen Reizbilanzen fertig zu werden; sie müssen etwas von innen gegen das in Form von Über- oder Unterforderungen von außen Kommende setzen. Übererwartungen gegenüber verplanten Kindern, der Mangel an Bewegung, Spiel, Bezugspersonen, Sprachanlässen, Grenzerfahrungen, an Liebe, Zeit, Zuhören, Ansprache, Körperkontakt und richtiger Ernährung, täglich kleine und große Verlierererlebnisse, überdosierte Bildschirmerfahrungen, zu viel brutale Männlichkeit ringsherum bei gleichzeitiger Unterdosierung von liebevoller Väterlichkeit und Geschwisterlosigkeit erschweren ihren Weltbildaufbau und ihre eigenständige Werteentscheidungskompetenz. In dem Maße, wie es Eltern und Lehrer nicht schaffen, Konfliktbewältigungskompetenz im jungen Menschen aufzubauen, wird er krank, aggressiv, zappelig oder süchtig, er wird dann allergisch, neurodermitisch, asthmatisch, hyperaktiv, eßgestört, depressiv, kontaktgestört, wahrnehmungsgeschwächt, unkonzentriert, durchhalteschwach, fernseh- oder nikotinsüchtig oder ist ständig bemüht, wenigstens vorübergehend mit Alkohol- oder Drogenrausch, mit Tablettenkonsum oder mit 24stündigen Techno- und Ecstasy-Jams auszusteigen. Dort, wo die Probleme regional größer sind als anderswo, sind auch die Phänomene gewaltiger, deshalb haben mittlere Städte in Schleswig-Holstein wie Neumünster und Rendsburg, große Städte in Nordrhein-Westfalen wie Köln oder Dortmund, das flache Land in Mecklenburg-Vorpommern und Brandenburg sowie die Sonder-, Haupt- und Berufsschulen die stärksten aggressiven Gewaltprobleme mit Zuschlagen und Zerstören, während die Gymnasien die schlimmsten autoaggressiven Phänomene mit Todessehnsucht, Depressionen und Drogenkonsum als Formen der Gewalt gegen sich selbst haben. Jugendliche in den neuen Bundesländern werden in wesentlich größerer Zahl straffällig; ihre Gewaltquote liegt nach Untersuchungen des Kriminologischen Forschungsinstituts Niedersachsen um 201 Prozent über derjenigen der alten Bundesländer. Und in den Gymnasien scheitern vor allem Jungen, weil Jungen eher zu Aggressionen und zu einem unangepaßten Lernverhalten neigen als Mädchen. Zwar werden mehr Jungen als Mädchen in die Gymnasien geschickt, aber nach Recherchen des Dortmunder Instituts für Schulentwicklungsforschung machen nur 18 Prozent aller Jungen eines Jahrgangs Abitur, während fast 30 Prozent aller Mädchen zur Hochschulreife gelangen.

Die unzeitgemäße Schule versagt also vor allem gegenüber Jungen. Mädchen sind zwar auch zunehmend gestört, aber ihre Störungen gehen mehr nach innen, richten sich gegen den eigenen Körper, so daß sie, obwohl psychosomatisch krank, regressiv gestört, eßsüchtig, magersüchtig, bulimisch, sich selbst mit Messern oder Rasierklingen anritzend oder „tribalisiert" (Grüppchen- oder Cliquenbildung, Einzelgängerdasein, Rückzug in das eigene Zimmer, Stummbleiben, Rotwerden bei Ansprache), sich durchaus mit den schulischen Erwartungen irgendwie zu arrangieren vermögen.

Was hilft gegen diese Phänomene der veränderten Kindheit und Jugend? Idole wie Steffi Graf oder Michael Jackson sind durch ihre Skandale in sich zusammengebrochen, die Männer auf dem Bildschirm sind durchweg mißlichen Männlichkeitsidealen frönende Machos, die Comic-Figuren sind unverletzbare Wesen, die die Gültigkeit der naturwissenschaftlichen Gesetze außer Kraft setzen, so daß ihre Opfer und sie selbst stets unverletzt bleiben, was zur Folge hat, daß Kinder über sie kein Schuld- oder Unrechtsbewußtsein aufbauen können; die Fernsehwelt mit ihrem actionsreichen farbigen Bildwechsel aus Kalifornien, in der die Helden alles dürfen, was man selbst nicht darf, und die graue Alltagswelt zu Hause fallen weit und in der Seele des Kindes nicht mehr koordinierbar auseinander, Unterhaltungs- und Werbeanteile in Kinderprogrammen sind für kleine Seelen nicht mehr unterscheidbar, die Gleichaltrigkeitsszenerie mit ihren Konsum- und Freizeitidealen ist erzieherisch kaum kontrollierbar, und die Politiker haben ihre Vorbildfunktion vollends eingebüßt. Vor zehn Jahren glaubten noch zwölf Prozent der Jugendlichen an die Kompetenz der politisch Verantwortlichen, heute sind es nur noch sechs Prozent; vor zehn Jahren interessierten sich noch 34 Prozent aller jungen Menschen von 14 bis 18 Jahren für Politik, heute sind es gerade noch 22 Prozent.

Es bleiben noch die Eltern und Lehrer. Appelle an die Eltern, ihren Erziehungsauftrag wieder besser wahrzunehmen, ihre Scheidungsabsichten der Kinder wegen zurückzustellen oder ihre Kinder wieder als erwünschte und nicht als störende, als nur schlecht in ihren Lebenszusammenhang passende Wesen zu betrachten und ihnen gegenüber nicht zu resignieren, haben sich als völlig fruchtlos erwiesen.

Ob Lehrer es wollen oder nicht, sie sind für viele Schüler die einzig verbliebene Hoffnung. Schule ist zwischen Familie, Medienwelt und Gleichaltrigkeitsszenerie die einzige Lebenswelt, die noch sämtliche Kinder erzieherisch positiv zu erreichen vermag. Wenn die Schule fortan nicht ihren Unterricht in ein Mehr an erzieherischem, an zusammenlebendem Aufwand verpackt, dann gräbt sie sich selbst ein Grab, dann gehen auch ihre Lehrer und schließlich unsere gesamte Gesellschaft in einer Spirale von Gewalt, Krankheit und Sucht unter.

54. Sinnesschwächen und Sinnesentwicklung

Kinder, die schlecht zuhören können, werden oft Legastheniker; Kinder, die sich zu wenig bewegen und mit einem Mangel an Gehen, Laufen, Springen, Hüpfen, Klettern, Schaukeln, Rutschen, Balancieren, Matschen und Rückwärtsgehen aufwachsen, die zu wenige Erfahrungen mit Greifen, mit verschiedenen Materialien und Zahligkeiten gemacht haben, zeigen vermehrt Schwierigkeiten mit dem Rückwärtsgehen und mit dem Subtrahieren und Dividieren, so daß sie unter Rechenschwäche, also Dyskalkulie, leiden; sie können auch Kräfte, Geschwindigkeiten und Entfernungen nicht richtig einschätzen, so daß sie als wahrnehmungsgestörte junge Menschen leicht verunfallen, überall gegenlaufen und vieles umschmeißen, ohne daß sie dabei im engeren Sinne schuldig sind.

Der Deutsche Verkehrssicherheitsrat beklagt, daß Kinder nicht mehr ohne weiteres in der Lage sind, Fahrradfahren oder auch Rollschuhfahren zu lernen, weil sie die Balance nicht halten können, weil ihre Nachsinne der Haut, der Muskulatur, der Koordination und des Gleichgewichts zu wenig in ihrer Biographie angeregt wurden und deshalb geschwächt sind; aber auch die Fernsinne Hören und Sehen sind durch hochdosierten Bildschirmkonsum und durch Musikboxen derart überfordert, daß sie ebenfalls geschwächt sind. Stehende Bilder, schwarzweiße Filme, blühende Pflanzen und langsame Bewegungen überwinden nicht mehr ihre verdorbenen Reizwahrnehmungsschwellen, allenfalls noch aktionsreiche farbige Bilder in raschem Wechsel.

Kinder haben für ihre Sinnesentwicklung und ihre Sprachentwicklung sensible Phasen, in denen sie besonders gut reifen, und die liegen vor allem vor ihrer Einschulung. Was dabei durch Beziehungsmangel, Ansprachemangel, Bewegungs-, Spiel- und Körperkontaktmangel versäumt wurde, läßt sich nur mit einem vielfachen therapeutischen Aufwand nachholen, aber es wird nie mehr das Ganze, das sich bei einer bedürfnisentsprechenden Sozialisation einstellt. Schule kann also bei solchen defizitär aufgewachsenen Kindern nur noch ein wenig reparieren; aber die Zahl der Kinder mit einem derartigen kompensatorischen Förderbedarf wächst enorm.

Um die Jahrhundertwende beherrschten Kinder noch etwa 100 verschiedene Spiele draußen, heute sind das gerade noch fünf, und die werden auch noch viel seltener gespielt. Statt dessen konsumieren sie bereits vom zweiten Lebensjahr an stundenlang Fernseh-, Video- und Computerszenen und lassen sich von Stereoanlagen und Walkmen, neuerdings auch von Discmen berieseln. Ihnen fehlt vielfach der Vater zum Sporttreiben und zum deutlichen Körperkontakt, ihnen mangelt es an Geschwistern zum Sprechen, zum Bewegen, zum Balgen und zum Spielen, und sie sitzen außer vor dem Fernseher auch viel zu oft und zu lange auf den Rückbänken von Autos. Und wenn sie dann doch spielen, spielen sie entweder allein oder an der Spielekonsole bzw. am Computer oder am Gameboy, und das meist sitzend.

In Hamburg-Horn kommen bereits viele Fünf- und Sechsjährige auf täglich neun Stunden Bildschirmkonsum, am Wochenende von Freitag mittag bis Sonntag abend sogar auf über 30 Stunden, und in den Ferien sieht es noch dramatischer aus. Je früher und je häufiger sie vor der „Glotze" hängen, desto weniger können sie das per Bildschirm in ihre Seelen Transportierte durch selbstgemachte Außenwelterfahrungen korrigieren, so daß sie durch den hohen Bagatellisierungsgrad des Fernsehens Orientierungs- und Koordinationsprobleme in ihrer wirklichen Welt bekommen; sie werden leicht Opfer von Modell- oder Imitationslernen, weil sie den gesehenen Kausalzusammenhängen auf dem Bildschirm glauben. Was aber ihre Fernsehhelden können und dürfen, funktioniert in ihrem Umfeld nicht, ist dort nicht bezahlbar und läßt sie verunglücken.

Die Vermischung von Unterhaltung und Werbung in den Kinderprogrammen am Sonnabend- und Sonntag vormittag, wenn ihre Eltern noch schlafen, sorgt für ein unrealistisches Weltbild und weckt ganz unnatürliche Konsumwünsche und Konfliktbewältigungsstrategien in ihnen, mit denen sie alles besitzen wollen und mit denen sie hoffen, ihre Nöte per Zuschlagen und Zerstören sowie durch Flucht, Ausweichen oder Rausch überwinden zu können.

Vorschulen, Volle Halbtagsgrundschulen und der Offene Unterricht stellen sich bereits auf die veränderten Kinder ein; sie versuchen, durch psychomotorisches Turnen Bewegungserfahrungen nachzureichen, durch Schulfrühstück gegen die falsche Ernährung des Wochenendes anzukämpfen, durch den Stuhlkreis mit dem Freien Gespräch die aufgestauten Reize der Bildschirmüberflutung abzubauen und in eine distanzschaffende Verarbeitung einmünden zu lassen, durch Partner- und Gruppenarbeit und durch Bewegungsspiele für Geschwisterlichkeit und Spielerfahrungen zu sorgen, durch häufiges langes Vorlesen und Erzählen und durch Gesprächsrunden die Fähigkeit zum Zuhören zu entwickeln, durch das Konzept „Bewegte Schule", also mit Sitzbällen, die Rückenmuskulatur zu stärken, mit der Freien Gestaltung bzw. der Wochenplanarbeit, mit Produktionsschulansätzen, mit Rollenspielen und mit Musikmachen, Malen und Werken die Handlungskompetenz, das selbständige Lernen, die Kreativität und die Sozialkompetenz herauszufordern und mit dem Gedanken der Lernwerkstatt anstelle der Belehrungsanstalt die Selbständigkeit der Schüler zu fördern, und zwar auch indem sie die jungen Menschen ermuntern, über Lernen durch Fehlermachen ihre Wahrnehmungsstörungen abzubauen.

Wegen der Masse der sinnesschwachen Schüler muß Schule vor allem auch eine Sinnesschule sein; die Sinne müssen lustvoll herausgelockt werden, und Lust ist für Kinder vor allem, das zu tun und das zu erfahren, was ihnen zur Befriedigung ihrer Grundbedürfnisse, die ja angeboren sind, gut tut; je mehr ihnen etwas fehlte, je lustbetonter ist es für sie, wenn es dann endlich nachgereicht wird. Grundschüler, die zuvor nie auf einer Schaukel gesessen haben, schaukeln mit riesiger Lust; Kinder die nie angefaßt und gedrückt wurden, haben zwar Probleme mit Zärtlichkeit und Nähe, weil sie beides nicht kennen und deshalb den Umgang mit beidem nicht lernen konnten; sie genießen aber das deutliche Klopfen durch einen Schlafsack hindurch auf ihre Brust so sehr, daß sie begeistert juchzen. Was sie früher schon brauchten, aber nie bekamen, macht sie, wenn sie es nicht schon für alle Zeiten endgültig abgehakt haben und auch nicht mehr wollen, entweder mißtrauisch, oder sie glauben es nicht („Wieso mag man mich plötzlich, obwohl ich früher nie gemocht wurde"), oder sie holen es exzessiv nach, wenn plötzlich die Möglichkeit dazu besteht. Das letzte ist immerhin eine große Chance für die Erziehungsinstitution Schule, ansonsten muß die Gesellschaft später, wenn alles zu spät ist, für die sozialisationsbedingten „seelischen Krüppel" das Zehnfache aufwenden, um zehn Prozent Besserung zu erzielen.

55. Neurologische Störungen, Teilleistungsschwächen, Ausfälle und Behinderungen

Dank der medizinischen Fortschritte überleben immer mehr frühgeborene, mit Sauerstoffunterversorgung zur Welt gekommene Kinder mit partiellen Hirnausfällen wie der Minimalen Cerebralen Dysfunktion (MCD), dem Aufmerksamkeitsdefizit-Syndrom (ADS) oder einer Sensorischen Integrationsstörung (SI) und solche mit anderen Behinderungen. Daneben gibt es zunehmend Kinder mit erheblichen Teilleistungsschwächen, die organisch – wie ein stark eingeengtes Blickfeld – oder sozialisationsbedingt sind. Körperbehinderte, blinde, hörgeschädigte, farbenblinde, rotgrünblinde und andere sehgeschädigte oder -beeinträchtige Jungen und Mädchen, rechen- und leserechtschreibschwache Kinder, emotionsgestörte, hyperaktive und überhaupt die vielen neurologisch gesehen gestörten Kinder haben gute Chancen, in Integrationsklassen, Integrativen Regelklassen, Förderzentren, im Rahmen des Offenen Unterrichts und der Vollen Halbtagsgrundschule sowie in Ganztags- und Gesamtschulen von den modernen Formen des Sozialen Lernens zu profitieren, ohne in Sonderschulen segregiert werden zu müssen. Zugleich bieten sie den nichtbehinderten Schülern des Regelschulwesens reichlich Anlässe zum Aufbau von Sozial- und Konfliktkompetenz, Toleranz, politischer Mündigkeit, Teamfähigkeit und Kreativität. Wenn sie integrierbar sind, sollte man sie integrieren; wenn sie dabei eher Schaden nehmen würden oder nicht ihren Behinderungen entsprechend gefördert werden können, sollten sie dagegen im Schonraum der auf sie spezialisierten Sonderschulen entlastet, vor Überforderungen geschützt und gefördert werden; letzteres gilt besonders für Lernbehinderte, Verhaltensgestörte, Geistigbehinderte und sogar Hochbegabte, die ja auch als behindert gelten, weil sie in ihrem intellektuellen Forschungsdrang in gemeinsamen Lerngruppen mit Normalbegabten gebremst, das heißt behindert werden.

Schwer haben es vor allem diejenigen Schüler, die nicht auf den ersten Blick als behindert erkennbar sind, weil ihnen gegenüber zu oft mit Schuldzuweisungen und Strafen gearbeitet wird, obwohl sie vor allem eine entlastende Wahrnehmung ihrer Ausfälle, Störungen und Schwächen sowie Verständnis und Kompensation benötigen:

– Falsch ernährte Schüler, denen wichtige Vitamine und Spurenelemente in ihrem Stoffwechsel fehlen oder die andere Stoffe wie Zucker, Chrom und Cadmium zu reichlich aufnehmen, können nicht so gut wie andere stillsitzen, sich konzentrieren und Ausdauer beweisen, sie müssen als Zappelphilippe hyperaktiv, schlaff, müde, unkonzentriert und wahrnehmungsgestört reagieren.

– Partielle Hirnausfälle, die zu Sprachentwicklungsdefiziten, feinmotorischen Koordinationsproblemen, emotionalen Ausfallerscheinungen oder zu Beeinträchtigungen der musischen, mathematischen, vernetzenden und transferierenden Leistungsfähigkeiten führen, können nicht mit Schimpfen, roter Tinte, schlechte Noten, Strafarbeiten oder der Aufforderung „Nun reiß dich mal zusammen!" korrigiert werden.

– Rotgrünblinde Kinder sind beim Erdbeerpflücken langsamer, und sie pflücken mehr unreife Früchte als andere, weil sie die reifen von den unreifen und die Früchte von den Blättern nicht so schnell, vor allem aber sowieso allenfalls über das Fühlen unterscheiden können. Sollte man ihnen in einem Fach Erdbeerpflücken deshalb eine schlechte Note geben und sie ständig dazu ermahnen, sich mehr Mühe zu geben?

– Mit offensichtlich behinderten Kindern, die beispielsweise mehrfach körperbehindert oder blind sind, gehen Lehrer durchweg sehr liebe- und verständnisvoll und schonend um. Wenn aber ein Kind wegen seines bisherigen Bewegungsmangels nicht gut rückwärtszählen kann, wenn es sich nicht konzentrieren kann, weil es am Vorabend einen grausamen Streit seiner Eltern und ihren Entschluß, sich scheiden zu lassen, miterleben mußte, wenn es nicht zuhört, weil es zuvor sexuell mißbraucht wurde, wenn es richtig an der Tafel stehende Wörter falsch in sein Heft überträgt, weil es wegen seiner Sehschwäche, die noch niemandem aufgefallen ist, von der letzten Reihe aus nur verschwommenes Weiß an der Tafel ausmachen kann, dann schimpfen sie, dann strafen sie, und dann machen sie allzuoft so einen jungen Menschen mit verächtlichenden Blicken nieder.

Für alle diese und ähnliche Fälle brauchen die Lehrer der zukünftigen Schule wesentlich mehr diagnostische und therapeutische Fähigkeiten, die sie im Rahmen eines reformierten Studiums, eines gewandelten Referendariats und einer zeitgemäß aktualisierten Lehrerfortbildung erwerben müssen. Mehr als 70 Prozent der deutschen Schüler gelten als leicht oder schwer neurologisch gestört, und die meisten Störungen vermögen die Lehrer entweder gar nicht wahrzunehmen oder nicht richtig auf ihre Ursachen zurückzuführen, geschweige denn daß sie auch nur ahnen, daß Legasthenie im allgemeinen darauf zurückzuführen ist, daß die erste Stufe auf dem Weg zum richtigen Schreiben nicht bewältigt wurde, nämlich das hörmäßige Erfassen des Klangbildes eines Wortes. Würden Lehrer lernen, wie ein Kind lernt – Lernpsychologie ist aber kein Pflichtbestandteil von Lehrerbildung – wüßten sie, daß erst das Klangbild eines Wortes erfaßt werden muß und danach das Schriftbild, bevor Klang- und Schriftbild in der dritten Stufe verknüpfbar werden; und erst danach, in der vierten Stufe, gelingt die Verknüpfung von Klangbild, Schriftbild und richtigem Tun zum Schreibenkönnen. LRS-Kurse müssen also stets in der ersten Stufe einsetzen, also das richtige Erfassen von Klangbildern schulen. Mit bloßen Schreibübungen wird diese Hörstufe vielfach vernachlässigt, so daß eventuelle Fortschritte lediglich auf Dressur, nicht aber auf Verstehen zurückführbar sind; und Dressur bedeutet dann, daß ein Schüler möglicherweise lernt, in dem Wort „faul" gibt es ein „f", ein „a", ein „u" und ein „l", aber die richtige Reihenfolge dieser Buchstaben setzt ein Hörverständnis für den Wortklang voraus, wird die aber übersprungen, schreibt der Schüler mit seinem Dressureffekt vielleicht „fual".

Die Schule des nächsten Jahrtausends benötigt Lehrer, die Schülern gerechter werden können, damit sie nicht wegen fehlenden diagnostischen und therapeutischen Vermögens Unmassen von Schülern in Versagenserlebnisse, Stigmatierungsprozesse und unnötige hilflose Kompensationsversuche treiben („Ich kann nicht gut schreiben, also verlagere ich meine Leistungsfähigkeit in den Rechenbereich und auf Technik; kann ich das auch nicht gut, bewähre ich mich eben in einer Jugendbande mit Zuschlagen und Zerstören").

Funktionieren wird das nur, wenn bereits sämtliche Lehrerstudenten obligatorisch Sozialpädagogik, Pädagogische Psychologie einschließlich Lernpsychologie, Verhaltensgestörten- und Lernbehindertenpädagogik sowie kinderärztliche und ernährungskundliche Seminare belegen. Sie müssen darüber hinaus viel stärker als bisher auf Klassenlehrerpädagogik, Jugendforschung und Gewalt- sowie Suchtprävention, aber auch auf Medienerziehung vorbereitet werden; denn es gibt immer noch viel zu viele Lehrer, die nicht einmal bemerken, daß sie einige drogenabhängige Schüler in ihrer eigenen Klasse haben, die nicht wahrnehmen, daß eine ihrer Schülerinnen schwanger ist, und die keinen Blick für suizidgefährdete junge Menschen haben.

56. Beratung, Professionalisierung und Entspezialisierung

Man kann Lehrer umfassender ausbilden, also für Diagnose und Therapie kompetenter machen, man kann ihnen jedoch auch Spezialisten an die Seite stellen. Beratung ist ein immer bedeutsamer werdender Aspekt von Schule, und zwar um Eltern zu helfen, um direkt mit dem schwierigen Schüler seinen Problemen entsprechend zu arbeiten oder um Lehrern zu sagen, wie sie es denn anders mit dem Schüler machen sollten.

Sehr große Schulen haben deshalb oft Beratungszentren, manchmal auch Teilzeitschulen genannt, in denen Schulpsychologen, Sozialpädagogen, eigens dafür fortgebildete Beratungslehrer, Verhaltensgestörtenpädagogen als Präventionslehrer, Familienhelfer und Schriftsprachberater (für LRS-Kinder) wirken.

In großen Städten gibt es schon länger Dienststellen Schülerhilfe bzw. Schulpsychologische Dienste, in denen Schulpsychologen für jeweils einen Schulaufsichtsbezirk zuständig sind. Sie bekommen besonders auffällige Schüler gemeldet, hospitieren in deren Klassen, erkunden deren Besonderheiten in Gesprächen mit ihnen und deren Eltern und erstellen dann für die Lehrer Gutachten, in denen Empfehlungen für einen angemesseneren Umgang oder für eine Korrektur der Schullaufbahn stehen. Die Schulpsychologischen Dienste richten auch Zeugnissorgentelefone für Schüler und Eltern ein, sind Anlaufstellen für mißhandelte und sexuell mißbrauchte Kinder und betreiben Gewalt- und Suchtprävention. Leider vergeht oft sehr viel Zeit zwischen der Meldung eines Schülerproblems und der Rückmeldung an die Schule in Form eines mehrseitigen Gutachtens mit ausführlicher Beschreibung des Persönlichkeitsprofils eines kompensations- und förderbedürftigen Schülers, seiner biographischen und milieumäßigen Einflußfaktoren und mit Therapievorschlägen.

Darüber hinaus sind großen Schulen, Schulzentren und Mittelpunktschulen vielfach Elternschulen oder Erziehungs- bzw. Familienberatungsstellen sowie Drogenberatungsstellen und überhaupt Soziale Dienste der Jugendämter angegliedert oder zugeordnet.

Da Lehrer, wenn sie schon lange im Dienst sind, für Kinder und Jugendliche früherer Zeiten ausgebildet worden sind und ihre Beharrungstendenzen im allgemeinen stärker als ihre Fortbildungsbereitschaft sind, Schüler sich aber im Rhythmus von etwa drei Jahren ganz und gar verändern, was Trends, Gleichaltrigkeitsszenerie, die Sogwirkung modischer Sprach-, Bekleidungs-, Konsum-, Musik-, Partnerschafts- und Freizeitverhaltensweisen anbelangt, reagieren Schulbehörden, indem sie Spezialisten für Veränderungsprozesse in Kindheit, Familie und Gesellschaft als Fachleute für Zeitgemäßes in die Schulen geben. Nach niederländischem Vorbild nennt man sie „Schulbegleiter".

Schulbegleiter ermöglichen die sensiblere Anpassung der jeweiligen Schule an ihre Nachbarschaft, an ihren Stadtteil, an ihre Region; sie sollen dafür sorgen, daß Kinder und Jugendliche in ihrer Biographie und in ihrem Milieu abgeholt werden, daß Lehrer und Eltern in Sachen Erziehung eng zusammenarbeiten, und das bedeutet, daß Schule in bezug auf ihre kompensatorischen Bemühungen ein Stück weit aus den Rahmenrichtlinien des Bundeslandes ausbrechen muß, also zumindest Teilautonomie pflegt. Wenn Lehrer, Eltern, Schüler und der koordinierende Schulbegleiter einen Gestaltungsfreiraum zum Nutzen der unter besonderen kommunalen Bedingungen aufwachsenden Schüler erhalten, dann können sie individualisierender vorgehen; Schule wird dann kommunalisiert, und der jeweilige Schulträger erhält ein größeres Gewicht, während die Landesregierung sich gleichzeitig auf Rahmenvorgaben zurückzieht. Der Schulträger entscheidet dann mit den Lehrern, Eltern, Schülern und dem Schulbegleiter vor Ort, ob er den Rahmen mit Montessori-, Freinet-, Steiner-, Reichen-, Jenaplan – oder anderen Schwerpunktsetzungen füllen will. In dem Maße, wie Kinder dann nicht mehr nur lieblos von oben herab als bloße Zahligkeitsgrößen verwaltet werden, wird die übliche „Pädagogik ohne Kind" wieder mit Leben, mit Schulleben gefüllt.

Der Schulbegleiter ist also ein Fachmann für Schulreformimpulse, die Schule zeitgemäßer, Lernen effektiver und Unterricht schülerzentrierter machen. In den Niederlanden, wo es Schulbegleiter seit Anfang der 60er Jahre gibt, unterscheidet man Schulsystembegleiter, die Experten für Klassen- und Schulmanagement sind, Lehrer fortbilden, Projekte begleiten und pädagogische Konferenzen koordinieren, und Schulpsychologen, die Experten für Diagnose, Didaktik und Therapie sind und Schüler, Lehrer und Eltern in bezug auf Verhaltensauffälligkeiten begleiten; sie sind Fachleute für Supervision, sie erstellen erzieherische Handlungspläne, und sie kümmern sich um die Anschaffung geeigneter Lehr-, Lern- und Arbeitsmittel.

Für die Schule der Zukunft ist wichtig, daß Beratungsfachleute wie die Schulbegleiter in der richtigen Dosierung eingesetzt werden. Man kann einen Elfjährigen nicht auf zu viele Spezialisten aufteilen, auch wenn jeder für sich besonders hoch qualifiziert ist. Die bloße Addition von Fachleuten ergibt in bezug auf Umfassungs-, Geborgenheits- und Kontinuitätsbedürfnisse des jungen Menschen noch kein sinnvolles Ganzes. Zwar braucht man einige Spezialisten, vor allem um Lehrer und Eltern zu beraten, zwar sind einige Spezialisten für eine rasche Diagnose gegenüber besonders schwierigen Schülern erforderlich, was aber Pädagogik, Kompensation und Therapie im Alltag anbelangt, erträgt der einzelne Schüler nicht die Zergliederung seiner Persönlichkeit in Anteile für den Tutor, für die zehn Fachlehrer, die er hat, und darüber hinaus für Schulpsychologen, Sozialpädagogen, Präventionslehrer, Beratungslehrer, Familienhelfer, Schriftsprachberater, Schulbegleiter, Schulleiter, Eltern und Kinderärzte. Er braucht die Bündelung möglichst vieler Kompetenzen in möglichst wenigen Bezugspersonen, die vor allem mit ihm zusammenleben, und die es dabei möglichst richtig mit ihm machen.

Lehrer müssen deshalb im Rahmen ihrer Ausbildung, also in Studium, Referandariat und Fortbildung, für die Zukunft der Schule professionalisierter werden, sie müssen alle möglichst viel über Pädagogische Psychologie, Lernpsychologie, Sozial- und Devianz-pädagogik, Ernährungskundliches und Kinderärztliches wissen, sie müssen alle diagnostische und therapeutische Kompetenzen haben und sie sich eventuell durch die Spezialisten in Beratungs-zentren rasch nachreichen lassen; sie müssen aber zugleich an ihrem Arbeitsplatz entspezialisierter eingesetzt werden, damit mehr Umfassung, Kontinuität und Fortschrittskontrolle im Zusam-menleben mit Schülern möglich werden. Die Professionalisierung der Ausbildung und die Entspezialisierung am Arbeitsplatz mün-den in die neue Rolle des Lehrers als Lernberater ein; er muß künftig sowohl ein didaktischer als auch ein psychologischer Fach-mann sein, ein „Coach" für die Schüler in der Lernwerkstatt und für die Erziehung in der Familie zugleich.

„Fachidioten", die fachwissenschaftlich überqualifiziert sind, aber zu wenig von Psychologie und Sozialpädagogik verstehen, nützen dem Schüler nicht viel, wenn sie zwar Chemie beherrschen, aber nicht wissen, wie sie ihre wertvollen Botschaften in den Kopf des Schülers transportieren können.

Meine Lehrerstudenten betreuen seit vielen Jahren studienbeglei-tend jeweils ein Kind. Sie beginnen damit durchweg im ersten Se-mester, wenn sie mit Sicherheit noch keine pädagogischen Speziali-sten sind. Die von ihnen betreuten Schüler haben in der Regel alles hinter sich, was denkbar ist: die hilflosen Erziehungsversuche ihrer Eltern, den Kinderarzt, den Schulpsychologischen Dienst, Nach-hilfe, das Beratungszentrum der Schule, die Sozialen Dienste des Jugendamtes, die Schulische Erziehungshilfe, einen Therapeuten, das Zentrum für Kindesentwicklung, Sitzenbleiben, Schulwechsel und manchmal ein Internat, und es wurde dennoch immer schlim-mer mit ihnen. Der Student gibt zwar auch Nachhilfe, aber er macht das in der Familie des Kindes, eingebettet in Balgen, Spielen, Fernsehen, Essen, Schwimmengehen, Kinobesuche, gemeinsame Reisen und Erziehungsgespräche mit der Mutter, und dann wird es besser. Muß das nicht zu denken geben?

Über Spezialisten, die das Kind „reparieren" wollen, lernt es zu-nächst vor allem, daß es wohl „nicht ganz dicht" ist; die Summe von addierten Fachkompetenzen entspricht offensichtlich überhaupt nicht den Bedürfnissen des Kindes nach Normal-, nach Heil-, nach

Gut- und nach Leistungsstarksein; Kinder wollen nicht therapiert werden, sie wollen ganzheitlich umfaßt werden; ihr Ich, ihr Selbst ist nicht zerlegbar, derartige Bemühungen ertragen sie also nur begrenzt und vor allem ihrer Mama zuliebe.

Da die Seele der Kinder eine ganzheitliche ist, muß man, wenn man sie verändern will, auch ganzheitlich mit ihnen zusammenleben. Und genau deshalb haben viele Schulen den Tutor wieder durch den Klassenlehrer ersetzt, das Fachlehrer- und Kurssystem reduziert, das Prinzip zwei Klassenlehrer pro Klasse und den Klassenlehrertag eingeführt und die Teilzeitschule mit Reparateuren zugunsten der pädagogischen Stärkung der Klassenlehrer durch diese Spezialisten abgeschafft; denn ein Zusammenleben bringt einfach mehr als ein übertriebenes arbeitsteiliges Vorgehen.

57. Klassenräume, Sitzordnungen und die Lehre von der Pädagogischen Atmosphäre

In dem Maße, wie sich Schulen von lehrerzentriert vorgehenden Belehrungsanstalten mit frontalen Sitzordnungen zu Lernwerkstätten – oder, wie eine Expertenkommission in Nordrhein-Westfalen vorgeschlagen hat, zu „Häusern des Lernens" – wandeln, müssen sich auch Klassenräume verändern:

– Für Offenen Unterricht, für Gruppenarbeit, für innere Differenzierung, für den Einsatz von Computern, für Kuschel- und Entlastungsecken, für die Vorbereitung des Schulfrühstücks und die Fülle von Arbeitsmitteln sowie für den kompensatorischen Einsatz von Erzieherinnen und Sonderpädagogen in Ergänzung zum Klassenlehrer braucht man pro Klasse zwei Räume mit einem Durchgang bzw. einen großen Raum mit Neben- oder Gruppenraum.

– Klassenräume, die Lernwerkstätten sind, benötigen die Gruppentischsitzordnung oder kreis- bzw. U-förmig zusammengestellte Tische, damit Partner- und Kleingruppenarbeit und die „Bewegte Schule" mit Sitzbällen und Stühlen sowie Bewegungs-, Spiel- und Mußephasen möglich werden.

– Schüler sollten sich in ihren Räumen wohl fühlen; sie müssen Lebens- und Lernwerkstätten sein. Ein Teppich, Hausschuhe, Matratzen, gepolsterte Sitzecken, von den Schülern bemalte

Wände, Pflanzen, Tiere, das Angebot von Getränken, Schränke mit Fächern für die Sportkleidung, die Atlanten und die Bücher aller Schüler, Fotos der Schülerköpfe an der Wand, eine rings um den Raum herum angebrachte Zeitleiste, die mit der Entstehung des Weltalls oder der Erde beginnt und bis zum Jahr 2010 reicht, Karteikartenkästen, Arbeitsbögenordner, Lexika und Sachbücher zum Nachschlagen, Spielesammlungen, ein Fernseh- und ein Videogerät, ein Overheadprojektor, ein Epidiaskop, Landkarten, eine Leinwand, eine Tafel, auf der die Wochenplanarbeit vermerkt ist, und eventuell eine kleine Druckerei gehören neben Computern und geeigneter Software dafür dazu.

Für das Klassenleben müssen kleine, aber pädagogisch so wichtige Kategorien wie Ästhetik, Stil, Ton, Takt, Motorik, Musisches, Entlastung, Spiel und Atmosphäre wiederentdeckt werden. Eine von Schülern geführte Klassenchronik trägt dazu bei, denn sie fördert das Wir-Bewußtsein der Schülergemeinschaft und gibt ihr eine Tradition. Wenn die Autorität des Lehrers nur auf dem Sie beruht, ist es ohnehin zu wenig; versteht er sich aber als Freund seiner Schüler, der ihnen beim Lernen hilft und der mit ihnen ein Stück ihres Lebensweges zusammenlebt, dann sollte er sich durchaus duzen lassen, wenn die Schüler das begehren.

1964 hat Otto Friedrich Bollnow sein berühmtes kleines Büchlein mit dem Titel „Die pädagogische Atmosphäre" geschrieben. Er beklagte damit die vielen sterilen Treppenhäuser und Klassenzimmer in Schulen, in denen kein Bild und keine Schülerarbeit hing, in der offenbar unter dem Motto gearbeitet wurde „Nichts soll den Schüler von der Konzentration auf das Lehrerwort ablenken".

Langweilige Geldbäume und Sansevierien auf den Fensterbänken sind übrigens für Kinder bei weitem nicht so lebendig wie keimende Bohnen, Erbsen oder Brunnenkresse, die man Faktoren wie Licht, Boden, Temperatur, Erdwendigkeit und Wasser höchst unterschiedlich aussetzt; ein Blumenstrauß auf einem Gruppen- oder Lehrertisch vermag jedoch durchaus das Lernklima positiv zu beeinflussen und auch zu beruhigen, weil er ein Stück Wohnstubenatmosphäre zwischen die Schüler trägt.

Bollnow hatte jedenfalls recht, wenn er behauptete, daß sich Investitionen der Lehrer in das Lernumfeld von Schülern lernfördernd auf sie auswirken; letztlich gehört zu diesen Investitionen aber auch, dem Schüler Umfassung, Geborgenheit und die Sicherheit, es mit ihm über seine Krisen hinweg auszuhalten, zu geben. Das Klassenlehrerprinzip schafft so etwas besser als das Tutoren-, Fachlehrer- und Kursprinzip; ein Klassenlehrerteam, bestehend aus einer Frau und einem Mann, die an einem Klassenlehrertag pro Woche in jeder Stunde gemeinsam bei ihren Schülern sind und ansonsten bemüht sind, möglichst viele Fächer der Klasse abzudecken, ist noch günstiger. Lehrer, die über Hausbesuche und Elternstammtische, über Elternarbeit bei offenen Unterrichtsformen, über Hospitationstage für Eltern und über Ausflüge und Klassenfahrten begleitende Eltern eine stärkere erzieherische Vernetzung von Schule, Familie und Region bzw. Nachbarschaft hinbekommen und mit ihren Schülern Sport treiben, musizieren, Theater spielen, Kaffee trinken, ins Kino oder auf den Jahrmarkt gehen und gelegentlich über ein Wochenende mit Fahrrad und Zelt auf einen Bauernhof fahren oder schon einmal den einen oder anderen problembeladenen Schüler zu sich nach Hause einladen, investieren immer zugleich in die pädagogische Atmosphäre des Klassenlebens und damit in größere Lernerfolge. Sie bekommen, sollten sie ihre Rolle derart anders als bisher verstehen, von ihren Schülern auch einen Teil dieser Investitionen als Entlastung oder gar als Liebe zurück, wenn sie selbst einmal „nicht so gut drauf" sind.

Viele Lehrer verstehen leider diesen Zusammenhang von Investitionen in Zusammenleben und Atmosphäre einerseits und größeren Lerneffekten sowie Entlastung gegen das „Burn-out-Syndrom" andererseits nicht, und mit gewerkschaftlichen Arbeitszeitmodellen läßt er sich auch nur unzureichend einfangen und widerspiegeln. Für die Ausgestaltung des Zusammenhanges von Atmosphäre und Lernen ist wohl künftig ein ganz anderer Lehrertyp erforderlich, den man nur mit einer völlig anderen Lehrerbildung und einer ganz neuen Lehrerarbeitsplatzbeschreibung erhalten wird.

Die Reformen von Lehrerbildung und Lehrerarbeitsplatzbeschreibung auf dem Weg zur Schule der Zukunft müssen einhergehen mit der Reform der stundengebenden Belehrungsanstalt zur Lebens- und Lernwerkstatt, zum „Haus des Lernens", in der Lehrer mit ihren Schülern zusammenleben, sie als „Coaches" in selbstgestalteten Lernprozessen beraten und nicht mehr länger mit roter Tinte, schlechten Noten und niederwertigen pauschalen Schulformabschlüssen bestrafen, sondern über das Bejahen von Fehlermachen und Lernentwicklungsberichten zu Schlüsselqualifikationen und Profilabschlüssen führen, und die Fähigkeit, die Atmosphäre schülergerecht zu gestalten, muß dann ebenfalls dazugehören.

58. CD-ROM- und Online-Lernen
und die Wettbewerbsfähigkeit Deutschlands

Schule muß Leistungen ermöglichen; ihr Hauptauftrag ist, daß Schüler etwas lernen, und daher muß sie Lernen begünstigen. Davon hängt auch die Wettbewerbsfähigkeit des Wirtschaftsstandortes Deutschland ab. Und weil das so ist, kann man sicher sein, daß es Reformen geben wird. Wäre es nur der Kinder wegen, würde sich wahrscheinlich nicht viel ändern, wenn es aber um ökonomische Effekte geht, dann passiert meist sehr schnell etwas.

Schule ist nicht mehr zeitgemäß, sie blockiert Lernen eher, als daß sie es befördert. Das meiste, was am Schulvormittag geschieht, ist bloße Zeitverschwendung, weil Lehrer für frühere Zeiten ausgebildet worden sind und hilflos dem Phänomen veränderter Kinder gegenüberstehen. Sie haben zu geringe diagnostische Fähigkeiten, wissen nicht, wie Kinder am besten lernen, und sie stigmatisieren sie in ungünstige Verhaltensschwierigkeiten hinein, vor allem wenn die Schüler diese schon von zu Hause her mitbringen. Lehrer reagieren durchweg nur auf deviante Kinder, indem sie deren Devianzen verstärken; sie erwarten das von zu Hause her perfekt erzogene Kind, das in homogenen Lernverbänden belehrbar ist, sie lösen also viel zu selten Probleme, sondern schaffen ständig neue.

Mittlerweile liegen schon zahlreiche Erfahrungen vor, mit denen Lernen optimiert werden kann, so daß es in kürzerer Zeit effektiver wird, und die dadurch gewonnene Zeit kann dann für Funktionen eingesetzt werden, die der Schule zunehmend zugespielt werden und die sie nicht als Zumutung, als nicht zu ihrem herkömmlichen Auftrag passend zurückweisen darf. Denn Schule ist nicht für Lehrer oder für Fächer da, sondern für Kinder und für die gesellschaftliche Zukunft.

In Tilburg in den Niederlanden sitzen jeden Donnerstag etwa 1000 15- und 16jährige Schüler zu Hause am Computer, sind aber mit dem Lehrer in der Schule verkabelt. Der Lehrer schickt ihnen seine Aufgaben per Kabel auf den Bildschirm, er muß sich nicht mehr an das Lerntempo eines vermeintlichen Klassendurchschnitts anpassen, sondern kann auf jeden Schüler individuell eingehen. Über dieses „Tele-Lernen" wird dreimal soviel gelernt wie beim herkömmlichen Unterricht, und es bleibt das Gelernte auch noch dreimal so lange im Gedächtnis haften. Damit ließe sich also der bisherige Unterricht von fünf Wochentagen auf den Umfang von zwei Tagen reduzieren, so daß drei Tage für Familienergänzendes, leibliche Versorgung, Bewegung, Spiel, Prävention, Kompensation, Integration, Medienerziehung und neue Schlüsselqualifikationen wie Erkundungs-, Handlungs- und Konfliktkompetenz, Teamfähigkeit, Kreativität und vernetzendes Denken gewonnen werden, aber auch für Innovationen.

Die klassische Schule gehört zum ausklingenden Industriezeitalter, das – wie heute immer noch die Handwerks- und Handelskammern, nicht aber mehr die Großbetriebe – von Schülern Anpassung, Unterordnung, Fähigkeit zur Arbeitsteilung, Lesen, Schreiben und Rechnen und eine mehr oder weniger unkritische Robotermentalität erwartet hat. Die künftige Schule muß aber zum künftigen Informationszeitalter passen, das von jungen Menschen Mobilität, Flexibilität, Kreativität, selbständiges Lernen und Umlernen sowie Selbstverantwortlichkeit bei der Informationsgewinnung und -verarbeitung verlangen wird.

Schon im Jahre 2000 werden nur noch 35 Prozent aller Arbeitnehmer ihren Beruf ohne Computer ausüben können, so daß Informatikkenntnisse selektionierend auf Karrieren wirken. Von den 35 000 allgemeinbildenden Schulen Deutschlands verfügen aber zur Zeit nur etwa 300 über eine für Multimedia-Lernen geeignete Computerausstattung mit Netzzugang, meist von Stiftungen oder dem Bundesbildungsministerium im Rahmen eines Modellversuchs finanziert, und nur wenige davon können wie das Gymnasium Ulricianum in Aurich sämtlichen Schülern einen Computerarbeitsplatz und die Vernetzung mit einer Schule in New York oder in Nordschweden bieten.

Der Fachverband Informationstechnik hat ausgerechnet, daß man fünf Jahre lang jährlich 1,4 Milliarden Mark investieren müßte, um alle Schulen auf einen erforderlichen Mindeststandard der Ausrüstung mit Lerncomputern und mit geeigneter Software, an der vor allem es noch fehlt, zu bringen; übrigens würden diese Investitionen nur 0,09 Prozent der Einnahmen der öffentlichen Hand kosten. Ist die Bildung der Jugend unserer Gesellschaft und ihrer Zukunft nicht so viel wert?

Würde man alle Schüler mit einem multimediafähigen Lerncomputer in Form eines transportablen Laptops (der dann an Stelle des jetzigen Schulrucksacks getragen werden würde) ausstatten, weil er dann sowohl in der Schule als auch zu Hause zum Lernen genutzt werden könnte, und hätte man bereits eine von guten Pädagogen entwickelte Software, die auch den schlechten Lehrer als Selektionsfaktor zu kompensieren vermag, dann würde das auf 13 Schuljahre umgerechnet etwa ebensoviel kosten wie jetzt die Summe der Schulbücher, Hefte, Arbeitsbögen und kopierten Zettel zusammen, eingerechnet, daß Computer um so billiger werden, je mehr sie gekauft werden. Und die Telekom würde den Schulen die Gebühreneinheiten für die Netzanschlüsse sicher zum Sondertarif geben, denn besser als über den Aufbau von Informatikkompetenzen in der Schule kann sie auch für ihre eigenen Zukunftsprofite nicht investieren.

Das Computerlernen und die immer wichtiger werdenden Schlüsselqualifikationen einer Info-Gesellschaft werden dazu führen, daß die bisherigen Fachlehrpläne, die Kreativität töten und zu Hirnverkümmerungen beitragen, zu Lernbereichslehrplänen vernetzt werden, daß die Altersklassengliederung der Schule in altersübergreifende Lerngruppen, die nach Entwicklungs- bzw. Reifegraden sortiert werden, einmündet, daß die 45-Minuten-Takte und die Fachlehrer abgeschafft werden, denn mit dem Computer kann man rechnen, schreiben, lesen, malen, musizieren, komponieren, zeichnen, kommunizieren, spielen und sich biologische, chemische, physikalische, historische und geographische Wissenselemente abholen und darüber hinaus noch deren Vernetzung, mit der die meisten heutigen Lehrer überfordert sind.

Neben Kreativität, Selbständigkeit und Vernetzung ermöglichen Computer aber auch ein Lernen ohne Strafen, ohne rote Tinte, ohne Noten und ohne enttäuschte Gesichter von Lehrern und Eltern sowie ohne Auslachen durch Mitschüler. Der Computer läßt zwar Fehler nicht zu, aber er motiviert, sie auszumerzen, ohne daß man irgendwelche Nachteile befürchten muß; Lernen über das „Lob des Fehlers" nennt Reinhard Kahl das.

Computer erhöhen die Chancengerechtigkeit, kompensieren besser, individualisieren das Lern- und Verständnistempo, erlauben aber auch Partner- und Gruppenarbeit, also Soziales Lernen, vor allem verringern sie aber Langeweile, Unterforderung, Versagen und Zeitverschwendung, jedenfalls so lange, wie sie noch faszinierend auf junge Menschen wirken.

59. Die Schule als Firma: Schulautonomie, Werteerziehung und Privatisierung

Werte lassen sich in einer pluralistischen Gesellschaft nicht verordnen, das kann nur ein totalitäres System, aber Werteentscheidungen lassen sich in die erwünschte Richtung hin begünstigen, indem man sein Kind auf eine Konfessionsschule, eine Waldorfschule, eine reine Mädchenschule und in eine Integrationsklasse schickt. Oft kommt dann wegen des hohen Wertekonsenses der jeweiligen Schule das Erhoffte dabei heraus, manchmal aber auch genau das Gegenteil, weil der junge Mensch um sich und die Schule herum auch andere Wertekonstellationen erlebt. So erreichen anthroposophische Eltern mit einem fernsehlosen Haushalt nicht selten, daß ihr Kind fernsehsüchtig wird und bei jeder sich bietenden Gelegenheit das exzessiv nachholt, was es stets versäumen mußte, und daß es, wenn es 18 Jahre alt ist, sofort einer Videothek beitritt.

Werteerziehung ist nötig, weil das Kind Grenzen zum Aufbau eines stimmigen Weltbildes erleben muß, weil es sich an Normen orientieren muß, um lebenstüchtig zu werden, und weil es Grenzen, die es genau kennt, nur zu dem Zweck überschreitet, um auszuprobieren, was dann geschieht. Geschieht dann gar nichts oder jeden Tag etwas anderes, wird es mit seinem Weltbildaufbau allein gelassen und damit überfordert, lernt es bloß taktisches Verhalten ohne ein eigenes Gewissen oder gerät verwahrlost, so daß es späterhin nahezu überall versagt. Mit Grenzenlosigkeit oder Inkonsequenz opfert man junge Menschen für eine falsch verstandene Liberalität, denn sie brauchen Autorität, also das Vorleben durch Vorbilder, Grenzsetzungen, Deutlichkeit, Konsequenz und daß man es mit ihnen über ihre Krisen hinweg ohne ständiges Umtopfen aushält, nicht aber autoritäre Strukturen, die nur zu Dressur oder Ausstiegssehnsüchten führen.

Werteerziehung heißt demnach, Konfliktentscheidungskompetenz aufzubauen, die Fähigkeit zu fördern, aus Anlaß eines Dilemmas selbständig zwischen zwei rivalisierenden Normen wählen zu können, und zwar mit Verantwortung für andere und sich selbst.

Kinder müssen in der Familie, im Kindergarten und in der Schule durch Rollenspiele, Diskussionen, Texte und im Rahmen von Alltagskrisen gestärkt werden, sich entscheiden zu können, damit sie nicht dem Sog der Trends und den Ausstiegsangeboten, wie sie in der Jugendkultszenerie mit ihren Rauschbedürfnissen üblich sind, erliegen, und zwar wegen ihrer Schwächen, die sie mit Anpassung, mit Äußerlichkeiten wie Sprachverhalten, Bekleidung, Frisur, Musikgeschmack oder Jugendgruppengewalt zu kaschieren trachten.

Viele Eltern mißtrauen den übergroßen staatlichen Schulen mit wertemäßig fraktionierten Lehrerkollegien, in denen Kinder vor allem nur lieblos verwaltet, also beschult werden; sie begeben sich auf die Suche nach Alternativen mit einem größeren Wertekonsens und einem höheren Engagement der Lehrer. Dabei ist ihnen oft gar nicht so wichtig, welcher Wertekonsens das ist, Hauptsache es ist einer, sonst könnte man nicht erklären, warum in den norddeutschen Katholischen Schulen so viele protestantische Kinder und Atheisten sitzen oder warum die meisten Eltern, die ihr Kind auf eine Waldorfschule schicken, gar nicht so viel mit Anthroposophie am Hut haben. Schon fast zehn Prozent der deutschen Schüler besuchen deshalb mittlerweile Privatschulen.

Da Schulen auf höchst unterschiedliche Elternerwartungen und auch auf sehr stark variierende soziokulturelle Bedingungen stoßen, haben sie sich vielfach schon seit längerem selbst einen Schwerpunkt gesetzt, mit dem sie auch für weit entfernt wohnende Kinder attraktiv werden und mit dem sie wenigstens in bezug auf Profilerwartungen auf eine größere Homogenität der Schülerschaft treffen. Mit einer bestimmten Profilierung des Erziehungs- und Bildungsprogramms läßt sich ein relativ hoher Wertekonsens von Lehrern, Eltern und Schülern erzielen, wie wir von altsprachlichen, musischen, technischen, sportlichen, Internationalen Schulen, Deutsch-Französischen Schulen und solchen mit verstärktem Englischunterricht (Z-Klassen) mit „Express-Abi-Zügen" („D-Zug-Klassen") zum Abitur in Klasse 12 oder Hochbegabten- und nicht koedukativen Schulen oder solchen mit dem Angebot von Doppelqualifikationen (Abitur plus Facharbeiterbrief) oder einer „Profil-Oberstufe" wissen.

Schulen haben sich mit Schwerpunktsetzungen, also mit Profilbildung, mit Regionalisierung bzw. als Nachbarschafts- oder Stadtteilschulen und als Privatschulen schon längst auseinanderentwickelt. Ihre bunte Vielfalt entspricht den Bedürfnissen einer pluralistischen Gesellschaft, und weil das auch Kultusministerien und Schulbehörden gemerkt haben, versuchen sie, die Not des Auseinanderdriftens zur Tugend zu machen, indem sie mit Schulautonomiepapieren nachträglich legitimieren, was sowieso schon als Ist-Zustand lebt.

Die Schule der Zukunft hat mit diesen Konzepten zur Teilautonomie oder gar Autonomie ihre Grundsteinlegung bekommen:

– Mit dem Aspekt „Profilierung" bzw. „Profilbildung" kann sie sich im Sinne leitender Werte, Fächer oder Lernbereiche Schwerpunkte setzen und auch für weit entfernt wohnende Elternhäuser und Schüler attraktiv werden.

– Mit dem Aspekt „Nachbarschaftsschule" kann sie sich den besonderen Biographien und Milieus ihrer Schüler und deren soziokulturellen Erziehungsbedingungen anpassen, aber auch regionalen Traditionen und kommunalen Prioritäten („Kommunalisierung" der Schule).

– Mit dem Aspekt eigene „Budgetierung" kann sie im Rahmen einer eigenständigen Haushaltsführung flexibler, selbstverantwortlicher und auch sparsamer mit ihr zugeteilten Mitteln umgehen und allein entscheiden, ob sie neue Lehrer oder lieber Erzieher, Sozialpädagogen, Schulassistenten oder auch Lehrbeauftragte beschäftigt.

– Mit dem Aspekt einer eigenen „Personalhoheit" kann sie Pädagogen einstellen, die besser in ihr Konzept, aber auch in ihre Lehrerschaft passen, so daß der innerkollegiale Wertekonsens erhöht wird.

– Mit dem Aspekt „Sponsoring" oder „Schule als Firma" (bösartig von manchen Menschen als „Schule mit Trikot- und Bandenwerbung" bezeichnet) kann sie über Patenschaften zu Betrieben oder Eltern ihre Finanzierung sichern, und zwar indem sie Räume vermietet, Kurse anbietet, Beiträge von den Eltern (z. B. für die Anschaffung von Computern) erhebt oder Gelder von Firmen annimmt, auf deren Bedürfnisse in bezug auf das, was

Auszubildende können müssen, sie sich dann eventuell ein Stück weit einläßt.

— Mit dem Aspekt „Schulmanagement" werden Schulen zu Verbänden zusammengelegt, die dann von Managern statt von Schulleitern und Schulräten geführt werden. Ein Team der Kienbaum-Unternehmensberatung hat nämlich dem nordrheinwestfälischen Kultusministerium vorgerechnet, daß man mit Schulmanagern, die die Erste und die Zweite Lehrerprüfung, aber auch ein Betriebswirtschaftsstudium und Praktika in Großbetrieben hinter sich haben, die Schuletats optimaler nutzen und darüber hinaus noch 450 Stellen von Schulräten und Schulleitern einsparen könnte. Ein Manager wäre dann für drei bis fünf Schulen zuständig; unter ihm würden zwar noch pädagogische Leiter arbeiten, aber die wären dann nur noch etwas ähnliches wie Oberlehrer, die jeweils 75 Lehrern vorstehen.

Über derartige Autonomiebestrebungen können sich die Steuerzahler, aber auch die Kinder eigentlich nur freuen, denn mit weniger Geld gibt es mehr Wettbewerb zwischen den Schulen; ein begleitendes „Ranking" in Form von „Schulhitlisten" wird für mehr Reformbereitschaft und für mehr pädagogisches Engagement vor Ort sorgen, vor allem wenn sich die Lehrer gleichzeitig auch noch von Beamten zu Angestellten wandeln. Wettbewerb erhöht Leistungsbereitschaft, auch bei Lehrerkollegien, und am Ende ist es dann nicht mehr so wichtig, ob sie sich mit den Aspekten eigene „Budgetierung" und „Personalhoheit" der einzelnen Schule für die Neueinstellung von zwei Lehrern, für die Anschaffung von Lerncomputern oder für die Reparatur von Dach und Dachrinne entscheiden, denn das kann man wirklich nur vor Ort angemessen beurteilen, und zwar je nachdem was man für Eltern, für Schüler und für leitende Werte im Rahmen einer zeitgemäßen „Profilierung" der Schule hat.

60. Die Zukunft des deutschen Schulsystems: Vom dreigliedrigen über das vielgliedrige System zum „Zwei-Wege-Modell" und zur neuen Dreigliedrigkeit

Aus allem, was in den vorherigen 61 Kapiteln steht, ergibt sich als Resümee:

— Wir brauchen eine veränderte Lehrerbildung mit mehr Anteilen an Sozialpädagogik, Pädagogischer Psychologie, Lernpsychologie, Devianzpädagogik, Jugendforschung, Medienpädagogik, Kinderärztlichem und Ernährungskundlichem. Schon Lehrerstudenten müssen sich daran gewöhnen, zu zweit eine Unterrichtsstunde vorzubereiten und zu geben.

— Wir brauchen ein reformiertes Referendariat mit mehr Anteilen an Klassenlehrerpädagogik und Elternarbeit sowie an Methoden, kompetente Schlüsselqualifikationen aufbauen und Lernentwicklungsberichte erstellen zu können. Gut ist der Hamburger Beschluß, Studienreferendare bereits vier bis fünf Wochenstunden eigenverantwortlich Unterricht geben zu lassen.

— Wir brauchen eine obligatorische Lehrerfortbildung in den Schulferien.

— Lehrer müssen künftig weniger Unterricht geben, um mehr Zeit für die erzieherische Zuwendung zu schwierigen Schülern und deren problembeladenen Eltern zu gewinnen; das geringere Unterrichtsvolumen wird dann zugleich effektiver.

— Schule muß sich von einer Belehrungsanstalt zu einer Lernwerkstatt wandeln; Lehrer sollten weniger Stundengeber als vielmehr Lernberater sein.

— Schlüsselqualifikationen wie Erkundungs-, Handlungs- und Konfliktfähigkeit, Selbständigkeit, Kooperations- und Teamfähigkeit, Kreativität und vernetzendes Denken werden künftig bedeutsamer sein als die bisherigen Fachlernziele.

— Wir brauchen die „Bewegte Schule" mit Sitzbällen neben Stühlen und verstellbaren Tischplatten, mit offenen und projektbezogenen Unterrichtsformen und ohne 45-Minuten-Takte, in der Lernen in leibliche Versorgung, familienergänzendes Zusammenleben, Bewegung, Körperkontakt, psychomotorische Kompensation, Spiel und Musisches sowie in atmosphärische Gestaltung der Klassenräume mit Gruppentisch- oder U- bzw. kreisförmigen Sitzordnungen („Stuhlkreis") eingebettet ist. Der hessische Kultusminister Hartmut Holzapfel forderte daher als Schule der Zukunft eine Schule, die täglich von 9 bis 15.30 stattfindet.

– Da das Tele-Lernen in der Form des CD-ROM- und Online-Lernens effektiver ist als der herkömmliche Unterricht, muß es verstärkt in der Schule zum Tragen kommen. Geeignete Software, die Fehler der Schüler nicht sogleich mit enttäuschten Gesichtern und Noten bestraft, minimalisiert Lehrerschwächen, gestattet ein individuell angemessenes Lerntempo und erhöht die Motivation.

– Lernentwicklungsberichte („Berichtszeugnisse") müssen die Notenzeugnisse ersetzen, zumindest bis zur Klasse 6.

– Profilabschlüsse, in denen beschrieben ist, was ein Schüler kann, ersetzen das bisherige dreigliedrige Abschlußsystem mit Hauptschulabschluß, Realschulabschluß und Abitur.

– Schulen müssen autonomer werden; sie werden besser mit Profilbildung (Profilierte Schule), mit Anpassung an ihre Nachbarschaft (Nachbarschaftsschule, Kommunalschule), mit eigener Haushaltsführung (Budgetierung), mit der Möglichkeit, Personal selbst einzustellen, wie es Hessen gestattet (Personalhoheit), so daß anstelle einiger Lehrer auch Sozialpädagogen, Erzieher, Schulassistenten und Lehrbeauftragte beschäftigt werden können, mit einer Teil-Privatisierung, indem sie von Eltern und Betrieben mitfinanziert wird (Sponsoring), und mit einer professionelleren Führung (Schulmanagement).

– Lehrer müssen von Beamten zu Angestellten werden, und sie sollten alle gleich bezahlt werden.

– Kinder wachsen zunehmend so defizitär auf, daß Vorschulen für Fünfjährige aus kompensatorischen Gründen angeboten werden müssen, um „Startgerechtigkeit" zu erhöhen.

– Die Grundschule muß sechsjährig sein, Offenen Unterricht bevorzugen und Volle Halbtagsgrundschullösungen für diejenigen Kinder vorsehen, die so etwas benötigen.

– Integrationsklassen und Integrative Regelklassen für das gemeinsame Lernen von Nichtbehinderten und höchstens vier Behinderten zeitigen erhebliche erzieherische Zugewinne auf beiden Seiten, wenn in ihnen neben Klassenlehrern auch Sonderpädagogen und Erzieher wirken.

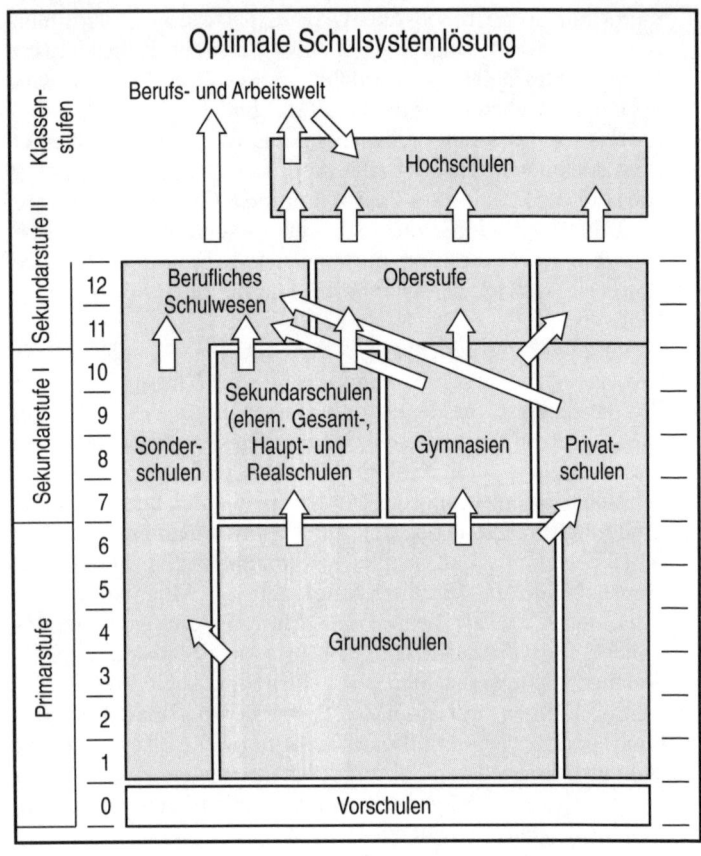

Optimale Schulsystemlösung

- Sonderschulen müssen weiterhin für diejenigen Schüler angeboten werden, die in ihnen besser entlastet und individuell
angemessener gefördert werden können.
- Berufsschulen müssen pädagogischer werden; sie brauchen ein
stark ausgebautes Klassenlehrerprinzip und pädagogisch umfassender ausgebildete Lehrer, die auch gegen den Sog mißlicher Jugendkultszenerieeinflüsse und gegen den Ausstieg über
Rauschbedürfnisse zu erziehen vermögen.
- Zwischen Sonder- und Privatschulen ist ein zweigliedriges Schulsystem mit Sekundarschulen und Gymnasien ausreichend.

234

- Vielen Eltern ist ein Gymnasium, in dem 40 Prozent eines Schülerjahrgangs sitzen, nicht mehr elitär genug; sobald ein Schüleranteil von 20 Prozent überschritten wird, driften sie in staatliche Gelehrtenschulen (altsprachliche bzw. humanistische Gymnasien) und in das Privatschulwesen ab, damit ihr Kind nicht durch negative Einflüsse von „Schmuddelkindern" gebremst wird. Die Privatschulgesetze erlauben dieses Vermeiden, und Politiker sind ja geneigt, alles anzubieten, was nachgefragt wird, um es mit möglichst wenigen Wählern zu verderben.
- Hauptschulen haben keine Zukunft mehr. Entweder sind ihre Schüler so förderungsbedürftig, daß sie ins Sonderschulwesen gehören, oder sie sind es nicht, dann können sie auch in Real- oder Gesamtschulen mithalten. Politiker erwägen aber, eine kostengünstigere Zwischenlösung anzupeilen, nämlich „Förderzentren", die an Integrationsklassen und Integrative Regelklassen anschließen; Förderzentren sind so etwas wie Integrierte Förder- und Hauptschulen.
- Ohne Hauptschule gibt auch die Realschule keinen Sinn mehr.
- Ohne Haupt- und Realschulen verliert das Gymnasium seine Funktion als Bestandteil eines dreigliedrigen selektionierenden Schulsystems. Da es aber bei einer Übergangsquote von bis zu 40 Prozent eines Schülerjahrgangs politisch nicht zu beeinträchtigen ist, ohne daß sich das auf das Wählerverhalten auswirken würde, wird es auch weiterhin ganz unbestritten Gymnasien geben, die dann allerdings mit einem anderen Akzent als dem im Rahmen eines dreigliedrigen Schulwesens arbeiten:
- Das „Zwei-Wege-Modell" wird für die Masse der Schüler kommen. Wir brauchen zwischen Sonder- und Privatschulen eine Schulform, die unterrichtet und erzieht (Gymnasium), weil bei deren Schülern die Arbeitsteilung zwischen Familie (Erziehung) und Schule (Bildung) noch funktioniert, und eine Schulform, die erzieht und unterrichtet, für diejenigen Kinder, bei denen Bildung in ein hohes Maß von nachgereichter Erziehung eingebettet werden muß (Gesamt- bzw. Sekundarschulen).
- Hauptschulen, Realschulen, Integrierte Haupt- und Realschulen (Hamburg), Differenzierte Mittelschulen (Sachsen), „Regelschulen" (Thüringen), Sekundarschulen (Sachsen-Anhalt), Erweiterte Realschulen (Saarland), Regionale Schulen (Rheinland-Pfalz), „Differenzierte Realschulen" (Nordrhein-Westfalen) und Gesamt-

schulen werden bald in eine Schulform einmünden, die am besten Sekundarschule heißen sollte, weil der Schulformname Gesamtschule wegen allzu vieler früherer Kunstfehler vorbelastet ist.

– Sekundarschulen, als erziehende und bildende Schulen, und Gymnasien, als bildende und erziehende Schulen, führen beide zum Abitur, man kann sie aber auch nach Klasse 10 in eine Ausbildung oder in das berufliche Schulwesen verlassen.

– Das Zwei-Wege-Modell mit Sekundarschulen und Gymnasien würde das Denken in minder- und höherwertigen Bildungsgängen zu überwinden helfen, denn in seinem Rahmen gibt es nur noch zwei andersartige Bildungsgänge.

– Das Gymnasium muß sein Angebot an allgemeinbildendem Fundamententum von der Klassenstufe 11 bis zur Klassenstufe 12 erweitern; damit wird dann die 13. Klasse, die ohnehin allzu stark mit Hochschulinhalten konkurriert, entbehrlich, so daß die Allgemeine Hochschulreife und die Fachhochschulreife am Ende der Fachoberschulen, der Berufsfachschulen und künftig auch nach hochqualifizierenden Berufsausbildungen zeitlich einheitlich zusammenfallen.

– Auf Dauer bekommen wir also ein vielgliedriges Schulsystem mit gleichwertigen, aber jeweils andersartigen Bildungsgängen, die der Vielfalt an Erwartungen, individuellen Persönlichkeitsprofilen und Wertevorstellungen unserer pluralistischen Gesellschaft entsprechen: Konfessionsschulen, Waldorfschulen, Landerziehungsheime, Fachoberschulen, Handelsschulen, Technische und Wirtschaftsgymnasien, Aufbau- und Abendgymnasien, Hochbegabtenschulen und Förderzentren, Sekundarschulen und gewöhnliche Gymnasien, Gymnasien mit D-Zug- und Z-Klassen, mit altsprachlicher, neusprachlicher, mathematisch-naturwissenschaftlicher, musischer und sportlicher Prägung stehen neben Schulen, die eine Doppelqualifizierung (Abitur plus Facharbeiterbrief) ermöglichen, aber auch neben Internationalen und Deutsch-Französischen Schulen, neben Freien Schulen und Produktionsschulen, neben Berufsfachschulen und anspruchsvollen inner- und überbetrieblichen Ausbildungsgängen und neben Schulen mit Schwerpunkten in Fremdsprachen wie Chinesisch, Russisch, Italienisch und Türkisch sowie solchen mit Profilaspekten wie Informatik, Chor, Legasthenie, Hochbegabungen, Schach oder Theater. Außerdem wird es dann noch Schulen mit einer „Profil-Oberstufe", in Ganztagsform, als Tagesinternate, mit Hausaufgabenhilfe, mit Außerunterrichtlichen Neigungskursen, mit Mittagstisch, mit Schlafplätzen und vieles andere mehr geben.

Man kann also beliebig mit der Frage spielen, wievielgliedrig das künftige Schulsystem sein wird. Zweigliedrig wird es sein, wenn man das Zentrum mit Gymnasien und Sekundar- bzw. Gesamtschulen nimmt, viergliedrig wird es mit der Sichtweise auf die Notwendigkeit von Sonderschulen, Sekundarschulen, Gymnasien und Privatschulen sein, vielgliedrig, wenn man von den Schulformnamen absieht und auf die jeweiligen regionalen Anpassungen, die durch Teilautonomie möglich werden, und auf die Profilbildungen schaut, zweigliedrig, wenn man an die künftigen Abschlüsse nach Klasse 10 (Sekundarabschluß) und 12 (Abitur) denkt, und dreigliedrig, wenn man – wie man es bisher tat – nur die Schulen außerhalb des Sonderschulwesens betrachtet, nämlich Sekundarschulen, Gymnasien und Privatschulen. Fast jeder zehnte Schüler in Deutschland besucht mittlerweile schon eine Privatschule. Aber auch die staatlichen Schulen werden sich mit Autonomiekonzepten ein Stück weit privatisieren (Teilprivatisierung), auch weil mit neuen Schulgesetzentwürfen wie dem in Hamburg den Eltern wesentlich mehr Mitgestaltungs- und Kontrollrechte eingeräumt werden. Der Name einer Schulform wird im 21. Jahrhundert nicht mehr ganz so wichtig sein wie ihre Profilbildung; und mit ihr werden wir sowieso ein Höchstmaß an Vielgliedrigkeit, an Schulpluralismus, aber auch an einem ganz anders als bisher sich ereignenden Ranking bekommen.

61. Schlußbemerkungen:
Schule zwischen Bildungs- und Erziehungsauftrag; von der Wissensvermittlung zur Lehrer-Schüler-Beziehung

Der Bildungsauftrag der Schule kann nicht funktionieren, wenn er bei denjenigen Schülern, die erzieherisch defizitär aufgewachsen sind, nicht in Kompensation, leibliche Versorgung, Familienersatz, Prävention und Integration, in Bewegung, Spiel, Körperkontakt und Entlastung eingebettet wird. Erziehungsdefizite wirken selektionierend und leistungsmindernd, sie bestrafen junge Menschen, wenn Schule einen verstärkten Erziehungsauftrag ablehnt. Appelle an die Eltern, ihre Pflicht zur Erziehung wieder stärker wahrzunehmen, bleiben meist fruchtlos, jedenfalls wenn die Eltern ihr Kind als störend empfinden oder gar resigniert aufgegeben haben oder wenn sie krank sind.

Schule stellt sich aber zugleich selbst in Frage, wenn sie den Erziehungsauftrag als nicht zu ihren Funktionen passend zurückweist, denn dann wird sie ihre Hauptaufgabe, leistungsfähige Schüler zu bilden, auch nicht mehr bewältigen.

Wissen kann man nur begrenzt vermitteln, und lediglich das versuchen zu wollen, muß zwangsläufig stets wenig effektiv bleiben. Vor allem die Schüler selbst müssen sich für ihr Sich-Wehren, Behaupten und Durchsetzen in der künftigen Gesellschaft bedeutsames Wissen erarbeiten; sie müssen selbst lernen, und sie müssen lernen, wie man lernt. Der Lehrer muß ihnen dabei behilflich sein, als „Coach", als Lernberater in einer Lernwerkstatt. Sie lernen dabei mehr, und es bleibt das Gelernte länger haften, wenn es induktiv, also selbst gewonnen wurde. Die Belehrungsschule und der Stoffe dozierende Stundengeber sind out, weil zu wenig ergiebig. Sie paßten noch zur ausklingenden Industriegesellschaft, aber sie eignen sich nicht mehr für die künftige Informationsgesellschaft, die mehr Autonomie, Flexibilität und Kreativität erfordert.

So wenig wie Moralpredigten zum Aufbau von Weltbildern mit Wertevorstellungen taugen, so wenig passen 25 frontal auf den Lehrer schauende, nur zuhörende oder träumende, abgelenkte und ihn aus Langeweile oder Unterforderung provozierende Schüler in die heutige Zeit. Wenn junge Menschen per Tele-Lernen von guten Softwareprogrammen mit virtuellen und informationsreichen reellen Programmen gebunden, motiviert und zur geistigen Regsamkeit herausgefordert werden und dabei lustbetont, spielerisch, ernst und kooperativ im Wechsel sein dürfen, mit individuell angemessenem Lerntempo und selbstbestimmten Entlastungs- bzw. Mußephasen, und dabei gelegentlich die alleinige und die ganze Zuwendung des Lehrers nutzen können, ansonsten aber nicht pausenlos mit bösen Blicken, schlechten Noten, Disziplinierungsmaßnahmen und Selektion nach unten rechnen müssen, dann lernen sie über ihre eigenen ungestraften, aber korrigierten Fehler in kürzerer Zeit mehr. Mit der Methode „Lob des Fehlers" von Jürgen Reichen lernen sie eben kein falsches Deutsch, wie einige Leute deshalb kritisch vermuten, weil sie nicht wissen, wie ein Kind am besten lernt. Denn aus falschem Deutsch wächst richtiges Deutsch, und die Schüler lernen dann statt in vier Jahren schon in drei Jahren richtig zu schreiben, und erst danach lernen zu lesen. Zum Glück gibt es aber einige Menschen, die so viel von der Seele des Kindes oder von Menschen an sich wissen, weil sie beispielsweise als Unternehmensleiter oder Personalchefs ständig gezwungen sind, ökonomische Einbußen oder Reibungsverluste zwischen den Mitarbeitern eines Betriebes sofort zu verstehen, daß sie davon überzeugt sind, daß „Häuser des Lernens", wie sie eine nordrhein-westfälische Expertenkommission 1995 als Schulen der Zukunft vorgeschlagen hat, leistungsfördernder zu arbeiten vermögen als Belehrungsanstalten. Mit Konzepten wie denen zur Gestaltung von Lernwerkstätten oder von Häusern des Lernens wird also Schule nicht abgeschafft, sondern in ihrem ureigensten Auftrag, Leistung zustande zu bringen, geradezu gestärkt oder gar gerettet, wenn auch gewandelt.

Es kommt also künftig zuerst auf die Gestaltung der Lehrer-Schüler-Beziehung an, und erst dann geht es um wissenschaftsorientiertes Lernen. Beziehung ist wichtiger als Erziehung, Erziehung ist aber wichtiger als Bildung, denn der richtig erzogene junge Mensch bildet sich vor allem selbst, am Anfang unter Anleitung seines Lehrers und schließlich mit den ihm zur Verfügung gestellten Mitteln selbst.

Der Lernberater schließt die Schüler zu Lerngemeinschaften zusammen und bietet ihnen über Materialien, Bücher, Arbeitsbögen und die Software des Lerncomputers viele Möglichkeiten, über Partner- und Kleingruppenarbeit, über gelegentliches Eingreifen durch ihn selbst, aber auch durch sein Erzählen und Vorlesen kreativ, wissensstark, sozial, selbstbewußt und mündig zu werden, zugleich vermag er auf diese Weise besser mit seinen eigenen Kräften bis zum 65. Lebensjahr hauszuhalten. Nur das paßt zu der in unserem Grundgesetz verankerten vielfältigen Gesellschaft; zugleich paßt aber auch nur das zur erhofften Zukunft des Wirtschaftsstandortes Deutschland.

Manche Erwachsene mögen Angst davor haben, daß sie mit einer derart gewandelten Schule ein Stück Kontrolle über die Sozialisation von Kindern verlieren; aber dieser Kontrollverlust, der durch Erziehung an den Rationalitäten der Lernmaterialen und durch Selbsterziehung der Kinder untereinander aufgefangen wird, macht junge Menschen selbständig, sozial und mündig. Wer das nicht will, will auch unser Grundgesetz nicht, er will dann eigentlich ein totalitäres System; er will aber zugleich auch nicht die kindlichen Grundbedürfnisse wahrhaben und verstehen, denn zu denen gehört immer, neugierig sein und etwas leisten zu dürfen, gut sein zu können, gebraucht zu werden und geliebt bzw. anerkannt zu sein. Was wollen wir mehr? Wir haben damit die besten Voraussetzungen in jedem Kind für ein Haus des Lernens.

Wenn Kinder nicht mehr motiviert sind, nichts mehr lernen wollen, wenn sie gestört, krank oder kriminell sind, dann haben das stets Erwachsene bewirkt. So gewalttätig wie die Erwachsenenwelt ist, muß man sich eigentlich wundern, daß Kinder nicht noch aggressiver oder autoaggressiver sind. Kinder sind unsere Hoffnung für das nächste Jahrtausend; sie werden uns jedoch nur mit einer anderen Schule, die andere Lehrer braucht, nicht enttäuschen.

Literatur

Aanderud, Catharina: Die Gesellschaft verstößt ihre Kinder, Werteverlust und Erziehung, Hamburg 1995.

Amendt, Gerhard: Wie Mütter ihre Söhne sehen, Bremen 1993.

Ariès, Philippe: Geschichte der Kindheit, München 1993.

Arlt, Marianne: Pubertät ist, wenn die Eltern schwierig werden, Freiburg i. Br. 1992.

Ayres, A. Jean: Bausteine der kindlichen Entwicklung, Berlin 1984.

Baensch, Torsten: Jugendlichen Raum lassen? Maßnahmen und Projekte gegen national-autoritäre Orientierungen und rechtsextremistische Tendenzen, Hamburg 1992.

Bäuerle, Siegfried (Hrsg.): Der suchtgefährdete Schüler, Regensburg 1993.

Balser, Hartmut: Systemische Problembewältigung, Wetzlar 1994.

Beck, Johannes: Der Bildungswahn, Reinbek 1994.

Bettelheim, Bruno: Liebe allein genügt nicht, Die Erziehung emotional gestörter Kinder, Stuttgart 1991.

Bildungskommission NRW: Zukunft der Bildung, Schule der Zukunft, Neuwied 1995.

Bollnow, Otto F.: Die pädagogische Atmosphäre, Heidelberg 1964.

Brück, Horst: Die Angst des Lehrers vor seinem Schüler, Reinbek 1978.

Buber, Martin: Reden über Erziehung, Heidelberg 1962.

Büttner, Christian: Mit aggressiven Kindern leben, Weinheim ³1992.

Büttner, Christian/Aurel Ende (Hrsg.): Trennungen, Kindliche Rettungsversuche bei Vernachlässigungen, Scheidungen und Tod, Weinheim 1990.

Büttner, Christian/Eberhard W. Meyer (Hrsg.): Rambo im Klassenzimmer, Weinheim 1991.

Defersdorf, Roswitha: Drück mich mal ganz fest! Freiburg i. Br. 1991.

Deutscher Bildungsrat: Strukturplan für das Bildungswesen, Stuttgart 1970.

Dreikurs, Rudolf/Vicki Stoltz: Kinder fordern uns heraus, Stuttgart 1992.

Eisenberg, Götz/Reimer Gronemeyer: Jugend und Gewalt, Reinbek 1993.

Ekmann, Paul: Warum Kinder lügen, Hamburg 1990.

Ernst, Andrea/Sabine Stampfel: Kinder-Report, Wie Kinder in Deutschland leben, Köln 1991.

Ernst, J./J. Angst: Birth Order, Its Influence on Personality, Berlin 1983.

Farin, Klaus/Eberhard Seidel-Pielen: Krieg in den Städten, Berlin 1991.

Farin, Klaus/Eberhard Seidel-Pielen: Rechtsruck, Rassismus im neuen Deutschland, Berlin 1992.

Faulstich-Wieland, Hannelore: Koedukation – Enttäuschte Hoffnungen? Darmstadt 1991.

Fend, Helmut: Theorie der Schule, München [2]1981.

Fend, Helmut: Sozialgeschichte des Aufwachsens, Weinheim 1989.

Fertig, Ludwig (Hrsg.): Bildungsgang und Lebensplan, Briefe über Erziehung von 1750 bis 1900, Darmstadt 1991.

Flitner, Andreas: Mißratener Fortschritt, München 1977.

Flitner, Andreas: Reform der Erziehung, München 1992.

Frech-Becker, Cornelia: Fördern heißt Fordern; Über die Verantwortung der Eltern für den Schulerfolg ihrer Kinder, Frankfurt a.M. 1995.

Friesen, Astrid von: Liebe spielt eine Rolle, Erziehung im Geben und Nehmen, Reinbek 1995.

Gardner, Howard: Der ungeschulte Kopf, Wie Kinder denken, Stuttgart 1993.

Giesecke, Hermann: Das Ende der Erziehung, Neue Chancen für Familie und Schule, Stuttgart 1985.

Glöer, Nele/Irmgard Schmiedeskamp-Böhler: Verlorene Kindheit, Jungen als Opfer sexueller Gewalt, München [3]1990.

Goetze, Herbert (Hrsg.): Pädagogik bei Verhaltensstörungen – Innovationen, Bad Heilbrunn 1994.

Goldstein, Sonja/Albert J. Sonit: Wenn Eltern sich trennen, Was wird aus den Kindern? Stuttgart 1989.

Grefe, Christiane: Ende der Spielzeit, Wie wir unsere Kinder verplanen, Berlin 1995.

Grell, Jochen: Techniken des Lehrerverhaltens, Weinheim [12]1989.

Gudjons, Herbert: Pädagogisches Grundwissen, Bad Heilbrunn 1993.

Hansen, Wilhelm: Die Entwicklung des kindlichen Weltbildes, München [5]1960.

Hansmann, Otto: Kindheit und Jugend zwischen Mittelalter und Moderne, Weinheim 1995.

Heinemann, Evelyn/Udo Rauchfleisch/Tilo Grüttner: Gewalttätige Kinder, Frankfurt a.M. 1992.

Heitmeyer, Wilhelm u.a.: Gewalt, Schattenseiten der Individualisierung bei Jugendlichen aus unterschiedlichen Milieus, Weinheim 1995.

Hentig, Hartmut von: Was ist eine humane Schule? München 1976.

Hentig, Hartmut von: Schule neu denken, Eine Übung in praktischer Vernunft, München 1994.

Hesse, Silke/Klaus Hurrelmann: Gesundheitserziehung in der Schule, in: Prävention 2/1991, S.50ff.

Hurrelmann, Klaus: Familienstreß, Schulstreß, Freizeitstreß, Gesundheits-förderung für Kinder und Jugendliche, Weinheim 1990.

Hurrelmann, Klaus/Heidrun Bründel: Gewalt macht Schule, München 1994.

Hurrelmann, Klaus/Christian Palentien/Walter Wilken: Anti-Gewalt-Report, Weinheim 1995.

Jungjohann, Eugen: Kinder klagen an, Angst, Leid und Gewalt, Frankfurt a.M. 1991.

Kammerer, Dorothea: Aggression und Gewalt bei Jungen, München 1993.

Klink, Job-Günter: Klasse H 7e, Bad Heilbrunn 1974.

Knoll, Joachim H.: Gewalt und Spiele, Düsseldorf 1993.

Kohlberg, Lawrence: Zur kognitiven Entwicklung des Kindes, Frankfurt a.M. 1974.

Korczak, Janusz: Wie man ein Kind lieben soll, Göttingen 1971.

Lasch, Christopher: Geborgenheit, Die Bedrohung der Familie in der modernen Welt, München 1987.

Lorent, Hans-Peter de: Schule ohne Vorgesetzte, Geschichte der Selbstver-waltung der Hamburger Schulen von 1870 bis 1986, Hamburg 1992.

Lukesch, Helmut: Video im Alltag der Jugend, Regensburg 1989.

MacCracken, Mary: Charlie, Eric und das ABC des Herzens, Außenseiter im Klassenzimmer, Frankfurt a.M. 1991.

Makarenko, Anton S.: Ausgewählte pädagogische Schriften, hrsg. von Horst E. Wittig, Paderborn 1961.

Markefka, Manfred: Vorurteile, Minderheiten, Diskriminierung, Neuwied [6]1990.

Meißner, Monika/Ernst A. Stadter: Kinder lernen leben, Beziehungslernen in der Grundschule, München 1995.

Meyerberg, Rüdiger: Auch Schule produziert Gewalt, in: Einblicke 18/1993, S. 24 ff.

Mönks, Franz. J./Irene H. Ypenburg: Unser Kind ist hochbegabt, Ein Leit-faden für Eltern und Lehrer, München 1993.

Molcho, Samy: Körpersprache der Kinder, München 1992.

Montagu, Ashley: Körperkontakt, Stuttgart 1992.

Morris, Desmond: Babywatching, Was dir dein Baby sagen will, München 1991.

Mosler, Bernhard: Mehr Zukunftschancen? Wissen anders organisieren, Frankfurt a.M. 1995.

Nave-Herz, Rosemarie: Familie heute – Wandel der Familienstrukturen und Folgen für die Erziehung, Darmstadt 1994.

Neill, Alexander S.: Theorie und Praxis der antiautoritären Erziehung, Das Beipiel Summerhill, Reinbek [14]1970.

Nelson, Jane: Kinder brauchen Ordnung, München 1992.

Nielsen, Carsten Staehr: Eifersucht – Ein Gefühl, das uns hemmt und wei-terbringt, Kopenhagen 1992.

Nirumand, Bahman (Hrsg.): Angst vor den Deutschen, Reinbek 1992.
Nohl, Herman: Die pädagogische Bewegung in Deutschland und ihre Theorie (1935), Frankfurt a. M. ⁶1978.
Nolting, Hans-Peter: Lernfall Aggression, Reinbek 1993.
Ogger, Günter: Nieten in Nadelstreifen, Deutschlands Manager im Zwielicht, München 1992.
Oser, Fritz: Moralisches Urteil in Gruppen, Soziales Handeln, Verteilungsgerechtigkeit, Frankfurt a. M. 1981.
Perelman, Lewis J.: School's out, New York 1993.
Postman, Neil: Das Verschwinden der Kindheit, Frankfurt a. M. ⁷1982.
Postman, Neil: Wir amüsieren uns zu Tode, Frankfurt a. M. 1985.
Postman, Neil: Keine Götter mehr, Das Ende der Erziehung, Berlin 1995.
Preuschoff, Gisela und Axel: Gewalt an Schulen, Und was dagegen zu tun ist, Köln 1992.
Redl, Fritz/David Wineman: Kinder, die hassen, München ⁴1984.
Reinprecht, Hansheinz: Kinder erziehen ohne Ärger, Graz 1993.
Richter, Horst-Eberhard: Wer nicht leiden will, muß hassen, Zur Epidemie der Gewalt, Hamburg 1993.
Röhrs, Hermann: Die Reformpädagogik, Ursprung und Verlauf unter internationalem Aspekt, Weinheim ³1991.
Rolff, Hans-G.: Wandel durch Selbstorganisation, Theoretische Grundlagen und praktische Hinweise für eine bessere Schule, Weinheim 1993.
Rossberg, Ewa: Einzelkinder, Reinbek 1993.
Roth, Heinrich: Der Wandel des Begabungsbegriffs, Stuttgart 1961.
Rutschky, Katharina: Erregte Aufklärung, Kindesmißbrauch, Hamburg 1992.
Scarbath, Horst: Träume vom guten Lehrer, Donauwörth 1992.
Scarbath, Horst/Margareta Gorschenek/Petra Grell: Sexualität und Geschlechtsrollenklischees im Privatfernsehen, Berlin 1994.
Schoenebeck, Hubertus von: Antipädagogik im Dialog, Weinheim ³1992.
Schmidtbauer, Wolfgang: Die Angst vor Nähe, Reinbek ³1985.
Schnack, Dieter/Rainer Neutzling: Kleine Helden in Not, Jungen auf der Suche nach Männlichkeit, Reinbek 1990.
Schönweiss, Friedrich: Bildung als Bedrohung? Grundlegung einer Sozialen Pädagogik, Opladen 1994.
Schüler '95: Gewaltlösungen, hrsg. vom Friedrich-Verlag, Seelze 1995.
Schultz, Hans J. (Hrsg.): Trennung, Stuttgart 1984.
Solms, Wilhelm (Hrsg.): Begrenzt glücklich, Kindheit in der DDR, Marburg 1992.
Sommer, Norbert (Hrsg.): Überall Haß, Krisen, Kriege und Gewalt; Gründe und Auswege, Berlin 1994.
Spranger, Eduard: Der geborene Erzieher, Heidelberg ³1963.
Spranger, Eduard: Psychologie des Jugendalters, Heidelberg ²⁶1960.

Spranger, Eduard: Das Gesetz der ungewollten Nebenwirkungen in der Erziehung, Heidelberg 1962.

Spreiter, Michael (Hrsg.): Waffenstillstand im Klassenzimmer, Weinheim 1993.

Starck, Willy: Die Sitzenbleiberkatastrophe, Stuttgart 1974.

Stoltenberg, Annemarie/Rainer Meier: Wie zersäge ich mein Kind? Hamburg 1993.

Struck, Peter: Die Hauptschule, Stuttgart 1979.

Struck, Peter: Sozialpädagogik der Schule und Soziales Lernen, Stuttgart 1980.

Struck, Peter: Projektunterricht, Stuttgart 1980.

Struck, Peter: Pädagogik des Schullebens, München 1980.

Struck, Peter: Pädagogik des Klassenlehrers, Hamburg 1981.

Struck, Peter: Erziehungsdefizite in Familie, Schule und Gesellschaft, Hannover 1982.

Struck, Peter: Pädagogische Bindungen, Frankfurt a. M. 1984.

Struck, Peter: Schul- und Erziehungsnot, Ein Ratgeber für Eltern, Lehrer und Bildungspolitiker, Neuwied [2]1993.

Struck, Peter: Familie und Erziehung, Pädagogik zum Anfassen, Neuwied [3]1995.

Struck, Peter: Erziehung gegen Gewalt, Ein Buch gegen die Spirale von Aggression und Haß, Neuwied 1994.

Struck, Peter: Neue Lehrer braucht das Land, Ein Plädoyer für eine zeitgemäße Schule, Darmstadt 1994.

Struck, Peter: Schulreport, Zwischen Rotstift und Reform oder Brauchen wir eine andere Schule? Reinbek 1995.

Struck, Peter: Zuschlagen, Zerstören, Selbstzerstören; Kinder, Jugendliche und Gewalt, Darmstadt 1995.

Struck, Peter: Die Kunst der Erziehung, Ein Plädoyer für ein zeitgemäßes Zusammenleben mit Kindern und Jugendlichen, Darmstadt 1996.

Thiersch, Hans/Jürgen Wertheimer/Klaus Grunwald (Hrsg.): „... überall, in den Köpfen und Fäusten ...", Auf der Suche nach Ursachen und Konsequenzen der Gewalt, Darmstadt 1994.

Tillmann, Klaus-J.: Sozialisationstheorien, Reinbek [2]1990.

Tillmann, Klaus-J. (Hrsg.): Was ist eine gute Schule? Hamburg [2]1994.

Upmeyer, Arnold: Soziale Urteilsbildung, Stuttgart 1985.

Vogt, Gregor, M./Stephen T. Sirridge: Söhne ohne Väter, Frankfurt a. M. 1993.

Voss, Reinhard/Roswitha Wirtz: Keine Pillen für den Zappelphilipp, Alternativen im Umgang mit unruhigen Kindern, Reinbek 1991.

Wallerstein, Judith/Sandra Blakeslee: Gewinner und Verlierer, München 1989.

Wallrabenstein, Wulf: Offene Schule, Offener Unterricht, Reinbek 1991.

Wieck, Wilfried: Söhne wollen Väter, Wider die weibliche Umklammerung, Hamburg 1992.

Winn, Marie: Kinder ohne Kindheit, Reinbek 1992.

Zimmer, Katharina: Wer sind unsere Kinder? München 1994.

Zöller, Dietmar: Wenn ich mit euch reden könnte ... Ein autistischer Junge beschreibt sein Leben, München 1991.

Register